社会科学方法论文集

[德] 马克斯 · 韦伯 著

阎克文　姚燕 译

阎克文 校

上海人民出版社

本书为浙江大学暨浙大人文高等研究院资助翻译项目

文
景

Horizon

社 科 新 知　文 艺 新 潮

目 录

导读　伴随我成长的韦伯

阎克文先生译成韦伯的重要著作《社会科学方法论文集》，向我索序。我并非专研韦伯思想和生平的专家，但我将自己视为另一类 Weberian，即研究社会现象时采取与韦伯相似视角并试图改进和发展韦伯的社会学理论和方法的专家。我通过这篇并不能算正式导读的小文将与读者分享我对韦伯理论与方法的理解与运用，希望能为读者带来一定启迪。

我对韦伯的认识过程大致可以分三个阶段：1980 年代初遇韦伯；1990 年代初再遇韦伯；此后几十年的改造和发展韦伯。以下我按照时间顺序，就韦伯在方法论方面对我的重要影响做个分享。

初遇韦伯

80 年代初，我买了“走向未来丛书”中的不少本，其中有一本是节选编译版的《新教伦理与资本主义精神》。这是我第一次接触韦伯。当时，我对书中所讲的一切似懂非懂，同时，我也并不认为韦伯在经验层面对于资本主义形成的解释有道理。不过，我那时正逐步脱离以五阶段论为核心的机械历史唯物主义，因此该书的观点促使我开始思考宗教在人类社会发展中的作用，以及文化／意识形态是否具有独立于经济基础的力量等问题。我那时候的理解是：某一宗教初期的教义和组织形式肯定与它所处时代的经济基础有很大关联，但是某宗教的教义和组织形态一旦形成就会成为一种结构，即使经济基础时过境迁，这些结构性因素仍然会发挥着作用。当然，我那时的理解是有误的，因为一个新兴宗教的教义和组织形式背后所反映的不仅仅是彼时彼地的经济环境，而且还有该新兴宗教所处的政治、地缘政治与文化等环境。

再遇韦伯

1990 年我改行研究社会学后，再次通读了《新教伦理与资本主义精神》。但我依然不认可此书在经验层面对资本主义形成的解释。我同时还读了韦伯《中国的宗教：儒教与道教》（以下简称《中国的宗教》）和其他不少著述。当时我的一个疑问是：《中国的宗教》的许多经验论述错误百出，今天看这样一本书意义到底有多大？然而，种种原因改变了我的看法。

我从昆虫学刚转行读社会学时不少人开玩笑式地问我："你先前研究六条腿的昆虫，现在对两条腿的人类感兴趣了。你能否给我们讲一下，这两类动物到底有什么异同？"这个看似简单，其实却很本质的问题让我思考良久。我比较成型的回答是：将人类与昆虫做类比意义不大，但将人与演化谱系上与人类接近的黑猩猩做类比则有很大的启发性。人与黑猩猩有许多相似——人是地域性动物，会保卫自己的领地，黑猩猩也是；人是经济动物，会利用工具和进行交换，黑猩猩在这方面也表现出一定能力；人是政治动物，会运用各种方式在自己的群体中取得优势地位，黑猩猩也相似。与黑猩猩相比，人类只有一个独特之处，那就是有强大的概念形成和逻辑思维能力，以及论证自我生命意义和行为正确性的能力，而黑猩猩则基本没有。顺着这思路，我豁然开朗：虽然韦伯在《新教伦理与资本主义精神》《中国的宗教》《印度的宗教》《古犹太教》等著作中或许存在经验层面的错误，但是在方法论方面，韦伯其实是在说人类是有很强大的自我论证能力的动物，因此文化/意识形态行为也是人的一个特性，而韦伯的这些著作正是在分析人类的文化/意识形态本性如何与人类从灵长目动物那里获得的地域/政治性和经济性在不同的时空下产生各种复杂的交互作用，并且在人类历史的一些关键节点上形塑了世界各文明的不同发展形态。

迈入社会学领域后，我看了大量当代学者就中国的宗教、政治、城市等议题展开的研究和讨论。在阅读过程中，我越来越觉得：虽然韦伯的《中国的宗教》在经验层面上有大量错误，由于他有强烈的问题意识和比较视角，因此韦伯对中国历史大方向的把握以及他的总体结论，不但要比绝大多数当代学者更加到位，而且更具穿透力。这个感受加深了我对经验事实的掌握和大方向的把握之间微妙关系的理解，让我进一步审视《新教伦理与资本主义精神》和《中国的宗教》等著作的意义。正是在这基础上，我批判了“加州学派”的观点，提出了一个基于韦伯思想，但是同时又扬弃了韦伯的具体论点中对工业资本主义在西方兴起原因的解释。这个解释在我的 *The Confucian-legalist State: A New Theory of Chinese History*（《儒法国家：中国历史新论》，以下简称《儒法国家》，浙江大学出版社 2022 年 6 月出版）一书中都有呈现。

发展韦伯

在我的学术生涯中，我一直试图在方法论上与韦伯对话，并希望能在有些方面超越韦伯。下面列举两个我发展和改造韦伯理论的例子。

第一，对韦伯支配理论的改造。改行社会学后，我系统阅读了三方面的文献，即后发展国家经济发展理论、社会运动和革命理论，并且在历史脉络下考察西方多党民主的发展以及“第三次民主浪潮”的历史意义。现在我和大家分享我在思考第三次民主浪潮的历史意义过程中如何学习和改造了韦伯。

在看了大量与当代民主的诞生和发展的有关文献后，我得出如下结论：所谓的第三次民主浪潮并不是历史的终结，而是美国在世界上取得独霸的后果。与苏联输出革命相同，这次输出民主也会反过来累及美国，并导致自由主义思潮在世界上的衰弱。

正因为我没有把西方民主制度看作历史必然，我在 20 世纪 90 年代就能意识到近几十年来西方政治学家在民主／专制体制两分法基础上发展起来的各种理论，包括民主转型理论和公民社会理论问题很大。也正是在这一考虑下，我在 1990 年代初就开始从韦伯的权力支配视角对当代中国政治展开了分析。我的研究涉及很广，包括经济发展、公共舆论、社会运动等。我的研究成果合集《合法性的政治》2017 年在台大出版中心发表。在这些著述中，我对韦伯的支配理论作了一些修改。

韦伯认为支配有三种理想类型基础：传统、卡理斯玛与法律／理性。而我强调国家政权有三种理想类型的确立合法性的渠道：意识形态、程序与绩效。这里的意识形态大致对应韦伯的传统和卡理斯玛权威，程序大致对应于韦伯的法律 / 理性权威。我和韦伯的最大区别是增加了绩效合法性。促使我做出此选择的原因有四。一是韦伯讲的主要是更一般性支配关系的合法性来源，而我则着眼于国家权力的合法性基础。对于国家来说，提供公共物是其存在的最主要的基础，也就是说国家必须具备绩效合法性。二是我所讲的是一个国家执政基础问题，内涵其实要比从法的角度出发的“合法性”要大一些。三是中国自古就讲“天命”，而天命的一个主要基础就是国家提供公共物的能力，即绩效。四是韦伯的支配理论与他自己对个体层面的理性分类（目的理性、价值理性和理论 / 形式理性）对不上。在我的分类体系中，绩效合法性对应于目的理性，即绩效合法性在一个国家统治中的地位越重要，目的理性在该国民众的政治思维和行为模式中也就越占据重要地位；意识形态合法性对应于价值理性，即意识形态合法性在一个国家统治中的地位越重要，价值理性在该国民众的政治思维和行为模式中也就越占据重要地位；程序合法性对应于理论 / 形式理性，即程序合法性在一个国家统治中的地位越重要，形式理性在该国民众的政治思维和行为模式中也越占据重要地位。显然，我的分类提升了理论的宏微观对称性。

第二，发展了韦伯的理想类型方法。为了追求价值中立，韦伯开拓了差异性现象发问和理想类型方法。就差异性现象进行发问目前已成为社会科学中较为普遍的发问方式，我也做了不少这方面的探索。与之相比，理想类型方法的发展却相对薄弱。人类的行为十分驳杂：人既能论证自己的行动，也会言行不一；人经常会明明做了错事还理直气壮；人在许多场合下动机也不单纯。因此，这个世界上的任何社会行动者、组织或制度，比如国家、阶级、封建制度、官僚制或民主制，都会因为人类在个体和组织层面上的行为和目的驳杂性而形成多种形式。这就意味着，采用源自特定时空的概念，去理解在不同时空发生的看似相似的事件，其实总会带有不同程度的偏差。社会科学概念的这一特性给分析带来许多困难。特别是，如果从日常性概念而不是从理想类型概念角度来分析社会现象，我们往往会把一个内部有着高度多样性的行动者（比如资产阶级、工人阶级、学生、女性，等等）认定为是具有相同性质和利益的行动者，把给定时空下的特殊规律当作普遍规律，把性质完全不同的社会机制和逻辑混淆在一起，把自我偏好大规模地带入分析和结论当中。韦伯的理想类型方法想处理的其实就是这个问题。对于韦伯来说，理想类型就是通过对具体经验事物的观察而建构起来的一种毫不含糊的、精确且完全抽象的不存在之物，但是它却可以帮助我们来更好地把握模糊、易变和难以捉摸的具体现实。

理想类型方法可以说是韦伯所创造的最为重要的社会科学方法之一，但是这方法却没有在韦伯生前以及去世之后有很好的发展。至今为止，大多数社会学家都停留在把理想类型概念仅仅作为一种解读工具。

我对理想类型方法做了两个方面的修改。其一是受到与韦伯同时代的德国数学家希尔伯特（David Hilbert）所提倡的公理化运动启发，把理想类型扩展为理想类型空间，或者说“理想类型集”，即每个理想类型维度不但相互完全独立，并且还能被理解为具有某种不证自明的公理性，而它们加在一起则构成了一个能覆盖某个大类的社会学议题所有可能性的“空间”。前面所提到的国家合法性的三个基础以及人类理性的三个基础，都是理想类型集的具体例子。我在《儒法国家》中提出的历史变迁理论，即在经济、政治、军事、意识形态四个理想类型层面的竞争和制度化所产生的各种可以通过推理所获得的机制性关系，构成了人类历史变迁的根本动力，则是基于理想类型集方法的另外一个例子。

二是借用了笛卡尔的解析几何方法。解析几何对数学的发展起有关键作用。笛卡尔后的许多哲学家，比如斯宾诺莎（Spinoza）、约翰·德威特（Johan De Witt）、孔德（Auguste Comte）等，都想借用此方法来分析社会现象，但都不得要领。我的策略是把理想类型集看作为一个 N 维欧几里得空间，而理想类型的建构就好比是自然科学中控制实验的设计。所不同的是，自然科学控制实验的目的则在于通过实证来归纳出在控制条件下能成立的自然法则，社会科学建立理想类型集的目的则在于通过演绎来寻找出各种在理想条件下所能成立的社会机制。比如，我把绩效、意识形态和程序合法性看作是一个三维欧几里得空间，并且建立了诸如“绩效合法性在一个国家统治中的地位越重要，目的理性在该国民众的政治思维和行为模式中也就越占据重要地位”这样的因果机制。还比如，在建立我的历史变迁理论时，我把人类的政治、经济、意识形态和军事四个特性看作是一个四维欧几里得空间，并对人类在这四个理想类型维度所展开的竞争和冲突的机制性规律作出解析，建立了诸如“经济竞争在一个社会中越重要，以私人利益为导向的目的理性在该社会中的位置也会越重要”这样的因果机制。我的这些推理主要见于《儒法国家》的第一章。

一旦建立了理想类型集，我们就可以通过演绎来对该理想类型集的每个维度所隐含的社会学机制作出解析，或者说通过演绎来确定每个坐标的多重特殊性质。具体到我的历史变迁理论，它的一个主要用处在于，一旦我们对在政治、经济、军事和意识形态四个维度下的因果机制获得了一个很好的了解，并且我们能够通过经验研究找出某一社会在给定时空下这四个维度的一个特殊耦合（即四维空间中的一个特殊位点），我们就能知道什么样的社会行动者和社会机制会在此时此刻的历史变化中占据主导。比如，西汉后中国政治行动者和意识形态行动者逐渐合二为一（即儒学成了统治意识形态，儒士成了统治精英），经济和军事行动者逐渐走向边缘，这就大大压制了经济竞争和军事竞争，以及相应的社会行动者和机制在历史上的重要性。政治、意识形态、军事和经济力量的这种特殊的耦合，造就了帝制中国的政治和文化形态，并且在宋以后发展出了一个商业高度发达，但却完全没有可能迈入工业资本主义的文化体。

从方法论角度来说，理想类型集的方法有四个主要优点：一是加强了演绎在经验研究中的重要性，弥补了经验主义和实用主义传统的弱点。二是通过基于理想类型集的演绎，把微观的社会机制和宏观社会结构联系了起来。三是给出了一个能针对具体的经验现象进行分析的解读工具。四是为笛卡尔方法在社会科学中找到了一个比较合理的运用。

总之，读韦伯时我总是试图与自己的问题意识和人生体悟相结合，同时也带着批判审视。正是基于这种态度，我对韦伯的理解获得了一次又一次的更新。

现在来谈一下《社会科学方法论文集》的当代意义。从今天来看，此书的不少论点或者太过于粗放，或者因为与当时欧洲思潮结合过紧而读起来显得过时。但是我们知道，一个文本之所以成为经典，并不因为其中句句都是真知灼见，而是因为该文本中的大量的论点和分析手段具有某种超越时空性，给人一种它们似乎是在为今天的知识界，甚至是在为当下中国的知识界而讲的感觉。为了说明这一点，我在《社会科学方法论文集》中选取了几个段落（中文编者按：分见本书第23页、第23–24页、第24页、第33页、第264页），并在括号中加上了评语，以此作为本文的结尾：

认为可以通过对各种不同党见的综合，或者试图左右逢源而获得具有**科学效力**的实践规范，这是严重的自我欺骗，……以相对主义方式掩盖自身的价值标准，这对无偏见的（科学）研究的危害，远比过去那种天真地认为自己的教条在科学上是“可以证实”的党派信念带来的危害严重得多。（这一论点对于当前以多元主义政治正确为出发点的西方学者，以及国内的一些过度轻视“实证”意义的社会科学家来说都是一剂良药。）

……尽管也许会由于素材短缺而不能完全如愿，但是对理想的内容和最后定理的逻辑分析，以及借助逻辑和实践方式揭示它所追求的结论，如果成功达到了预期目的，那么对中国人也必定是有效的，——同时，中国人可能缺乏对我们的道德律令的“听觉”，并可能拒绝、往往也确实会拒绝理想本身和由此产生的具体**评价**，但却根本无损于这种思想分析的科学价值。（我们可以把文中的“中国人”读成是一类与自己在价值立场和思维方式上都相去甚远的人。在这个意义上，这个论点是对国内那些正在大规模生产着永远无法出口的“中国社会科学话语体系”的学者的一个正告。）

……编辑们既不可能一劳永逸地禁止自己也不可能禁止他们的同

仁表达激励着他们进行价值判断的理想。只不过，由此便产生了两项重要义务。首先，使他们本身并使读者时刻都能清晰地意识到，自己是根据**什么**标准来评估现实并从中推导出价值判断的，而不是像极为常见的那样把各种价值观含糊其词地交织在一起借以掩盖理想的冲突，想要“惠及人人”。如果严格地尽到了这项义务，那么对实践的评估看法就不仅无损于纯粹的科学关切，而且是直接有益的，实际上，也是必须的……（这是一个永远不会过时的教诲。）

……从“物质”利益格局中可以**推导出**全部文化现象作为它的产物或功能，我们已经摆脱了这个信条，但我们……依然认为：**从社会现象和文化事件**受到**经济**制约和影响的角度对它们进行**分析**，是一个富有创造性的科学原则，而且只要审慎使用并摆脱教条主义的偏见，在可以预见的将来它也仍然是这样的原则。（对中国读者来说，韦伯是在告诉我们如何理解经典马克思主义的当代意义，以及如何阅读这些经典。）

……从逻辑上来看，这种理性上“正确的”乌托邦构想，不过是“理想类型”的种种可能形态之一……我们还可以设想这样一种情况：恰恰是代表性形式的**错误**推论方法，或者某种典型的、目的**有害**的行为，可能更有利于成为理想类型。（韦伯不仅仅指出了各种具有片面深刻性的社会科学理论的意义和局限，还指出了它们的危险所在：这类理论在理性层面的正确所带来的魅力给了各式各样的“半吊子”，特别是青年人，一种永远的乌托邦情怀。这儿的“半吊子”是翻译后的韦伯语。）

最后我希望，本书的读者也能像笔者一样，通过与韦伯的不断对话在其方法论遗产中来汲取资源。

赵鼎新

（芝加哥大学 Maxpalevsky 荣休讲席教授、浙江大学社会学系教授）

译者说明

坦率地说，笔者原先并没有读过这个文本的原著，但知道已经有了中译，所以就一直想当然地认为，就这个话题而言，对绝大多数中文读者来说，已经不存在阅读和理解的障碍了。直到一年前，遵照罗卫东先生的安排，笔者在浙大的一个读书班陪读，这才发现，我们根本不可能取巧，必须重新翻译德文原著。结果就有了这个中译本。*然后，笔者又非常荣幸地请到赵鼎新先生撰写了导读，感激之情自不待言。

韦伯虽然学术业绩十分辉煌，而且对方法论问题多有论述，但他从没有就此写过一部专著，一如罗卫东先生在拙译《学术与政治》的

---

* 本书中《社会科学认识与社会政策认识的"客观性"》《文化科学逻辑领域的批判研究》《社会科学与经济科学"价值无涉"的意义》《社会学基本概念》四篇文章，由阎克文根据1922年于图宾根出版的《韦伯学术理论文集》(*Gesammelte Aufsätze zur Wissenschaftslehre*)译出；《边际效用理论与"心理物理学基本定律"》《"能量学的"文化理论》《正当支配的三个纯粹类型》三篇，由姚燕根据1988年版《韦伯学术理论文集》译出。——中文编者注

导读中所说，都是“机缘之作”。也许正因为如此，后来的德文编者把他的分散论述结集出版，就显得匠心独到，尤其是，这突出了韦伯方法论思想的系统性和一以贯之性，本书就是其中的一部分，甚至可以说，是其中最重要的部分。

笔者专事韦伯著作的译介多年，感到韦伯思想最能动人心魄的地方，就是从中嗅不到意识形态专家的味道，这在一个价值多元化仍然不可逆转的世界上，殊可谓罕见，本书的论说就表现得尤为突出。

作为一个首创性的原则，韦伯给经验世界的观察者、研究者，尤其是行动者，当然首先是给他自己，提出了一种不容讨价还价的要求，就是必须对目的理性和价值理性、责任伦理和信念伦理、事实判断和价值判断做出严肃区分，目的是诚实地面对这个经验世界，面对每个人都不得不面对的目的与手段之间的因果关系，面对这种因果关系的可能趋势。如果不能确定自己是个天才，就只有这样自觉地认知和认识，才会决定一个人在选择目的、采取行动时具备头脑清醒的责任意识和责任能力，此外，还有一个附带的含义，也多少有些出乎意料，就是使人学会用马基雅维里式的客观性眼光看待各种“道德”与“信念”宣示。凡此种种，无不令人感到韦伯方法论思想的资源性价值，特别是在学术与政治领域。

不难看出，尽管是针对学术研究中的问题进行论述，但韦伯的方法论思考绝不仅仅是针对一时一地一事，而是一种具有普遍意义的系统认识，在极大程度上说，这是他的前人和后人都没有做过的事情。正因为如此，笔者才决意重新翻译这几篇重要文献，借此也专门领略了韦伯不厌其烦的苦口婆心，清楚意识到这不仅是对翻译的重大技术考验，更是一种需要长时间刻苦用心的思想和知识训练，不管那是理解、接受、反对还是发展。顺便说一下，第一篇关于“客观性”的文章，笔者已经重译之后先行收入《学术与政治》的译本作为附录，这次出版前又做了若干技术性修订，以求更准确地反映韦伯的本意，祈读者诸君明察。

比较重要的是，根据出版社的意见，本书又合并了北京外国语大学姚燕教授翻译的三篇韦伯关于方法论的文献，一是为了更加充实文本规模，二是更加丰富中文读者对韦伯的专业认知。笔者也竭尽所能一起讨论了全书译稿，尤其是原先并不熟悉的部分内容和遣词用句问题，无疑也需要共同承担责任，还请方家不吝指正。

阎克文

2022 年 4 月 30 日

于浙江大学人文高等研究院

社会科学认识与社会政策认识的"客观性"[1]

(1904*)

一份社会科学、同时也是社会政策刊物，在发刊或转手给一个新的编辑部之际，碰到的第一个问题通常都是：它的"倾向"是什么。我们也不能对这个问题避而不答，对此，我们将根据"前言"中的意见，提出一些更为原则性的问题进行探讨。这将使我们有机会阐明我们所说的"社会科学"工作的含义，即便对专家们无所增益，也会有益于远离学术工作实践的读者，尽管或者恰恰是因为涉及到的问题"不言而喻"。——

《文献》(译者按：指《社会科学与社会政策文献》[*Archiv für Sozialwissenschaft und Sozialpolitik*]，以下简称《文献》) 创刊以来业已表明的目的，**除了**扩展对"所有国家的社会状况"——即社会生活事实——的认识之外，还包括训练对于实际问题的判断，因而也包括对于

* 本文是《社会科学与社会政策文献》移交给埃德加·雅菲 (Edgar Jaffé)、维尔纳·松巴特 (Werner Sombart)、马克斯·韦伯等编者时发表的，其内容与由此决定的形式不可分割。——德文编者注

实践中的社会政策工作、乃至于对立法工作的评判——就此目标而言，民间学者当然也会以非常朴素的方式做出贡献。但是，尽管如此，《文献》从一开始就坚持要办成一份专门的学术刊物，并且唯**科学**手段是用——这样一来，首先产生的问题就是：上述目的原则上如何才能与这限定的手段协调一致。如果《文献》要对立法与行政分立的规则或者诸如此类的实践性建议进行评价——那么这意味着什么？评价的**标准**又是什么？例如，评价者做出的评价，或者作者提出的实践性建议，其价值判断的**效力**何在？既然科学认识的标志就是必定会在它的结果中发现**真理**的"客观"效力，那么在何种意义上说它是建立在科学讨论基础上的？我们将首先就**这个**问题表明我们的看法，然后继续讨论更进一步的问题：在科学基础上为文化生活**提供**"客观有效的真理"，**究竟**是什么含义？——这个问题是不可回避的，因为我们学科中那些显而易见最基本的问题、它的研究方法以及它的概念建构和效力，都处于持续的变迁和激烈斗争之中。我们并不想在这里提供答案，而只是揭示问题，——因为这是我们的刊物为了完成迄今为止和未来的任务所必须关注的问题。

一

众所周知，我们的学术，可以说，也许除了政治史以外的一切以人类文化制度和文化过程为对象的学术，有史以来都是首先从**实用性**观察视角出发的。对国家的某些经济政策措施进行价值判断，是其最直接、往往也是唯一的目的。某种意义上说，它是一门"技术"，犹如医学科学中的临床学科也是技术一样。现在我们已经知道，这种态度是如何逐渐发生了变化的，而对"实然"和"应然"的认识却没有做出**原则**区别。反对这种区别的意见首先是，存在着一成不变、一视同仁的自然规律，其次，经济过程受到了明确的发展原则的支配——要么，在第一种情况下都是不可变更的**实然**，要么，在第二种情况下都是不可阻挡的**实然**，因而都等同于**应然**。于是，随着历史意识的觉醒，一种伦理进化论和历史相对论的组合，就在我们的学术中占据了支配地位，它试图解除伦理规范的形式特征，把全部文化价值都纳入"道德"领域以便规定后者的**内容**，从而将国民经济学提升到经验基础上的"伦理科学"那样的尊贵地位。由于一切可能的文化理想统统被贴上了"道德"标签，道德律令的特殊尊严也就烟消云散了，对那些理想的效力"客观性"却毫无增益。不过，我们这里可以也必须搁置不论一场原则争议，我们仅仅是要指出一个事实：有一个暧昧不清的观点认为，国民经济学是从、也理应从一种特殊的"经济世界观"出发产生出**价值判断**，这种观点今天非但没有销声匿迹，反而在实干家当中完全可以理解地日益流行起来。——

我们想立刻预先说明的是，作为专业化经验学科的代言者，本刊必须**从根本上拒绝**这个观点，因为我们认为，经验科学的任务决不是确定约束性的规范和理想并借此开具实践处方。

但是此说意味着什么呢？绝对不是说，由于价值判断最终都是以某些理想为基础，因而都有其"主观"来源，所以应当完全被**排除**在科学讨论之外。本刊的实践和目的会始终拒绝这种定理。评判不会因为面对价值判断而终止。更确切地说，问题在于：针对理想和价值判断的科学评判，其含义和目的何在？这需要更进一步的探究。

一切对于有意义的人类行动之基本要素的思考，都与"目的"和"手段"的范畴密切相关。我们对具体的某物产生了需求，要么是"因为它自身的价值”，要么它是有助于满足最终需求的手段。因此，手段对于既定目标的适用性问题，现在无论如何都要加以科学审视。因为我们能够（在我们现有的知识范围内）有效确定**哪些**手段适宜或不适宜达到预期的目的，循此路径，我们就可以评估使用某种可取的手段达到某种目的的可能性，从而间接判定当时历史状况下设定的目的本身实际上是有意义的，或者根据既定条件判定它是无意义的。进一步说，**如果**看上去存在着达到预期目的的可能性，我们自然就会在现有的知识范围内去确定，必须使用的手段除了有可能达到预期的目的之外，由于一切现象都处于整体的相互关联中，那么它还会产生别的什么**结果**。进而，我们可以针对行动者的行动想要达到的预期结果，向他指出对非预期结果进行评估的可能性，并由此回答这样的问题：以可能损害**其他**价值的方式达到预期目的，“**成本**”是什么？因为，在这个意义上说，对任何目的的追求，绝大多数情况下都会支付“成本”或者可能会支付成本，因此，任何有责任感的行动者，都可能会评估彼此对立的行动所追求的目的和带来的后果，而不可能对此忽略不计。我们至此所讨论的**技术**评判，其最重要的功能之一，就是使这种评估成为可能。但是，根据评估做出决定，就不再是科学可能承担的任务了，而是那种有需求的人：他要根据自己的良知和个人的世界观在各种价值之间进行权衡并作出选择。科学能够帮助他认识到，一**切**行动，自然也包括视具体情况而定的**不**行动，都意味着根据结果而**赞同**某种价值，因此通常也就意味着——今天人们往往特别不愿承认——**反对另一些价值**。这就看他自己如何选择了。

为使他做出决定，我们还能进一步为他提供的是：**了解**预期目的本身的**重要性**。我们可以阐明逻辑上前后一致的“观念”，作为具体目的的实际的或可能的基础，向他表明他所预期并从中作出选择的目的之间的联系和重要性。因为不言而喻，人们一直并将继续为这些“观念”进行实际的或想象的斗争，而关于人类文化生活的任何一门科学，其最重要的任务之一，就是引导对这些“观念”进行思想洞察。这并没有越过力求“对经验现实加以思想整理”这门科学的界限，尽管这样解释思想洞察的价值时所使用的方法——通常意义上的“归纳”——并不多。当然，这项任务至少部分地超出了通常的专门化劳动分工中专业经济学科的范围；这就是**社会哲学**要承担的任务了。对于社会生活的发展来说，仅是观念的历史性力量，就一直并将继续发挥巨大作用，因此我们的刊物绝不会放弃这个任务，相反，对它保持关切将会纳入我们最重要的职责范围。

然而，对价值判断进行科学探讨，不仅可以理解和再经验（verstehen und nacherleben）所预期的目的和作为其基础的理想，而且尤其可以指导对它们进行批判“评价”。无疑，**这种**批判仅仅是辩证性质的：是针对历史上给定了价值判断和观念的素材进行形式—逻辑评价，是假定那些预期目的具有内在的**无矛盾性**而对理想进行的检验。由于它给自己设立了这个目标，它便能够帮助有意者去反省他的预期目的所依据的最终公理，以及他无意中作为出发点或者——为了一以贯之——必定会有意作为出发点的最终价值标准。当然，使人**意识到**体现在具体价值判断中的最终标准，是个不必进入思辨领域就能做到的事情。至于判断的主体是否**应该**赞同这些最终标准，那就是他的个人事务了，是他的意愿和良知问题，而不是经验知识问题。

经验科学不可能告诉任何人他**应该**做什么，而只能告诉他**可以**做什么，以及——在某些情况下——他**希望**做什么。的确，在我们的科学领域中，个人的世界观总是会不断地大力影响科学论证，按照论证结果是增加了还是减少了个人理想的实现机会，亦即增加还是减少了预期某事的可能性，去评估科学论证的重要性，甚至在对事实的简单因果关系这个方面做出澄清时也会不断造成混乱。就此而论，即使本刊的编辑和撰稿人，想必也是“人人概莫能外”。但是，根据人类的弱点来看，要相信国民经济学是一门“伦理”科学，这条路是走不通的，而国民经济学却要从它的材料中得出理想，或者把普遍的道德律令用于它的材料、由此而创造出具体的规范。——更确凿无疑的是，我们感到“客观上”有价值的东西，恰恰是那种最为内在的“人格”要素，即规定了我们的行动并赋予了我们生存的意义和重要性的最高的终极价值判断。我们之所以为之辩护，只是因为它们向我们展示了效力，表明是出自我们的最高人生价值观，并因此是在与人生的艰难困苦进行的斗争中发展起来的。当然，“人格”尊严就意味着与人生息息相关的价值观业已存在，——尽管在个别情况下这些价值观仅仅存在于独特的个性范围**之内**：于是，有利于“自我充分发展”的**那些**关切，就会被断定具有**价值观的效力**，由此便产生了自身的观念。无论如何，只有以对价值观的信念为前提，尝试为价值判断进行外在的辩护才是有意义的。**然而**，**判断**这种**价值观**的**效力**，却是个**信仰**的事务，**或许**也是对生活和世界的意义进行纯理论考察和解释的任务，但我们这里应该关注的，无疑只是经验科学的对象。经验可以证明的事实是，有些最终的目的发生了历史变化并且存在争议，但这个事实并不像通常认为的那样对于上述区别具有决定性影响。因为，即使我们理论科学——比如精确的自然科学和数学——最可靠的定理，也像良知的敏感与优雅一样是文化的产物。只不过，当我们特别地考虑到经济政策和社会政策（通常意义上）的实际问题时，我们就会看到，存在着许许多多甚至无数实际的**个别**问题，在讨论这些问题时，人们会普遍一致地把某些给定的目的视为**理所当然**的出发点，比如我们可以想到紧急贷款、社会卫生和贫民救济的具体任务，诸如工厂巡视、工商法庭、职业介绍、大部分劳动保护立法一类的规则——简言之，至少表面上看，只有达到这些目的的**手段**才是需要解决的问题。但是，即使我们想在这里把理所当然的表象看作真理——科学假若如此行事决不会不受惩罚——，想把由实际贯彻的尝试导致的冲突看作采取权宜之计即可解决的纯技术问题——但通常是错误的——，我们也必须注意到，如果从慈善警察式的（karitativ-polizeilicher）福利—经济**关怀**的具体问题上升到经济—社会**政策**问题时，这种调节性价值标准的理所当然表象立刻就会荡然无存。一个问题的社会政策性质，其标志恰恰在于：它无法根据既定目的单纯从技术上考虑就能得到解决，围绕种种起调节作用的价值标准本身，就会而且**必定**会**引起冲突**，因为这已经是在一般**文化**领域内提出问题了。冲突不仅会发生在我们今天很乐于相信的“阶级利益”之间，**而且会发生在世界观之间**，——当然，这丝毫无损于以下真相：个人所持的世界观，除了其他因素之外，无疑还会与他的“阶级利益”——我们姑且承认一次这个表面上一清二楚的概念——结合在一起，两者的亲和力确实在相当大的程度上起着决定性作用。无论如何，有一点是肯定的：所涉及的问题越是“一般”，在这里也就是说，问题的文化**重要性**越是广泛，就越不容易根据经验知识素材获得明确的答案，个人所信仰的终极性最高定理和价值观念扮演的角色就越是重要。尤其是，为实用性社会科学创设“一项原则”并证明它在科学上是有效的，然后毫不含糊地演绎出解决个别实践问题的规范，这纯属天真，尽管有些专业人士仍会不时作如是观。无论社会科学多么迫切需要对实践问题进行“原则性”探讨，亦即把不假思索强加于人的价值判断本身归因于它们的思想内容，也无论我们的杂志如何特别致力于这种探讨——以最终是普遍有效的理想形式为我们的问题创设一个实用性公分母（Generalnenner），无疑既不是它的任务，也毕竟不是任何经验科学的任务：这种做法不仅实际上行不通，而且本来就是荒谬的。无论道德律令之约束力的基础和方式可作何种解释，确切无疑的一点是，都无法从中推导出**文化内容**来，就像无法从制约**个人**具体行动的规范中明确推论出来一样。而且有关的内容越是广泛，我们越是无法这样做。唯有积极的宗教，更准确地说，唯有受到教义束缚的**教派**，才能够赋予**文化价值观**的内容以绝对有效的**道德**律令那样的尊严。此外，个人**想要**实现的文化理想，与他**应当**履行的道德义务，原则上说有着不同的尊严。必须认识到，这个文化时代的命运已经吞噬了知识之树，我们不可能从对这个时代的详细研究中获知世界大事的**意义**，即使是研究结果极其完善，相反，我们必须有能力创造出意义本身，“世界观”决不可能是不断增长的经验知识的产物，那些最强有力感动着我们的最高理想，始终只是在与其他理想的斗争中发挥作用的，而后者之于他人，正如前者之于我们是同样神圣的。

对于这种事关重大的局面，只有一种乐观主义的调和论，才会不时作为相对主义进化史观的产物，要么在理论上自欺欺人，要么就是回避它的实际后果。不言而喻，对于务实的政治家来说，在个别情况下从主观上调停见解的对立而不是偏袒某一方，恰恰是他的本分所在。但是，这与科学的“客观性”毫不相干。相比最极端的或左或右的党派理想，“中间路线”**并没有多出一丝一毫的科学真理**。长远来看，无论在何处，如果不想正视令人不快的真相和严酷的生活现实，科学关切也就所剩无几了。认为可以通过对各种不同党见的综合，或者试图左右逢源而获得具有**科学效力**的实践规范，这是严重的自我欺骗，《文献》将无条件地与之进行斗争，因为，它喜欢以相对主义方式掩盖自身的价值标准，这对无偏见的（科学）研究的危害，远比过去那种天真地认为自己的教条在科学上是“可以证实”的党派信念带来的危害严重得多。我们想要更强有力重新习惯的事情，是对认知与判断，对履行学术义务以正视事实真相和履行实践义务以信守自己的理想做出**区分**的能力。

我们进行的论证，不管是诉诸激发了我们感情或能力的具体实践目标还是文化形式或文化内容，也不管是对伦理规范的效力存在争议时诉诸我们的良知，**或者**最后，诉诸我们会声言具有经验真理**效力**的某种方式对经验事实进行**思想整理**的能力和需求，而它们之间始终存在着不可逾越的鸿沟——**这正是**我们的关切所在。这个说法始终是正确的，尽管稍后将会看到，**那些**实践关切所依据的最高“价值”，每当为文化科学领域的思想整理活动指引方向时，一直并将仍然有着根本的重要性。因为，一直并将仍然确凿无疑的是，如果社会科学领域一个方法正确的推论达到了目的，即便是在中国人那里也必定会得到公认，或者更准确地说，无论如何它都必定会**努力达到**目的，尽管也许会由于素材短缺而不能完全如愿，但是对理想的内容和最后定理的逻辑分析，以及借助逻辑和实践方式揭示它所追求的结论，如果成功达到了预期目的，那么对中国人也必定是有效的，——同时，中国人可能缺乏对我们的道德律令的“听觉”，并可能拒绝、往往也确实会拒绝理想本身和由此产生的具体**评价**，但却根本无损于这种思想分析的科学价值。当然，本刊不会忽视对文化生活的**意义**做出明确规定这种往往必然会反复出现的尝试。相反：这种尝试本身就是文化生活的最重要产物，某些情况下也是它的最强大驱动力。因此，我们将随时用心关注**这个**意义上的"社会哲学"讨论进程。是的，进而言之：我们这里完全没有以下先入之见，即考察文化生活如果超越给定的经验事实进行思想整理以尝试对世界做出形而上学的说明，仅仅因为这种特点就**不能**完成认识的任务。这些任务何以会产生，自然首先是个认识论问题，就我们这里的目的而言，答案必须，也可以搁置不论。因为，**我们的**工作会牢牢坚持一点：一份我们所说意义上的社会科学刊物，就**科学**角度而言，应该是一个寻求真理的地方，而这些真理即使——仍然以前述为例——对于中国人来说，也需要具有对经验现实进行思想整理的效力。——

当然，编辑们既不可能一劳永逸地禁止自己也不可能禁止他们的同仁表达激励着他们进行价值判断的理想。只不过，由此便产生了两项重要义务。首先，使他们本身并使读者时刻都能清晰地意识到，自己是根据**什么**标准来评估现实并从中推导出价值判断的，而不是像极为常见的那样把各种价值观含糊其词地交织在一起借以掩盖理想的冲突，想要"惠及人人"。如果严格地尽到了这项义务，那么对实践的评估看法就不仅无损于纯粹的科学关切，而且是直接有益的，实际上，也是必须的：在对涉及立法方面或其他方面的实践动议进行的科学评判中，就动议的影响所及而言，为了澄清立法者的动机和被评判的动议者的理想，往往只能通过把它们所依据的价值标准与其他的价值标准，当然最好是与评判者自身的价值标准加以**对照**这种通俗易懂的方式来完成。对**他人**的需求做出任何有意义的**评估**，只能是本着自身的“世界观”进行的评判，也必定是在自身理想的基础上与**他人的**理想进行的斗争。因此，在具体情况下，作为实践性需求之基础的终极价值定理，不仅应该予以强调说明和科学分析，还应该被置于和**其他**价值定理的关系中加以说明，如此，通过对后者做出相关阐述以进行“积极”评判也就不可避免。

因此，本刊的内容，尤其在讨论法律时，除了能看到社会**科学**的一面——对事实的思想整理——之外，也不可避免地会看到社会**政策**的一面，也就是关于理想的说明。但是，我们并不打算把这种讨论混充为“**科学**”，我们将竭尽全力提防把这两者混为一谈。**科学**在这里将无话可说，因而科学意义上的不偏不倚，还有第二个基本戒律——在这样的情况下，要使读者（并且再说一遍——首先是我们自己本身！）随时都明白：在什么地方工于思考的研究者就要沉默，而有需求的人开始说话，在什么地方论证要诉诸理智，而在什么地方则要诉诸感情。对事实进行科学讨论与评价性推理之间的不断混淆，虽然是我们专业研究中最常见的特点之一，但却是危害最甚的特点之一。前面的论述直接反对这种混淆，而决不反对申明自己的理想。**信念缺失**与**科学的**“客观性”之间毫无内在的亲和性可言。——至少就办刊目的来说，《文献》过去从来不是，未来也决不应当是针对某些政治或社会政策派别的论战之地，也不是反对或宣传政治理想与社会政策理想之地；此事自有其他报刊去做。更确切地说，本刊的特点从一开始就是，并且只要还在这些编辑的掌握之中，今后就仍然是，将针锋相对的政治对手汇集于此从事科学工作。迄今为止它并不是“社会主义”刊物，未来也不应当是“资产阶级”刊物。它不会把任何愿意立足于科学讨论基础上的人排斥在撰稿人圈子之外。它不可能是“答辩”、回应和反驳的游乐场，但是，它也不会庇护无论是编辑还是撰稿的任何人，使其免于哪怕最尖锐的实事求是的科学评判。如果有谁对此不能忍受，或者有谁抱着这样的观点，即不愿与那些像自己一样致力于不同理想的人们合作从事科学认识的工作，那就请远离此地吧。

但是，我们当然不想在这一点上欺骗自己——上面最后那句话的意思，很遗憾，实际上比它乍看上去的意思要多得多。首先，正如已经指出的那样，根据经验，无论在哪里，很不幸，尤其是在德国，不抱偏见地与政治对手聚集在一个——无论社会上还是理想中的——中立之地，其可行性都有心理上的障碍。这是气量狭小的党派狂热和政治文化发育不良的标志，绝对应当与之斗争，但是现在，对我们这样的杂志来说，面临的这种障碍却尤为巨大，因为经验表明，在社会科学领域，通常都是**实际**“问题”刺激了对科学难题的探讨，因此，仅仅承认科学难题的存在，就表明了一个人会兼有活生生的人们具有明确取向的各种需求。在对具体问题的普遍关切影响下存在的一份杂志，总是会把一些撰稿人聚集在一起，他们之所以对该问题抱有个人关切，是因为某些具体情况在他们看来与他们信奉的理想价值观不相容，似乎危及到了那些价值观。随后，相似理想之间的亲和性会把这些同道团结起来并补充新人，这将至少在探讨实际的社会**政策**问题时，给杂志烙上某种“**特点**”，这是任何活跃而敏感的人际合作都不可避免的伴生现象，也使他们在纯理论工作中对问题的评价意见始终不会完全遭到压制，而且可以——在上述条件下——完全正当表达对**实践性**假设与措施的评判。《文献》问世之初，正值传统意义上的“劳工问题”出现了某些实践难题而成为社会科学讨论的中心。那些认为

《文献》要讨论的问题与决定性的最高价值观念密切相关而成为最稳定作者的撰稿人，因此也同时成为与那些价值观念具有相同或类似色彩的文化观点的代言人。大家都明白，尽管本刊明确局限于“科学”探讨，明确邀请“所有政治阵营的成员”而坚决拒绝追随某一种“倾向”，无疑也仍然会有某种上述意义的“特点”。这是由稳定的撰稿人圈子造成的。一般而言，尽管还有其他种种观点分歧，但目标都是保护劳工大众的身体健康，并使他们尽可能越来越多地分享我们的物质文化与精神文化财富，——而主张的手段则是兼顾物质利益领域中的国家干预和现存国家与法律秩序的持续变革发展，无论他们可能会怎么看待更遥远的未来社会秩序的形态，他们都认可**当代**资本主义的发展，这并不是由于他们认为它比旧日的社会结构更优越，而是由于它在实际上是不可避免的，如果试图从根本上对它进行斗争，看来不仅不会促进，反而会阻碍工人阶级升华到文化的光明中。这在已经无须多做说明的德国现状下，过去和现在都是不可避免的。的确，事实上的结果是，这种“特点”直接帮助推动了对科学讨论的普遍参与，更确切地说，也是本刊得以壮大的一个要素，在这种既定条件下，甚至也许就是它有权存在的理由之一。

毫无疑问，今天对一份科学杂志来说，如果作者的选择是有计划地坚持片面性时，使这种意义上的“特点”发展下去，就**可能**意味着，实际上也**必定**意味着对科学研究中立性的危害。在此情况下，培养这种“特点”也就意味着相同“倾向”的存在。编辑们完全意识到了这种局面给他们带来的责任。他们既不打算有计划地改变《文献》的这种特点，也不打算有意识地把撰稿人圈子局限于秉持某种门户之见的学者而人为地保持这种特点。他们会将其视为顺理成章并等待进一步的

“发展”。至于未来它会形成**什么**风格，以及或许会由于我们的撰稿人圈子必然扩大而发生**什么**改观，端赖那些愿意进入这个圈子并将要或坚持在本刊的园地致力于科学工作之士的特质。进一步说，还要受制于**问题**将如何拓展，而本刊的目的就是促进这种拓展。

简述至此，我们就来到了一个迄今尚未讨论的问题，即什么是我们这个研究领域的**实际边界**。然而，如果不在总体上探讨社会科学认识的性质问题，那就无法给出答案。到目前为止，我们已对“价值判断”和“经验知识”作出了原则区分，并且假定，在社会科学领域，事实上存在着一种绝对有效的认识方式，即对经验现实进行思想整理。但我们必须探讨的是，在我们这个领域，说我们追求的真理具有客观“效力”，**能够**意味着什么？由此，上述假定现在就成了问题。事实上，这个问题本来就存在，而不是想入非非的产物，只要认识到存在着方法、“基本概念”和预设前提之间的冲突，存在着“观点”的不断变化和“概念”的不断重新规定，只要观察并认识到理论和历史的考察方式之间始终隔着一条显然不可逾越的鸿沟，就像一位绝望的维也纳考生当时悲叹的那样，存在着“**两种**国民经济学”，那就没有人能摆脱这个问题。这里的客观性意味着什么？以下将要探讨的就只是**这个**问题。

二

本刊从一开始就是致力于把社会—**经济**现象作为研究目标。即使这里的概念定义和为各门科学划出界限没有多大意义，但我们仍然必须概括阐明：它意味着什么。

我们的物理存在，以及我们最理想需求的满足，到处都会遇到必需的外部手段在数量上的限制和质量上的不足，因此就需要有计划地准备和经营，需要与自然进行斗争，需要人的社会化，最好用不那么精确的语言来说，所有与此联系在一起的现象，我们都从最广义的角度称之为“社会经济”现象，这就是基本事实。一个作为“社会经济”现象的事件，其性质并非“客观地”附着上去的东西。毋宁说，它是受到我们认识的**兴趣**方向制约的，是源自我们在个别情况下赋予相关事件的特殊的文化重要性。无论在何处，一个文化生活事件的性质，总是以对我们来说具有特殊**重要性**的那些部分为根据的，只要是以直接或者即便非常间接的方式与该事实密切相关，就都会——至少在**很大**程度上可能会——包含某个社会科学**问题**，也就是包含着由一门以澄清基本事实的影响范围为目标的学科所承担的任务。

我们现在可以在社会经济问题的范围内，对于各种规范、制度等等事件与复杂性进行分辨了，它们主要是从经济方面产生了我们所认为的文化重要性，而我们最初也主要只是从**这个**观察视角——比如对交易所和金融活动的事件——产生关切的。如果涉及的是出于经济目的而被**有意**创设或利用的制度，情况通常就是如此（但也许不仅如此）。我们可以把我们认识的这些对象称之为狭义的“经济”事件或制度。另外还有其他，例如**宗教**生活的事件，就不是或者最初肯定不是从经济重要性的观察视角并为此才使我们感到关切的，但在某些情况下会从这样的观察视角获得重要性，即它导致的**结果**从经济角度来看引起了我们的关切：这就是“经济意义重大”的现象。最后，还有一种**并非**我们所说意义上的“经济”现象，对于它们的经济结果，我们毫无兴趣或者不甚关切。比如某个时代的艺术鉴赏倾向，——但反过来看，个别情况下它们的性质在某些重要方面或多或少会受到经济动机的强烈影响，例如抱有艺术关切的公众在社会结构形式上的**影响**：此即**受**经济**制约**的现象。由人与人的关系、各种规范以及规范所决定的行动所构成的总和，即我们所说的“国家”，如果从国家财政方面来说，那就是一种“经济”现象；——只要它通过立法或其他方式（即便完全不是特意出于经济考虑的决定）影响了经济生活，即可谓之“经济意义重大”；——最后，如果它在并非“经济”关系中的行为与性质同时也是出于经济动机的作用，即可谓之“受经济制约”。一如上述，不言而喻，一方面，“经济”现象的周边是游动的，并没有一条清晰的界限，另一方面，一个现象的“经济”方面，本来就绝非**只是**“受经济制约”或者**只是**“具有经济作用”，而且，总的来说，我们对某种现象的**关切**，只要并且**只有**排他性地仅仅集中于为生存而进行的物质斗争的**重要性**时，它才是具有“经济”性质的现象。

与马克思和罗舍尔（Wilhelm Roscher）以来的社会经济学一样，本刊不仅从事“经济”现象的研究，而且从事“经济意义重大”和“受经济制约”的现象研究。这些研究对象的范围会随着我们各自的兴趣方向而变化，显而易见，这自然会扩展到各种各样的所有文化事件。无论在何处，哪怕是为了满足最无形的需求，只要涉及利用**稀缺的**外部手段，那些特殊的经济动机，也就是植根于前述基本事实、就其特性而言对我们至关重要的动机，就会发挥作用。因而无论在何处，它们的力量都不仅会决定和改变满足需求的形式，而且会决定和改变最深层的内在文化需求内容。这种“物质”利益的压力对社会关系、制度和人类群体的间接影响，会毫无例外地（往往无意识地）波及一切文化领域，甚至会进入审美感受和宗教感受最难以捉摸的细微差别之中。它对日常生活事件的影响，并不亚于对高层政治、集体与大众现象以及政治家的“独特”行动或者文学艺术成就的影响——它们都是“受经济制约”的。另一方面，一种历史上既定的文化，其所有生活现象与生存条件的总和，也会影响物质需求的形态、满足需求的方式、物质利益集团的形成及其政治手段的模式，从而影响“经济发展”过程的模式——此即“经济意义重大”。我们的科学在因果追溯中是用一些个别原因解释**经济**文化现象的，那么，它追求的就是“历史”认识。如果它通过极为多样的文化背景追踪文化现象的一个特殊因素，即具有文化重要性的经济因素，那么，它就是从特定的观察视角追求对历史的**解释**，并为全面的历史文化认识提供一个局部景观、一项**预备**工作。

即使没有经济因素作为结果或原因发生作用的地方，社会经济学**问题**也仍然存在，因为，凡是在这些经济因素的重要性**值得怀疑**，并且只有借助社会经济学的科学方法才能释疑的地方，就会出现社会经济学问题，但这就意味着，适用社会经济学思考方法的工作领域几乎是无限广阔的。

截至目前，本刊出于深思熟虑的自我约束考虑，一般已不再涉及我们这个学科中一系列极为重要的专业领域，特别像描述性经济学、比较狭义的经济史以及统计学。同样，关于财政技术问题和现代交换经济中市场与价格构成的技术—经济学问题的探讨，也已经让给了其他刊物。它的研究领域是某些利益格局和利益冲突的现代重要性及其历史演变，而这些格局和冲突则是由于现代文明国家试图利用资本在经济中发挥主导作用而产生的。当然，它也没有自我局限于最狭义的“社会问题”所指的那个实践与发展史问题，即现代雇佣工人阶级与现存经济秩序的关系。诚然，这个特殊问题在（19世纪）80年代已经引起了广泛关切，我们必须对此进行深入的科学探讨，最初这也是本刊最重要的任务之一。然而，在我们这里，越是实际探讨已经成为立法和公共讨论持久对象的工人状况，科学工作的重心就越是必须转而去确定这些问题所从属的更普遍联系，从而也承担起这样的任务，即分析由于我们这个文明的经济基础之性质而被创造出来的——就此而论亦即特定的——**所有**现代文明问题。本刊早已开始从历史、统计学和理论等方面探讨现代文明国家其余各大阶级各种各样的，部分是"经济意义重大"，部分是"受经济制约"的生存状况以及它们的相互关系。现在，如果说我们把科学探讨**人类共同体生活的社会结构所具有的普遍的文化重要性**及其历史上的组织形态作为本刊特意为之的研究领域，那也不过是上述表现的结果。——我们把本刊命名为"社会科学文献"，正是这个而不是别的含义。这个用语旨在涵盖对同类问题进行历史和理论研究，实际解决这些问题则是最广义的"社会**政策**"的目标。此外，我们有权利使用的"社会"一词，其含义是由具体的当代问题决定的。如果人们愿意把那些从**文化重要性**的观察视角看待人类生活现象的学科叫作"文化科学"，那么我们所说意义上的社会科学也属于这个范畴。我们很快就能看到会有哪些原则性的结果。

毫无疑问，突出文化生活的**社会经济**一面，就意味着给我们的主题划出了非常明显的界限。人们会说，这里用经济的观察视角，或者一如那个并不精确的说法，用"唯物主义的"观察视角看待文化生活，是"片面的"。的确如此，而且，这种片面性还是有意为之。有人相信，进一步的科学研究任务，就是通过把经济学思考方式拓展为**一般**社会科学以治愈这种"片面性"。这种信念首先就犯了一个错误："社会的”——即人与人之间关系的——观察视角，只有配上某个表达特定内容的谓词，才足以确定科学问题的界限。此外，被认为是科学对象的，当然还包括比如语言学、教会史以及特别是涉及文化生活中最重要的决定性因素——国家以及规范性调整文化生活的最重要形式：法律——的那些学科。社会经济学关心“社会”关系，并不足以成为把它视作“一般社会科学”必然先驱的理由，正如它关心生命现象并不会使它成为生物学的一部分，或者再如，它涉及某个天体的运行过程，也不会使它被看作将来有所扩展和改善的天文学的一部分。构成了科学研究领域之基础的，不是“**事物**”的“**实际**”联系，而是问题的思想联系：用新方法探索新问题，由此打开了具有重大意义的新观察视角并发现了真理，就会出现一门新的“科学”。

“社会的”这个概念看起来仿佛具有非常一般的意义，但只要人们对它的应用情况加以审视，就总是能发现一种绝无仅有的特殊色彩，尽管它的重要性大都不确定，这并非偶然；事实上，它的“一般”并没有其他含义，恰恰就在于它的不确定性。接受它的“一般”含义时，它不会提供任何特殊的**观察视角**可以阐明某种文化要素的**重要性**。

那个陈旧信条认为，从“物质”利益格局中可以**推导出**全部文化现象作为它的产物或功能，我们已经摆脱了这个信条，但我们自己这一方面依然认为：从**社会现象和文化事件**受到**经济**制约和影响的角度对它们进行**分析**，是一个富有创造性的科学原则，而且只要审慎使用并摆脱教条主义的偏见，在可以预见的将来它也仍然是这样的原则。所谓“唯物主义历史观”，作为“世界观”或者作为对历史现实进行因果说明的公分母，是应该予以断然拒绝的——从事经济史的**解释**是本刊最重要的目的之一。这需要进一步的说明。

像《共产党宣言》中那样**早期的**卓越而朴素意义上的所谓“唯物史观”，如今还能支配的只是门外汉和半吊子的头脑了。的确，在他们当中，总是能看到一种很流行的奇观，即只要不以某种方式或在某个地方证明了（或者看上去）经济原因也在起作用，那就无法满足他们对历史现象进行因果说明的需要；但在有了证明的情况下，他们又会重新满足于那些实在破绽百出的假说和极为空泛的习语，因为他们的教条主义需要此时便得到了满足，即经济“动力”是“真正的”、唯一“真实的”、“归根结底到处都在发挥作用的”动力。当然，这个现象并非孤例。从语言学到生物学的几乎所有科学，都会偶尔声称它们不仅是专业知识、而且还是“世界观”的生产者。在**现代**经济变革的重大文化意义的压力下，尤其是受“工人问题”的压倒性影响，任何未经自我批判的认识那种根深蒂固的一元论倾向，必然都会滑向这条道路。现在，随着各个民族为争夺世界而进行的政治和贸易政策的斗争日趋激烈，同样的倾向也给人类学带来了好处：因为人们越来越广泛地相信，一切历史现象“归根结底”都是先天的“种族品质”相互作用的结果。取代了对“民族特性”不加批判的单纯叙事的，则更是不加批判以“自然科学”为基础提出的“社会理论”。只要人类学研究的进展从我们的观察视角来看获得了重要性，本刊也将予以关注。但从“种族”角度对文化事件进行因果追溯，就像先前依靠“环境”或者更早的“时代条件”，那不过是证明了我们的**无**知。我们希望，这种状况将随着方法上训练有素的工作而逐渐得到克服。如果说迄今还有什么在妨害这种研究，那就是热情的半吊子们抱有的以下想象：相比根据特定观察视角获取**精确的**观察素材，从而提高为历史现实中的**具体**文化事件可靠地找出**历史**给定的**具体**原因的可能性，他们能够为**文化**认识做出某些殊为不同且更为重要的贡献。但是，只有在他们提供了**这种贡献**的时候，他们的成果才会使我们感兴趣，他们也才有资格证明“种族生物学”并不仅仅是现代科学创新狂的产物。

对历史进行经济解释的重要性也不外乎如此。如果说在一个不着边际的高估时期过后，如今又有了差不多是**低估**其科学能力的危险，那么，这就是空前的无批判态度带来的结果，由于不加批判，对现实的经济解释就被用作了这个意义上的“普遍”方法：把一切文化现象——即所有在我们看来具有根本性的现象——都推断为归根结底是受经济制约的现象。它在今天出场的逻辑形式并不是一以贯之的。举凡经济解释遇阻之处，总是会利用各种不同的手段，以便直接维护它作为决定性因果要素的普遍效力。人们或者是把历史现实中**无法**用经济动机演绎的一切统统视为恰恰**因此**而在科学上**无足轻重的**“偶然性”，或者把经济的概念张大到面目全非的程度，以致所有以某种方式与外部手段密切相关的人类利益都被纳入了这个概念。如果历史确凿表明，经济方面两种**相同的**局面，由于政治、宗教、气候和其他无数非经济的决定因素的差别而引起了不同的**反应**，尽管如此，有人为了维护经济要素的无上地位，就会把所有这些非经济要素贬低为历史的偶然“条件”，在它们背后起作用的“原因”仍然是经济动机。但不言而喻的是，从经济上观察到的任何“偶然”因素，都在遵循着它们自己与经济因素相同意义上的规律，而探讨**它们的**特殊重要性的研究方法，也会在完全相同的意义上把当时的**经济**“条件”视为“历史的偶然”。与此相对的是，人们喜欢做出尝试，为了搭救经济因素的突出重要性，就把文化生活中各个因素的共同—相互作用，解释为这些因素甚或所有因素在因果上或功能上对另一个因素——亦即经济因素——

的**从属关系**。如果某个单独的非经济制度在历史上也发挥了服务于阶级经济利益的“功能”，例如某些宗教制度作为和被作为“黑衣警察”的情况，整个制度就要么被设想为是为了这种功能而创造出来的，要么就是——完全形而上学地——认为它产生于经济“发展趋势”。

这样解释对经济进行文化分析的目的，在一定程度上体现了某种历史格局，即科学关切转向了受经济制约的文化问题，一定程度上则体现了某些科学领域粗暴又狭隘的爱国主义。今天来看，这样做至少已经过时了。对此，已经不必对专家们再多说什么了。删繁就简地仅仅用经济原因解释**任何**文化事件范围内的任何问题，在任何意义上都绝不是万全之策，即使仅仅在“经济”范围内也**不是**。原则上说，仅仅用经济动机来解释无论哪个民族的银行史，就像把西斯廷的圣母像说成是那个时代文化生活的社会经济基础上的产物一样，自然都是不可接受的，而且，原则上说，这样的解释根本不比以下说法更完备：某些宗教意识的内容发生了变革，这种变革参与了资本主义精神的形成，从而产生了资本主义；也不比根据地理条件对政治结构进行的解释更完备。在**所有**这些情况下，我们赋予经济条件多大的重要性，无不取决于我们在个别情况下把我们赋予了**重要性**并且使我们感兴趣的相关现象的这些特殊要素**归结为**哪个层次的因果要素。从特定“观察视角”出发——像我们这里说的从受到经济制约的观察视角出发——对文化现实进行**片面**分析是有合理性的，它纯粹作为方法上的便利，乃是源于这样一个情况：训练人们的眼睛去观察性质上相似的因果类型的影响，并持续使用相似的概念—方法系统，以便为劳动分工提供一切有利条件。只要它成功地证明了这一点，就是说，只要它能提供对事物关系的认识，以显示它对具体历史事件进行的因果说明是**有价**

值的，那么它就不是“武断的”。然而，总的来说，对历史进行纯经济解释的“**片面性**”和不切实际，只是适用有效的一般性原则去科学认识文化现实的一个特例。进一步阐明这一点的逻辑基础和一般性的方法论结论，就是我们接下来的主要目的。

撇开那些为了说明的目的而明确或含蓄、有意或无意地挑选、分析和组织起来的具体而片面的观点，能对文化生活，或者说，对“社会现象”（这大概是个比较狭义，但对于我们的目的而言肯定没有实质性区别的说法）进行绝对“客观的”科学分析，这样的事情是不存在的。原因在于一切社会科学研究的认识目标的性质，它试图超越对社会生活的各种**规范**——无论那是法律规范还是惯例规范——的**纯形式的**观察思考。

我们想要从事的社会科学，始终都是一门**面对现实的科学**（*Wirklichkeitswissenschaft*）。我们希望的是去理解我们置身其中的生活现实，一方面是理解它们的特性，另一方面则是理解它们在今天的形态下各种具体现象的相互联系和文化**重要性**，以及它们何以成为这样而不是那样的历史原因。因此，只要我们试图思考我们直接面对的生活方式，生活就会呈现给我们要么相继、要么同时出现或消失的事件一种绝对无限的多样性，无论那是“内在”还是“外在”于我们的事件。即使是一个单独的“对象”，比如一次交换活动，假如我们想要同样认真地尝试对这个“单独”对象的所有个别组成部分做出**详尽无遗的**描述，这种绝对无限的多样性的浓烈程度也绝对毫不逊色，更不用说还有对其因果条件的把握。有限的人类精神对无限现实的思考认识，无不是基于这个缄默的前提：每每只是将现实的一个有限部分作为科学探讨的对象，只有它，在“值得认识”这个意义上才是“主要的”。然而，根据什么原则选取这个部分呢？人们总是认为，归根结底，文化科学的一个决定性标志，就在于可以发现某些因果关系的“规律性”再现。我们有能力在极为多样而且流动的现象中发现“规律”，它所包含的东西——按照这个观点来说——必定是唯一合乎科学的“实质内容”：一旦发现了因果关系的“规律性”，证明它作为无例外进行全面历史归纳的手段是有效的，而且直接形象地传达出了内在的经验，那就可以根据这种已被发现的公式去处理无论数量多么巨大的类似情况。每次找到这样的“规律性”时，那些具体现实中不易理解的东西，要么被当作未经科学处理的残留物，要么就是进一步改善“规律”体系以便把它们纳入其中，或者，要么将其作为“偶然”的、**因此**总的来说是科学上非本质的东西而弃之不论，要么**由于**无法“按照规律去把握”，**所以**被认为不属于“典型”现象，因而不过是“无聊的好奇心”的对象。因此，即便在历史学派的同仁当中，我们也总会一再看到这样的说法，即所有的认识、从而也包括文化认识所追求的理想，甚至在遥远的未来也仍有可能追求的理想，是一个可以据以“推论”现实的规律系统。众所周知，一位自然科学的领军人物曾经认为，对文化现实进行这样的加工所要达到（事实上不可能达到）的理想目标，可以称之为对生活事件的“**天文学**”认识。尽管人们对此已经多有讨论，我们还是要不厌其烦从我们这方面多看一下。最为引人注目的是，这种所谓的“天文学”认识，根本不是对规律性的认识，毋宁说，是利用了取自其他学科——例如力学——的“规律”作为其工作**前提**。不过，它本身感兴趣的是这个问题：对我们来说，**重要的**是某个**个别星座**，而这些规律作用下的哪种**个别**结果会导致个别星座的形成。对于它给我们“说明”或预言的任何个别星座，当然只能做出这样的因果说明：那是在它之前同样是个别的其他星座产生的结果，即使我们回溯到最遥远过去的朦胧星云，**对于**规律来说，它所针对的现实也仍然同样是个别的星座，也同样不能**从**规律**中演绎**出来。相比当前的宇宙现实，认为宇宙的“原始状态”没有或者更少个别性，这根本就毫无意义——但是，在我们的领域中，不是也有些残余的类似想法在作怪吗？它们时而根据对自然界的了解，时而通过对业已证实没有历史“偶然性”的经济—社会的“原始状态”——诸如“原始农业共产主义”、性“滥交”等等——的观察，随后便经由一种把原罪具体化的形式而产生了个别性的历史发展。

毫无疑问，我们周围**实际存在的**社会文化生活个别形态，是社会科学关切的出发点，它们是普遍性的，当然同样是个别的存在形态，不言而喻，也是在与其他同样个别的社会文化条件的相互关系中发展起来的。这是一个显而易见的事实，我们以天文学作为一个（逻辑学家也经常出于类似目的而利用的）特例（Grenzfalle），就可以特别突出地说明这一点。在天文学中，我们的兴趣所在是从**量的**角度和能够精确测量的相互关系角度关注天体，而在社会科学领域，我们是从**质的**角度关注事件。此外还有，社会科学是在参与**精神**事件，而通过“**理解**”对事件进行再经验，当然是一个特殊形式的任务，总的来说，与精密的自然科学能够或试图采取的公式截然不同。无论如何，这个区别本身，并不像初看上去那样是原则性区别。除了纯粹的力学之外，精密的自然科学也不是没有**质的**内容，而在我们这个专业领域，我们也能听到这样一种——当然是错误的——观点：至少在我们的文化中，货币经济的流通这个基本现象，是可以量化的，**因而**可以进行“规律上”的理解；至于人们是否还想从中获得规律性（Regelmäßigkeit），则要取决于是狭义还是广义地理解“规律”（Gesetz）概念，因为规律性是不可量化的，无法进行数字处理。特别是涉及“精神”动机的参与，为了行动的理性化，无论如何都不会排斥**规则**（Regeln）的确立，特别是，有一种观点至今尚未完全消失，它认为，**心理学**的任务就是要像数学那样在每一门人文/社会科学学科中发挥作用，也就是说，根据心理条件及其作用来分析复杂的社会生活现象，把它们化约为简单的心理因素并进行分类，在功能性相互关系中对它们进行研究。如此一来，在这种心理学基础上，即便没有创造出一门社会生活的“力学”学科，也会创造出一门“化学”学科。这样的研究是否在任何时候都是有价值的，或者换个略为不同的角度说，是否能给**文化**科学提供有用的个别成果，我们这里无意作出裁定。但是，对于我们所说的社会经济学的认识**目的**，即通过考察合乎规律地（gesetzmäßig）重复再现的文化**重要性**及其因果关系来认识**现实**，这种研究是根本无关紧要的。我们不妨假定，我们借助无论心理学的或者其他的什么方法，将一切已经观察到的以及可以想象到的未来人类共同体生活事件的因果关系，成功地解析为一个个终极“要素”，然后使用概念进行大量决疑论分析，并竭力掌握一些规律上严格有效的规则，以便认识**历史上**既定的文明世界，甚或只是去认识其中的任何一个个别现象，比如资本主义的产生及其文化重要性，那结果会是什么？作为一种认识**手段**，其作用就等同于拿着一部有机化学的化合物大辞典去认识动植物界的**生物起源**。这与上面所说的情况一样，无疑是做了一项重要而有益的准备工作。但也与上述情况同样，两者都不可能从各种“规律”和“因素”中**推导出**生活现实，这并不是因为生活现象中必定还隐藏着别的什么更高、更神秘的“力量”

（比如“主宰力”［Dominanten］、“能动本原”［Entelechien］或者诸如此类——但它们本身就是问题），而仅仅是因为我们需要那些（假设的！）“因素”所构成的**格局**以认识现实，它们组合成的文化现象，从历史上看，对我们来说是**重要的**，同时也因为，**如果**我们还希望对某个个别的组合进行“因果说明”，则必定要追溯到其他完全同样是个别的组合，由此，我们就可以利用那些（假设的！）“规律”概念对它们进行“解释”。所以无论如何，对于我们将要努力达到的认识来说，确定那些（假设的）“规律”和“因素”，只是迈出了更多研究的**第一步**。下一个任务则是分门别类地归纳描述那些“因素”已被历史给定的个别组合，以及它们之间那种由于受条件制约而具有**重要性**的具体的相互作用方式，尤其是使这种重要性的原因和性质具有**可理解性**，虽然这需要利用先前的准备工作，但毕竟已是全新的**独立**任务。尽可能地深入过去，追溯那些组合的生成过程以及对**当代**具有重要意义的个别特性，并根据更早的个别格局对它们进行历史解释，这是第三项任务，——最后，评估可能的未来格局，就是可以想象到的第四项任务。

对于所有这些目的来说，关于这些（假设的）“规律”的明确概念和知识，作为一种认识的**手段**（但也**仅此**而已），它们的存在具有很大价值，并且对于认识的目的完全不可或缺。然而，即便是这个功能，在一个关键点上，它也会立刻表现出适用范围的局限性，这使我们可以发现文化科学思考方式的关键特征。我们已经把某些学科叫作“文化科学”，因为它们力求从文化**重要性**上认识生活现象。但是，一种文化现象的形态，其**重要性**和这种重要性的根据，却不可能从如此完善的规律概念（Gesetzesbegriff）系统中推断出来并得到证明和理解，因为它已经预设了文化现象与**价值观念**的关系。文化概念是个**价值概念**。对于我们来说，经验现实就是“文化”，因为并且只要我们把它与价值观念联系在一起，我们就会、而且**只会**认为，包含在这种联系中的那些内容对我们来说才是重要的。当我们受到价值观念的决定时，就总是会把对个别现实的关切集中于很小的一部分，唯有这一部分在我们看来才是重要的，之所以如此，是由于它与价值观念相关联而变得重要；仅仅因为这个情况并在这个范围内，它的个别性才是值得我们知道的。但是，揭示**什么**对我们有重要性，当然不是通过对既定的经验素材进行“无前提”研究，相反，确定它的重要性是使它成为研究**对象**的前提。当然，有重要性并不等于符合规律本身，而且规律越是被赋予普遍效力，两者就越不相符。因为，现实的一个组成部分在我们看来具有特殊重要性，当然**并不**在于它与很可能是大量的其他部分的关系。与根据**规律**分析现实并按照一般概念加以整理不同，根据价值观念去看现实并赋予它某种重要性，因此从现实的文化**重要性**这一观察视角渲染其中的组成部分以突出和整理现实，是一种完全异质和矛盾的观察视角。对现实进行思想整理的这两种方式，彼此没有任何必然的逻辑关系。个别情况下可能会有重合，但是，如果这种偶尔的重合抹煞了它们的**原则**区别，那将造成极为严重的后果。一种现象，例如货币经济中的交换，**其文化重要性可能在于**，它作为一种普遍现象乃是当今文化生活的一个基本构成成分。但是，恰恰是对于它扮演了这个角色这一历史事实，要想理解它的**文化重要性**何在，就应该对它的历史起源做出因果说明。研究交换的**一般**本质和市场流通的**技术**是一项——极为重要且必不可少！——的**预备**工作。然而，由此不仅回答不了交换是如何历史地获得了它在今天的根本重要性这一问题，尤为重要的是：也回答不了我们最终所关切的问题，即货币经济的**文化重要性**，我们仅仅为此才会对那些有关流通技术的描述感兴趣，也仅仅为此，今天才会有了一门研究这些技术的科学，——这都不是遵循任何“规律”的结果。交换、买卖等**类别特征**是法学家们关心的问题，——而我们所处理的任务则是对交换在今天作为一种普遍现象这个**历史**事实的**文化重要性**作出分析。在应该对此进行说明的地方，亦即在我们想要理解是什么将我们的社会经济文化与古代的社会经济文化——彼时的交换已经表现出了与今天同样的类别特性——**区别开来**，而“货币经济”的重要性何在时，一些其来源完全不同的逻辑原则就会醒目地进入我们的研究：那些我们用来研究经济上的普遍现象这一类别要素的概念，只要包含了在我们的文化中有**重要意义**的组成部分，就会成为我们的描述**手段**——但是，我们的工作**目标**不仅无法借助对这些概念和规律的描述——无论这种描述多么精确——来实现，而且，究竟什么应当成为建构类别概念的对象这一问题，也绝不是“没有前提条件”的，而是要决定于无限多样、被我们称之为“流通”现象的某些组成部分对文化的**重要性**。我们追求的正是对一种历史现象、一种**其特性是有重要意义的**历史现象的认识。这里的关键还在于：有一个前提，即无限丰富的现象中，只是**有限的**部分才是**有意义**的，说到底，只有根据这个前提认识个别现象，才是逻辑上有意义的想法。我们即使对一切“规律”有了可以想象的最全面认识，以下问题也会令人束手无策：因为可以想象得到，即使**描述**现实的一个最小切片也绝不可能详尽无遗，那么，对**个别**事实做出**因果说明**究竟如何才是**可能的**？决定着任何一个个别事件的原因，始终都有**无限的**数量和方式，而事物本身并不存在任何标志足以使我们选取该事物的一个部分作为唯一值得考虑的对象。试图真正“没有前提条件”地获得对现实的认识，只能导致无数孤立的感知所产生的“存在判断”（Existenzialurteile）的混乱。甚至这个结果也仅仅表面上是可能的，因为更切近地观察的话，每一个被孤立感知到的现实，都始终会显示出无限多的个别成分，而感知判断（Wahrnehmungsurteilen）决无可能道尽这些成分。给这种混乱带来秩序的**只有**这种情形：在任何情况下我们都只是对个别现实的一个**部分**感兴趣并认为有**重要性**，因为只有它，才与我们对待现实的文化价值观念有关。无限多样的个别现象，始终只有某个方面因为在我们看来具有普遍的**文化重要性**，才是值得认识的，唯有它们才是因果说明的对象。另一方面，甚至这种因果说明本身，也会证明一个同样的现象：从**整个**现实中的任何一个具体现象出发进行**无所不包的**因果追溯，不仅实际上毫无可能，而且完全荒诞不经。我们所把握住的不过是个别情况下某一事件的“**主要**”组成部分，从而将其**归结为原因**。凡是在处理一种现象的**个别性**时，因果问题就不是一个规律的问题，而是具体的因果**关系**问题；不是哪种现象在形式上从属于哪个样板的问题，而是哪种具体格局可以作为归因之结果的问题，就是说，这是个**归因问题**（Zurechnungsfrage）。出于对“文化现象”——我们希望使用我们学科的方法论中不时用到、现在正以逻辑上更为准确的表述流行起来的说法，即出于对**历史个别性**——进行因果说明的考虑，那么对**规律**的认识就不是研究的**目的**，而仅仅是研究的**手段**。它能够帮助我们对现象的个别性进行因果归因（kausale Zurechnung），从而发现其中具有文化重要性的组成部分的个别性原因。就此而论，并且仅仅就此而论，它对我们认识个别性的因果关系还是很有价值的。但是，规律越是“一般”，亦即越是抽象，它就越是不能满足对**个别性**现象进行因果归因的需要，以致对文化事件之意义的理解也就越是间接。

所有这一切都意味着什么呢？

当然不是意味着：在**文化**科学领域，对一**般性**的认识，对抽象的类别概念的建构，对规律性的认识，以及阐述"**规律上的**"相互关系的尝试，统统没有科学依据。恰恰相反，史学家在把具体的结果**归结到具体的原因**而得出因果认识时，如果说没有利用"法则论"（nomologisch）的知识——亦即因果关系规律性的知识——也能对个别性结果进行**有效**归因，这是根本**不可能的**。现实中相互联系的每个个别性成分，对于结果有着什么具体的因果重要性，可能会令人犹疑不决，这时就**只有**通过将我们一**般**认为的它的作用与同一综合体其他相关成分的作用进行说明，来评估确定哪个才是对因果关系发挥了"**相应**"作用的要素。史学家（就这个词的最宽泛意义而言）能在多大程度上凭借个人生活经验和经过方法论训练的想象力，并能在多大程度上依靠他的专业造诣完成这个归因过程，恐怕就要视具体情况而定了。然而，无论何处，我们的一般性知识越是可靠与丰富，归因的**确定性**就越大，在错综复杂的经济事件领域也同样如此。这个论点丝毫不会受到以下事实的妨碍：我们这里处理的不是狭义的精密自然科学意义上的"规律"（Gesetz），即使所谓"经济规律"也不例外，而是体现在规则（Regeln）中的相应因果关系，以及对"客观可能性"类型的应用，此处已无需赘言。确立这样的规律性并不是认识的目的，而是认识的手段，况且，将日常经验中已知的规律性再现的因果关系公式化为"规律"是否有意义，这在任何个别情况下都是个实用性问题。对于精密的自然科学来说，"规律"越是**普遍有效**，它们就越是重要和更有价值，而对于根据具体的假设去认识历史现象来说，**最一般性的**规律因其内容最为空洞，反而最无价值。一个类别概念的应用范围越广泛，它就越会使我们**远离**现实的丰富性，原因在于，为了包含尽可能多的共同现象，它必定需要尽可能进行抽象，终致于**言之无物**。在我们看来，文化科学中的一般性认识本身，从来就毫无价值。

到此为止，我们可以得出结论说，“客观地”对待文化事件，即认为科学工作的理想目标应该是把经验现实简化为“规律”，这是毫无意义的。之所以如此，**并不是**像通常认为的那样，因为文化事件、或许还有精神事件“客观上”不那么遵守规律，而是因为（1）对社会规律的认识并不是对社会现实的认识，而只是我们的思想为了达到这一目的所采取的不同辅助手段之一；（2）对我们来说，个别形态的生活现实总是因为处于某种**个别的**关系之中才有重要性，撇开这个**重要性**基础，对**文化**事件的认识就是不可思议的。但是，没有任何规律能告诉我们这其中有**什么**意义和**什么**关系，因为这只能决定于我们每次据以考察“文化”时的**价值观念**。从人的角度来看，无限的世界进程是无意义的，“文化”则是其中有限而有意义的重要片段。即使人把一种具体的文化看作势不两立的死敌并渴望“回归自然”，情况也依然如此。因为，人只有在抱着他的价值观念对待那种具体文化并认为它“无足轻重”时，才会得出那样的看法。如果说看待历史上的一切个别现象在逻辑上必然都会以“价值观念”为转移，上面指的就是这种纯粹逻辑—形式上的事实。任何**文化科学**的先验前提，都不是指我们发现某种或任何一种文化是**有价值的**，而是说，我们就是文化**人类**，有能力也有意志对世界**表明态度**并赋予它**意义**。无论这意义可能是什么，它都将在生活中引导我们从它出发去**判断**人类共存的某些现象，对它们的重要性表明（肯定或否定的）态度。无论表明的态度是什么内容，这些现象在我们看来都有文化**重要性**，只有这种重要性才是科学关切的基础。因此，如果说这里使用了现代逻辑学家的语言惯用法谈论文化认识会受到价值观念的制约，我们希望不至于受到严重误解，诸如文化重要性只属于那些**有价值的**现象之类的观点。与宗教和货币一样，卖淫也是一种**文化**现象，它们的存在及其**在历史上**的表现形式，直接或间接地触动了我们的文化**关切**，激起了我们从价值观念派生的观察视角去认识它们的冲动，**仅仅**因此并**仅仅**就此而论，我们用概念去思考的这部分现实，对我们就有了**重要性**。

由此可见，对文化现实的一切认识，始终都是从**特别独特的观察视角**出发得出的认识。如果我们要求史学家和社会研究者从一个基本前提入手，就是对重要的和不重要的东西做出区分，而且要有做出这种区分所必需的“观察视角”，这仅仅意味着，他们必须明白，要自觉不自觉地根据一般的“文化价值观”去看待现实事件，并以此突出**那些**对我们具有重要性的关系。如果总是有这样的看法登台亮相，即任何观察视角都可以“得自素材本身”，那不过是出于专家学者们幼稚的自欺，他们没有注意到，他们从一开始就在不自觉地努力根据价值观念处理素材，从绝对的无限中提取极小的组成部分给予**专门**关注。选取事件的**个别**特定“方面”这种做法，随时随地都在自觉不自觉地发生着，这是文化科学工作中一个起着支配作用的因素，据此便形成了一种时有所闻的主张，即科学杰作的“个性”才是真正有价值的东西，任何科学杰作之所以都有不同的存在价值，必定都是表现出了“某种个性”。无疑：研究者的价值观念一旦阙如，选取素材的原则就会不复存在，对个别现实的有意义的认识也就无从谈起，就像研究者如果并不相信某些文化内容的**重要性**，他去认识**个别**现实的任何研究也就全无意义了。因此，是他个人信念的方向，是他的灵魂之镜折射出来的价值观色彩，在指引着他的研究方向。科学天才据以处理研究对象的价值观，可以决定整整一个时代的“见解”，也就是说，由此，不仅决定着一个现象是否“有价值”，而且决定着它是意义深远还是毫无意义，以及它是“举足轻重”还是“无关紧要”。

因此，我们所指意义上的文化科学认识，都是受到“主观”前提约束的，它所关注的只是现实的某个组成部分，它与我们赋予了文化**重要性**的事件有某种关系，无论这关系多么间接。当然，尽管如此，从质的特征来看，其意义和对个别自然事件的重要性的认识完全相同，也是纯粹的**因果**认识。除了形式—法律思维插足文化科学领域造成的各种误入歧途之外，最近又出现了一系列机敏的谬论，试图对“唯物史观”进行原则性“反驳”，它们宣称，由于全部经济生活必定都是以受到法律和习俗调节的形式发生的，那么一切经济“发展”的形态必定都会致力于创新法律形式，因此，只有出于**道德**准则才是可以理解的，基于此，它与任何“自然”发展就有了本质区别。这种对经济发展的认识有着“目的论”的特征。我们不打算在这里讨论对于社会科学具有重要性的“发展”这个多义概念，或者“目的论”这个逻辑上同样多义的概念，相反，这里只是要确定，像上述观点所预设的**那种**意义上的“目的论”认识，无论如何都不是必需的。即使有效的法律规范完全具有形式上的同一性，受到规范的法律**关系**乃至规范本身，其文化重要性也还会发生根本性变化。是的，有人会想入非非地沉浸在对未来的幻觉中，比如说，在理论上设想“生产资料社会化”已经大功告成，却并没有做出旨在追求这种结果的“努力”，也没有对我们的法典条款进行增删，因为：一些受到法律规范的个别关系在统计学上的出现频率毫无疑问会发生根本变化，很多情况下则会不复存在，大部分法律规范**实际上**会丧失重要性，它们的全部文化重要性会变得面目全非。如此一来，关于立法的讨论就可以名正言顺地淘汰“唯物主义”历史理论，因为它的核心观点就是，法律制度的**重要性**必然会发生变革。如果有谁认为对历史现实进行因果理解这项朴实无华的工作看上去低人一等，那就最好避而远之，——但以任何一种“目的论”取而代之却是不能接受的。就我们的研究来说，“目的”考虑的是**结果**，它会成为行动的**原因**；我们重视这个原因，就像重视任何带来或能够带来**重要**结果的原因一样。但它的特殊意义仅仅在于，我们不是仅仅**观察**人的行动，而是能够并且愿意去**理解**。——

毫无疑问，价值观念都是“主观的”。对一部家族编年史的“历史”兴趣和对一种可以想象的（一个民族或者世世代代的人类过去和现在共有的）巨大文化现象的“历史”兴趣，两者之间存在着一个无穷尽的“意义”阶梯，排列它们的轻重顺序对于我们每个人来说都会因人而异。同样，它们自然也曾在历史上随着文化的性质和支配着人们的观念本身而变动不居。但是不言而喻，不能由此得出结论认为，文化科学的**研究**只能产生这种意义上的“主观”**成果**：它对某个人**有效**而对其他人无效。确切地说，不同的只是人们彼此对研究的**关切**程度，换言之，是支配着研究者及其时代的价值观念，决定着**什么**会成为研究的对象，以及这种研究能在多大程度上扩展深入到无穷尽的因果关系之中；如何研究？在研究方法上，虽然主导性的“观察视角”——正如我们还要看到的那样——对于建构他所使用的概念辅助手段大有影响，但是显而易见，在这些概念的使用方式上，研究者在这里和在其他领域一样，也会受到我们的思维规范的制约。因为，科学真理仅仅**打算**对那些**愿意**获得真理的人是有效的。

但是，由此也可以得知：有一种想法是毫无意义的，尽管它甚至会不时支配着我们的专业史学家，就是说，无论文化科学的目标可能多么遥远，都应该建构一个封闭的概念体系，把现实纳入一个某种意义上是**确定的**结构中进行分析，从而进一步演绎现实。打动了人们的文化问题，始终都会带着新颖的不同色彩出现，它们的范围始终是变动不居的，因此，我们所能得到的个别意义和重要性（Individuellen Sinn und Bedeutung），即“历史个别性”，始终也是无休止流动的。这使对它们进行考察并科学把握的思想连贯性处于游移之中。只要没有中国式僵化的精神生活妨碍人类向总是同样无穷尽的生活提出新问题，在无限的未来中，文化科学的出发点也仍然会不断变化。仅在这个意义上说，一个文化科学体系，在它应该胜任处理的问题和领域上达到了最终是客观有效的系统性定论，它本身可能也是毫无意义的：这样的尝试大概只能导致一系列尤为特殊、往往相互异质、彼此冲突的观点，根据这些观点，现实就成了因其独特性质而曾经或仍然有意义的“文化”。——

经过这些漫长的讨论之后，我们终于可以提出这个问题了，即我们在思考文化认识的“客观性”时所抱有的方法论关切：我们的以及其他的任何科学工作所使用的概念，其逻辑上的功能与结构是什么？或者说，需要特别考虑的一个关键问题是：**理论**以及从理论上进行概念建构，对于认识文化现实有什么意义？

一如前述，至少就其讨论的重点来说，国民经济学本来就是一项“技术”，就是说，它在根据一种至少表面上很明确而又一成不变的实用性价值视角看待这个现实现象：国民“财富”的增长。但另一方面，它从一开始就不**仅仅**是一门“技术”，因为它被融入了18世纪那个自然法与理性化世界观的巨大整体之中。但是，这种世界观的独特性质在于，它在理论上和实践中都对现实的理性化抱有一种乐观主义信念，由此产生的主要影响，就是**阻碍**了人们去澄清那种已被假定不证自明的观点的**可疑**性质。正如对社会现实的理性思考之脱颖而出，与现代自然科学的发展密切相关一样，它的全部研究方法也是与此密不可分。在自然科学的各个学科中，具有直接技术用途的实用性价值视角，从一开始就与下面这种期望紧密联系在一起：继承古代希腊罗马的遗产并发扬光大，通过一般化的抽象与经验分析基础上的规律性关联，在这里就是摆脱了一切价值，同时借助理性的、亦即从外观上排除了一切个别的“偶然因素”并具有形而上学**效力**和数学**形式**的**概念**体系，获得对整个现实的纯“客观性”一元论认识。那些与价值视角联系在一起的自然科学各个学科，诸如临床医学，甚至通常所说的“工艺学”，都成了纯粹的实用性“艺术学”。它们必须遵循的价值，例如病人的健康、具体生产过程中的技术进步等，对它们每一个来说总是确定不移的。它们应用的手段，曾经并且只能是理论学科已经找到和利用的规律概念（Gesetzesbegriffe）。概念建构的任何原则性进步，曾经并且仍有可能是实用性学科的一种进步。在确定了目的的情况下，孤立的实际问题（一个病例、一个技术难题）作为普遍有效的规律中的特例，也会促进理论认识的扩展，这与技术—实践的扩展可能性密切相关并且步调一致。然后，当现代生物学把现实的那些组成部分，也就是**历史上**形成的——即以如此方式而非其他方式形成的并使我们产生关切的——那些组成部分，也交由一种普遍有效的发展原则进行概念处理，至少在表面上——当然不是在事实上——允许把一切对象的实质内容纳入一个普遍有效的图式中，那么，全部科学的所有价值视角恐怕也就走到末日了。因为，既然通常所说的历史现象乃是整个现实的一部分，既然因果原则作为全部科学研究的前提条件似乎在要求把所有现象都解析进普遍有效的“规律”之中，最后，既然认真对待这种想法的自然科学已经取得了巨大的成就，那么，总的来说，科学工作除了去发现事件的**规律**之外，看来就没有其他可以想象的意义了。从科学上说，只有“合乎规律的”（gesetzmäßig）现象才是本质现象，“个别”事件不过是一些“类型”，就是说，可以考虑用作对规律进行说明的代表；对它们本身产生的关切，似乎都是“非科学”的关切。

在这里追踪自然主义一元论信念的乐观情绪对经济学科的强大反作用是不可能的。当社会主义的批判和史学家的工作开始令最初的价值视角成了问题时，一方面是生物学研究的巨大发展，另一方面则是黑格尔泛逻辑主义的影响，便阻碍了国民经济学对概念与现实的关系作出全面而明确的辨析。结果是，在我们兴趣所及的范围内，尽管费希特以来的德国唯心主义哲学、德国法学历史学派的成就以及德国国民经济学历史学派的工作，为阻止自然主义教条的渗透筑起了大坝，但一定程度上也正是**因为**这种工作，在一些关键之处始终未能克服自然主义的观察视角。我们这个专业中一直难以解决的“理论”和“历史”的关系问题，尤其如此。

迄今为止，经验—历史研究的“抽象”理论方法仍然面临着一座突如其来并且看上去难以逾越的障碍。它完全正确地认识到，用阐述“规律”的方式替代对现实的历史认识，或者相反，通过纯粹是罗列历史观察获得严格意义上的“规律”，在方法论上都是不可能的。它确信，获得这种规律是科学追求的最高目标，为此，它现在诉诸于这样一个事实，即我们在直接耳闻目睹现实中人类行动本身稳定的相互关系，因此——它认为——可以借助公理性证据直接理解行动过程，进而揭示出它们的“规律”。然而，这种唯一精确的认识方式，就是以阐述直接、直观、**直白的**规律，同时也是一种允许不对事件进行直接观察就得出结论的认识方式，因此，至少对于经济生活的基本现象来说，创造一个抽象的、从而也是纯形式的、类似精密的自然科学那样的定理系统，就成了从精神上把握社会多样性的不二法门。尽管是这种理论的创造者**首先**并**独到**地实现了在规律上的认识和历史认识之间做出原则性的方法论区别，但他现在要求的是，让抽象理论具备根据“规律”**演绎**现实这个意义上的经验**效力**。当然，它这里的意思并不是说，仅仅抽象的经济定理就具有经验效力，而是说，如果人们能把所有其他因素考虑在内并形成相应的“精密”理论，那么所有这些抽象理论就必定会共同反映出事物的真实性，即值得了解的现实都会包含在其中。精密的经济理论确定了**一种**精神动机的作用，其他理论的任务就是以类似方式根据那些假定有效的定理去阐释所有其他动机。因此，理论研究的结果，诸如抽象的价格构成、利息、租金等理论，就常常被人以想象的方式要求它们能够根据——表面上——类似的物理学定理，从给定的真实前提**演绎出**对生活现实有效的**某种定量分析**结论，亦即最严格意义上的规律，因为既然人的经济目的已定，涉及的手段无疑也就是“确定”的。这里没有注意到，为了在任何即使如此简单的场合也能够得出这样的结果，就必须假设当时的**全部**历史现实以及其中的所有因果关系都是“给定的”，并且是已知的，但是，如果有限的精神能够获得这样的知识，可以想象，抽象理论也就没有什么认识价值了。自然主义的先入之见是，应当创造出类似于精密的自然科学中那样的概念，而这种先入之见导致的结果，则是令人错误地理解在思想上进行理论建构的意义。人们会认为，它在处理一种心理上彼此孤立的特殊“本能”，即人的获利本能，或者在孤立地考察一种人类行动的特殊准则，即所谓的经济原则。抽象理论相信，它可以建立在心理学**公理**的基础上，但结果却是，史学家们呼吁要有一种能够证明那些公理是无效的、同时又可以从心理上推导经济事件进程的**经验**心理学。据认为，有待创建的这门系统性科学——社会心理学——未来作为文化科学、特别是社会经济学的基础具有重要意义，我们这里无意对此详加评判。无论如何，迄今为止对经济现象已有的并在一定程度上也是出色的心理学解释表明，它并没有从对人的心理品质的分析推进到对社会制度的分析，而是恰恰相反，是把探察制度的心理前提和作用视为准确认识制度并对它们的关系进行科学分析的前提。如此一来，心理分析也就仅仅意味着在具体情况下可以极有价值地加深对历史的文化局限性和文化重要性的认识。我们感兴趣的是人在其社会关系中的心理表现，它在任何情况下都会特别涉及那种关系的特定文化意义。这又涉及彼此极为异质和极为具体的心理动机的合成及影响。社会心理学研究意味着根据非常多样、往往彼此矛盾的**个别性**文化元素类型，使我们再经验的理解（nacherlebendes Verständnis）具有解释力。基于这种研究，通过对种种个别性制度的认识，我们将学会越来越多地从精神上**理解**它们的文化局限性和文化重要性，但不想从心理学规律中演绎出这些制度，或者根据心理学的基本现象去**解释**它们。

这样，就“获利本能”和“经济原则”等等的作用、围绕建构抽象理论的心理依据问题产生的广泛争论，将会无果而终。

抽象理论的建构，表面上只是从基本心理动机出发进行的“演绎”，但毋宁说，实际上却是概念建构方式的一种特殊情况，为人类文化科学所特有，而且在一定范围内也不可或缺。这里值得做一些更详细的说明，因为，这将有助于我们进一步认识理论对于社会科学的重要性这个原则问题。与此同时，我们将不再讨论先前曾作为示例或者间接说明过的**那些**理论产物是否符合它们打算服务的目的，就是说，不再讨论它们的建构事实上是否**合乎目的**。例如，当代的“抽象理论”应该向前走多远，归根结底，是学术工作的计算问题（Frage der Ökonomie），因为还存在着其他一些难题。即使“边际效用理论”，也要唯“边际效用法则”是瞻。

在抽象的经济理论中，我们面前就有一个这种综合法的范例，即通常所说的关于历史现象的“观念”。它为我们提供了一个在易货经济的社会组织、自由竞争以及严格的理性行动条件下商品市场过程的模板。这种思想画面是把历史生活的某些内在联系和过程组装成了一个被**设想**为连贯性的自足世界。就其实质而言，这个建构由于**在想象中**强化了某些现实因素而获得了**乌托邦**的性质。它与经验上给定的生活现实的关系仅仅在于，凡是它以抽象方式描述的关联性，也就是取决于“市场”的那些过程，都被确定或假定某种程度上在现实中发挥了作用，我们就可以根据**理想类型**对这种关联性的**特征**做出实用性**说明**，使之易于理解。这样做的可能性不仅具有启发意义，对于价值阐述也是不可或缺的。理想类型概念可以训练**研究**中的归因判断力：它不是“假说”，而是要为假说的形成指引方向。它不是对现实的**描述**，而是为这种描述提供清晰的表达手段。因此，它是在历史**给定**的现代社会交换经济的组织基础上发展出来的“观念”，是根据——例如与中世纪“城市经济”观念那样的“遗传学”概念（“genetischen” Begriff）——完全相同的逻辑原则建构的。我们这样建构的“城市经济”概念，并不是指所有被观察到的城市中实际奉行的经济原则的平均值，而是一种**理想类型**。获得这种理想类型，是通过单方面**强化一个或几个**观察视角，并将与这些醒目的观察视角相符的、非常普遍而不引人注目——或许这里多些那里少些、或许在有些地方根本就不存在——的**个别**现象合并到本身是一个整体的**思想**画面中。就概念的纯粹性而言，这个思想画面在现实中根本看不到它的经验存在，它是**乌托邦**，这给历史研究工作带来的任务则是，确定现实中的每一种具体情况在多大程度上接近或偏离了这个模板，比如说，某个城市的经济状况特征，在多大程度上可以被视为概念意义上的“城市经济”特征。但是，如果谨慎使用，这个概念就特别有助于达到研究和阐述的目的。——为了分析更多的事例，人们可以采用完全同样的方式，把有关“手工业”的“观念”描绘成一个乌托邦，其中包括了在不同时代与国家都能普遍看到的工商业经营状况的某些特点，这样单方面强化的结果，就是组合成了一个自足的模板，从而获得一种以此体现出来的**思想**表达方式（*Gedanken*ausdruck）。然后，可以进一步尝试描述一个社会，其中支配着所有经济活动部门乃至精神活动本身的一些准则，在我们看来都在应用同样的原则，从而突出了上升为理想类型的“手工业”的特征。现在，还可以继续尝试，比照手工业这个理想类型，从现代大工业的某些方面抽象出一个相应于资本主义工商业形态的理想类型，进而描绘一种“资本主义”文明——也就是仅在私人资本投资需求支配下的文明——的理想类型。我们可以将现代物质的与精神的文化生活中那些普遍存在的独有特征归并到一个我们认为是自足的模板中。这就是描绘**资本主义文化“观念”**的尝试——至于能否以及如何才能达到预定目的，我们这里应该完全搁置不论。现在的可能情况是，或者毋宁说，看起来确凿无疑的是，总会有许多，甚至数量极为可观的这类乌托邦被设计出来，其中**任何**一个都**不**同于其他的乌托邦，也**没有**一个能作为社会状况实际有效的秩序在经验现实中被不折不扣地观察到，但是，它们**每一个**都在声称描绘出了关于**资本主义文明**的“观念”，就此而论，实际上它们**每一个**也都**可以**如此声称，只要它们从现实中提取到了对于我们的文化**具有重要性的那些特征**并将其纳入了一个统一的模板，因为，作为文化现象而使我们投以关切的那些现象，之所以令我们感到关切，通常都是由于我们把它们与极为不同的各种价值观念（Wertideen）——它们的“文**化重要性**”——联系在一起所致。所以，正如我们据以判断它们是否重要的“观察视角”非常多元一样，选择关联现象为某种文化建构理想类型而应用的原则也是非常多样的。

但是，我们致力于这种理想类型概念的建构，对于**经验**科学有什么重要性呢？需要事先强调的是，我们要把这种“示范样板”应当存在的想法，与我们目前正在讨论的纯**逻辑**意义上的“理想的”思想画面谨慎区别开来。这里是在建构一种关联性，它足以激发我们的想象力，因而“客观上是可能的”，看来与我们对自然法则的认识也是**相适应**的。

如果有谁认为，有关历史现实的知识，应当是或者可能是对“客观”事实的“无条件”复制，那就等于否定了一切价值观。有些人已经认识到，只要是立足于现实，就无法做到逻辑意义上的“无条件性”，即使最简单的文献摘要和文档记录，也只有根据“重要性”、归根结底是根据价值观念，才能使那些知识具有某种科学意义，但尽管如此，他们却仍然认为，建构某种历史“乌托邦”作为一种历史说明手段，将会危害不偏不倚的历史研究工作，甚至一般来说都简单地将其视为儿戏。事实上，**无论**它是纯粹的思想游戏还是富有科学成效的概念建构，都决无可能做出先验的判定，这里只有一个标准，即能否成功地认识到具体文化现象之间的联系及其因果关系的局限性和**重要性**。因此，理想类型的建构，所考虑的不是把它们作为目的，而是作为**手段**。但是，对于用来描述历史的概念要素的任何细致观察都会表明，只要史学家试图在单纯考察具体的联系之外还要确定哪怕是非常简单的个别现象的**文化重要性**，并对它进行“特征描述”，通常他就要借助、而且**必须**借助只有在理想类型中才会得到清晰、精确定义的概念着手工作。而且，我们力求思考和理解现实所使用的诸如“个人主义”“帝国主义”“封建主义”“重商主义”“传统的”等无数诸如此类的概念建构，其内容难道不都是通过对某个具体现象的“无前提”**描述**，或者通过对**众多**具体现象的**共性**加以抽象概括而确定下来的吗？史学家们使用的词汇中，含有不胜枚举并不确定但又不加反思的用语，主导着突出渲染思想画面的需要，对它们的重要性最初只是一种直观感受，并未经过清晰的思考。在相当多的情况下，尤其是在描述性的政治史领域，其内容的不确定性无疑并没有妨碍到描述的清晰性。人们**感受**到了史学家在每个具体情况下的意图，或者能够满足于理解他们在每个具体情况下**局部**确定的概念内涵的**相对**重要性，这就足够了。但是，一种文化现象的重要性越是应当被清晰地意识到，进行研究时就越是必须使用清晰的、不仅是局部而且是全面确定的概念。按照属加种差（genus proximum und differentia spezifica）的模式去“定义”对历史思考的综合，当然是荒诞不经的：人们不妨检验一下。只有在使用三段论的教义学科领域，才能看到以这种方式确定词义的情况。把概念“描述性分解”为一个个组成部分，这不过是捉风捕影，或者仅仅是表面功夫，因为这要取决于**哪个**组成部分应该被视为本质性的。如果要尝试对概念的内容做出遗传学定义（genetische Definition），就只有前述明确意义上的理想类型那种方式。这是一种思想画面，但并非历史现实，也根本**不是**“真正的”现实，甚至更不适于成为一种应把现实当作**标本**纳入**其中**分门别类进行整理的模式，它的重要性在于，它是一个纯理想的**边界**概念，可以用来**衡量**现实以阐明经验内容的某些组成部分的重要性，并与现实进行**对比**。这样的概念是我们利用客观可能性的范畴建构各种关系的产物，而适当**判断**这些范畴，需要我们具有以现实为取向并受过训练的**想象力**。

从功能上说，理想类型尤其是把历史个别性或者它们的个别组成部分纳入**遗传学**概念的尝试。人们不妨以“教会”和“教派”概念为例。就纯粹的分类而言，它们都是标志性集合体，这样一来，不仅是它们之间的边界，即使是概念的内容也必定会始终变动不居。如果我想从遗传学意义上理解“教派”概念，例如“教派精神”对于现代文明具有的某些突出的文化重要性，那么，两者的某些标志就变得**至关重要**，因为这些标志与教派产生的作用有着相应的因果关系。但与此同时，概念就会成为理想类型，就是说，由此它们便没有了或者仅在偶尔的情况下才会表现出概念的**纯粹性**。这里和其他地方一样，任何并非**纯粹的**分类概念都会疏离现实。但是，我们的认识具有推理的性质，即我们只能借助一个概念转换链条来把握现实，这种情况就要求有这样一种概念速记法（Begriffsstenographie）。无疑，我们的想象力可能经常缺乏明确的概念表述以作为**研究**的手段，——但只要还想做出清晰**说明**，然后应用于文化分析领域，概念在很多情况下就是不可或缺的。如果完全摒弃了概念，就必定只会局限于文化现象的形式方面，比如法律史方面的情况。当然，在**法律**规范领域可以同时对概念做出清晰界定，而且（在**法律**意义上！）对历史现实是**有效的**。但是，我们所指意义上的社会科学所要研究的，是它的实践**重要性**，而情况往往是，只有通过既定经验与某种理想特例的关系，我们才能清晰意识到这种重要性。如果（就其最广义而言的）史学家们试图把这样的理想类型说成是"理论虚构"，认为对于他们的认识目的来说并不适用或者无此必要，那么，结果通常就是自觉不自觉地使用**未经**语义推敲和逻辑加工的其他类似手段，要么就是始终停留在不确定的"感觉"领域。

无论如何，没有比抱着自然主义的先入之见而把理论混同于历史更危险的做法了，其表现形式在于，认为可以借助理论上的概念建构，来记述历史现实的"真实"内容及其"本质"，或者把它们当作剪裁历史的普洛克路斯忒斯之床（Prokrustesbett），甚至把"真实的"现实中一系列现象背后的"观念"拟人化（hypostasiert），认为那才是作用于历史的真实"力量"。

现在，后一种危险已近在眼前，因为我们同样也已习惯于认为，一个时代的"观念"就是**曾经支配着**那个时代本身的大众或者至少是其中一部分具有重要历史地位的人物的思想或理想，因此是那个时代的文化特征而成为具有重要意义的成分。这里分两个方面：一种情况是，一个时代在实践的或理论的思维方式这个意义上的“观念”，另一种我们使用概念辅助手段为它建构的理想**类型**这个意义上的“观念”，两者通常是存在某种联系的。从一个时代的某些特定社会现象中抽象出来某种社会状况的理想类型，可能——而且情况往往如此——就是同时代人本身实际上所追求的理想，或者调整某些社会关系的准则。“保障粮食储备”（Nahrungsschutz）的“观念”，以及我们上面谈到的教会法学家们特别是圣托马斯的理论，就是与我们今天使用的中世纪“城市经济”这个理想类型概念联系在一起的。众所周知的国民经济学“基本概念”，即经济“**价值**”（wirtschaftlichen“*Werts*”），情况尤其如此。从经院哲学直到马克思的理论，都认为价值就是某种“客观上”有效的价值，亦即**应然**的价值，并把这种观念混同于对价格构成的经验过程进行的抽象。那种认为商品的“价值”应当按照某种“自然法”原则来调节的观念，对于文化发展——而且不仅仅是对于中世纪的文化发展——曾经有过并且还会继续存在不可估量的重要性。它对于实际的价格构成也会产生强烈的影响。然而，这些**理论**概念所产生的和能产生的是**什么**含义，却**唯有**通过清晰的、也就是理想类型的概念建构，才能真正得到明确的澄清，——总之，那些把抽象理论嘲笑为“鲁滨逊漂流记”的人，如果没有更好的表现，也就是拿不出更清晰的概念取而代之，那就应当记住这一点。

因此，历史上观察到的支配着人们的**观念**，与从中抽象出相应理想**类型**的历史现实的组成部分之间，自然可以构成极为多样的因果关系。原则上必须强调的只是，它们不言而喻是根本不同的两回事。但是，现在还需要更进一步：那些支配了一个时代人们头脑的，亦即在他们当中扩散起作用的“观念”**本身**，一旦涉及任何更复杂的思想建构，我们就只能以概念上清晰的**理想类型方式**去重新把握，因为从经验上说，它们存在于不确定而且迁转无常的大量个人的头脑之中，其形式和内容、清晰度和含义在那里都表明了极为多样化的层次。例如，中世纪某个时期个别个人精神生活的那个组成部分——即我们可以称为有关那个人的“基督教”生活的成分，**如果**我们有能力完整描绘出来的话，那必定是一幅混沌画面，里面充满了十分多样且极为矛盾的思想和情感关系，尽管教会能在极大程度上实现信仰和道德的统一。如果现在人们问道，在这个混沌画面中，必须始终当作固定概念使用的中世纪“基督教信仰”究竟是什么，我们在中世纪的制度中发现的**那些**“基督教成分”究竟何在，那么立刻就会显而易见，即使在任何个别情况下，也需要利用我们创造的这种纯粹的思想建构。它结合了被**我们**融入“观念”的教义规范、教会法规范和道德规范、生活方式的准则以及无数的个别关系：这是一种综合，如果不利用理想类型概念，我们就根本没有能力做出这样前后一致的综合。

我们描述这种“观念”时使用的概念系统，其逻辑结构与经验现实直接提供给我们的东西之间的关系，自然是极为多样的。如果涉及的是一个或几个易于阐明的理论指导原则，比如加尔文的得救预定论信仰（Prädestinationsglaube），或者是可以明确表述的、左右了人类并产生了历史作用的道德要求，情况就相对简单一些，我们可以把这种“观念”划分为若干层级的“思想”（Gedanken），而它们是可以从那些指导原则合乎逻辑地推导出来的。尽管如此，我们还是很容易忽略一个问题：无论这些思想的纯逻辑说服力在历史上有多么重大的意义——马克思主义就是一个突出范例——，人们头脑中的经验—历史过程，通常也必须看作一个**心理**过程，而不是受逻辑制约的过程。即便逻辑上说是从那些基本的指导原则和道德要求发展而来或者与它们有联系的观念曾经支配了某些个人的生命，不过由于历史上最初形成的那些观念已经消失或者总的来说只有很泛泛的结果，因而在人们的头脑中根本不存在或者已经不复存在，但对产生过历史作用的“观念”这样加以综合，其理想类型的特征也仍然显而易见。如果**我们**采取了这样的步骤——这是极为常见并且必定会出现的情况——来处理“观念”，比如某个时期的“自由主义”“循道宗教义”或者“社会主义”的任何一个思维粗糙的变种，都会产生**纯粹的**理想类型，其性质与我们综合了某个经济时代的“原则”以作为出发点完全相同。这样处理的过程中，涉及的关联性越广泛、文化**重要性**越多样，使用概念和观念体系进行的概括性系统描述就**越是**接近理想类型的性质，仅仅**某一个**这样的概念就越是可能不敷应用，因而一再重复尝试建构新的理想类型概念以发现**新的**一面意义，也就越是自然而然和不可避免。例如，所有对基督教信仰“**本质**”的描述，作为一种理想类型，如果被看作是对既存的经验现实进行的历史叙事，那就始终且必然只有非常相对的且令人质疑的有效性；另一方面，如果仅仅被用作**比较**和**衡量**现实的概念手段，它们对于研究还是具有高度启发价值的，对于叙事也具有高度的系统性价值。就这个功能而言，它们的确是不可或缺的。但是，这种理想类型的叙事，往往还承载了另外一种使它们的重要性远更复杂的因素。它们通常还想成为，或者不自觉地已经成为不仅是**逻辑**意义上，而且还是**实践**意义上的理想类型：**样板**类型。就这里的示例而言，它还包含着按照叙事者的观点来看是基督教信仰的**应然**内容，以及他所认为的**因其具有持久价值**而形成的“实质”内容。但无论这是有意识或者——经常是——无意识的情况，它们都包含着叙事者在**评价**基督教信仰时所指的那些理想：也就是他从自己对有关基督教信仰的“观念”出发所指的那些任务和目的，当然，这与那个时代的人们的价值观——例如原始基督徒所秉持的基督教信仰——毫无疑问总是会极为不同。但是，从这个意义上说，那种“观念”自然就不再是纯粹的**逻辑**辅助手段，不再是用来**比较**现实的概念，而是据以评价性**判断**现实的理想。这里也不再是个探讨经验现实与价值观的**关系**的纯理论过程，而是一种被融入了基督教信仰这一“概念”中的价值**判断**。由于理想类型在这里被宣称具有经验效力，于是它便侵入了对基督教信仰进行评价性**解释**的领地：经验科学的耕地荒芜了，出现在这里的是个人的认识，而不再是一种理想类型的概念建构。虽然这是一种原则性区别，但是，“观念”这两种根本不同的含义被混淆的现象，却仍然极为频繁地出现在历史研究过程中。每当进行叙事的史学家们开始阐发对某个人物或者某个时代的“见解”时，就总是会出现这种混淆。与施罗瑟（Schlosser）以理性主义精神运用的持之有恒的伦理标准截然不同，受过相对论熏陶的现代史学家，一方面要“从时代本身理解”他所谈到的时代，另一方面还想对时代进行“判断”，这就需要从“材料”中得出判断标准，就是说，要从“理想**类型**”意义的“观念”产生出“**理想**”意义的“观念”。这个流程的审美魅力会诱使他不断模糊使两者彼此有别的那条界限——这是敷衍了事的做派，它一方面使评价性判断成为不可能，另一方面却要试图拒绝对判断承担责任。与此相反，**科学自律的基本义务**和防止受骗的唯一手段就在于，要对以下两者做出严格区分，一是根据逻辑意义上的理想类型对现实进行合乎逻辑的**比较**，一是基于**理想**对现实进行评价性**判断**。我们不妨再次强调，我们所指意义的“理想类型”完全不关心**评价性**判断，而是仅仅与逻辑的“完善性”有关。既有妓院的理想类型也有宗教的理想类型，但是从今天警察伦理的立场来看，妓院既有技术上“合宜的”理想类型，也有情况截然相反的理想类型。

我们这里不得不搁置对一个最为复杂也最令人感兴趣的问题，即**国家概念**的逻辑结构问题的深入讨论。唯需注意的只是下面一点：如果我们要问，一想到“国家”，与之相符的经验现实是什么，我们就会发现，那是无数分散而不引人注目的主动或被动的人类行为，以及受到事实和法律调整的关系，它们具有部分是绝无仅有、部分是有序重复发生的特征，都通过一种观念，即对实际有效或应该适用的规范以及人对人的支配关系抱有信仰，而凝聚为一体。这种信仰在一部分人那里是较为成熟的心智所拥有的思想意识，在一部分人那里是模糊的感觉，还有一部分人则是被动接受并以不同层次存在于每个头脑之中，如果他们真正**考虑**清楚了这种“观念”本身，也许就不会首先需要一种意在表达这种观念的“一般国家学说”了。当然，无论如何表述，学术意义上的国家概念，始终都是**我们**为了某种认知目的而做出的综合。但另一方面，它也是从历史上可以在人们的头脑中发现的含混综合里抽象出来的。不过，对于历史上的“国家”在同时代人的综合中所包含的具体内容，却只有根据理想类型概念的指引才能加以观察。此外，完全不容置疑的是，同时代人总是以逻辑上不完善的方式做出的那些综合，他们为自己造就的那些国家“观念”，例如不论是美国的“商业”国家观还是形成了反差的德国的形而上学“有机”国家观，都有着巨大的实践重要性，换句话说，即使在这里，应当有效或者**被认为有效**的**实用**观念，与出于认知目的而建构的理论上的理想类型，也是并行不悖而且总是倾向于互相交融。——

以上所述是在有意把“理想类型”视为一种主要的——尽管不是唯一的——思想建构，据此衡量并系统刻画**个别的**、亦即因其独特性而被认为具有重要性的现象，例如基督教、资本主义，等等。这样做是为了消除一个流行看法：在文化现象的领域，抽象的**类型**就等同于抽象的**类别**。但事实并非如此。已被屡经讨论、由于滥用而名声不佳的“类型”概念，不可能在这里进行原则性分析了，但我们仍然可以从截至目前为止的讨论中推断出，类型概念是在排除了“偶然性”这个意义上建构的，并可以直接在**历史的个别性**中找到它们的位置。然而，现在，我们不断看到的那些作为历史叙事和具体历史概念组成部分的**类别**概念（*Gattungs*begriffe），也可以通过抽象和增加某些必不可少的概念要素而塑造成为理想类型，这甚至是理想类型概念在实际运用中特别常见、特别重要的情形，而且，每个**个别的**理想类型都是组合了类别和理想类型两者的概念**要素**塑造出来的。不过在这种情况下，理想类型概念也就表现出了特殊的逻辑功能。把在许多现象那里都可以发现的共同特征加以综合，就这个意义而言的简单的类别概念，比如“交换”这个概念，只要我忽略不计概念各个组成部分的**含义**，那就可以用来简单分析日常的语言惯用法。然而，如果现在我把这个概念与“边际效用法则”联系起来，并建构一个“经济交换”概念表示**理性的**经济过程，那么它就像任何一个逻辑上完全成熟的概念一样，包含了对于交换本身的“类型”条件作出的判断。它具有了**遗传学的**性质，同时在逻辑意义上说也具有了理想类型的性质，就是说，远离了经验现实，只能用以比较经验现实。一切所谓国民经济学的“基本概念”都与此类似：它们只能以**遗传学的**方式发展成为理想类型。仅仅组合了**经验**现象共同点的简单的类别概念，与类别式的**理想**

类型——例如手工业的“本质”这样的理想类型概念——之间的区别，在具体情况下自然是各有不同的。但是，任何这样的类别概念，都没有“类型”的特征，而且不存在类别概念那样的纯粹的“平均”**类型**。无论在什么地方，例如在统计学中，只要我们谈到的是“类型”的容量，那就远不是仅仅指的平均值。越是对现实中普遍发生的事件进行简单分类（einfache Klassifikation），处理的也就越是类别概念的问题，相反，塑造概念时那些附着了特定**文化重要性**的事件构成成分的历史关联性越复杂，概念——或者概念系统——的理想类型特征也就越突出。建构理想类型概念的目的，始终**不是**为了清晰意识到类别那种东西的存在，而是相反，是为了清晰意识到那些文化现象的**特质**。

理想类型（甚至包括类别那样的理想类型）可以并且确实被运用，这个事实是在与其他事实的关系中提供了**方法论**关切的。

到此我们已经知道，理想类型只是抽象的关系概念，我们把这些关系设想为稳定地存在于历史个别性构成的事件之流中，并在其中得到了发展。但是，现在出现了一种复杂情况，就是借助“类型”概念会非常轻而易举地重新引进那种自然主义的先入之见，即社会科学的目的必须是把现实简化为“规律”。甚至**发展**也同样可以建构为理想类型，而且这种建构可能还有非常可观的启发价值。但是，这也将带来一种非常大的风险：理想类型与现实被混为一谈。例如，人们会从理论上得出结论认为，在一个严格意义上“像手工业那样”组织起来的社会中，资本积累的唯一来源就是地租。由此，人们也许能建构一个纯粹由某些简单因素——有限的土地、增长的人口、贵金属的流入以及理性化的生活方式——导致的从手工业之类的经济形式转变为资本主义经济形式的模板。这里无法考察这个建构的正确性。经验—历史的实际发展过程是否就像这样的建构过程，则只有借助这种作为启发性手段的建构，通过将理想类型与“事实”加以比较的方法进行检验。如果理想类型的建构是“正确的”，而实际过程却**并不**符合理想类型，那就说明中世纪社会的某些方面**不是**严格意义上的“像手工业那样”组织起来的社会。如果是以启发式的“**理想**”方式建构的理想类型（这种情况在我们的例子中是否以及如何可能，此处完全搁置不论），**那就会**同时引导研究方向去更准确地把握中世纪社会那些**并不**像手工业并且具有自身独特性和历史重要性的成分。**假如**达到了这个结果，那就是实现了它的逻辑目标，也恰恰表明了它的**非**现实性。在这种情况下，也就是对假设进行了检验。这个过程完全不会导致方法论的疑问，但人们**唯需**意识到，理想类型的发展**建构**与**历史**本身是判然有别的两回事，在这里，建构仅仅是一种手段，以使我们在目前看来可能的知识领域基础上，**条理化地有效**归纳出历史事件的真实原因。

现在，根据经验来看，严格诚实地保持这种区别，在某些情况下已经变得格外困难。为了直观显示一个理想类型或者理想类型的发展过程，人们会试图借助经验—历史现实的直观材料来加以**解释**。这种做法完全正当，但危险在于，历史知识在这里似乎成了理论的**仆人**而不是相反。这对理论家们很有诱惑力，以致不是把这种关系视为正常，就是更糟，把理论与历史交织在一起，甚至混为一谈。如果把一种发展过程的理想建构和某种文化景观（例如脱胎于“封闭的自给自足经济”的工商业经营形式，或者发端于“瞬间之神”的宗教概念）的理想类型概念分级交织在一起，成为一种**遗传学**分级，这种混淆也就到了登峰造极的程度。然后，根据选定的概念特征所产生的类型序列，就显得历史连续性同样有了规律上的必然性。于是，一方面是概念的逻辑秩序，另一方面是概念在空间、时间和因果关联上的经验安排，就会显得如此紧密地结成了一体，以致为了证明这种建构在现实中的真实有效性而对现实诉诸暴力，就有了几乎不可抗拒的诱惑力。

在说明理想类型的建构时，我们有意回避了对我们来说极为重要的一点，即**马克思**的情况。之所以如此，是为了避免此时引入对马克思的解释而使阐述复杂化，也是为了避免预先进行这样的讨论，因为本刊将会把依据和追随这位伟大思想家而产生的文献作为经常性的批判分析对象。因此，这里只想指出，所有马克思主义的特殊“规律”及发展结构，只要没有理论缺陷，当然都有理想类型的性质。任何曾经使用马克思主义的概念投入研究的人，可能都知道把这些理想类型与现实进行**比较**时那种卓尔不群的**启发**意义，但同样也知道，一旦把它们设想为经验上是有效的，甚或设想为真实的（实际上就是形而上学的）“作用**力**”“趋势”等等，那会带来什么危险。

类别概念——理想类型——理想类型式的类别概念，——历史上对人类产生过经验效力的思想联系这个意义上的观念——这种观念的理想类型——历史上支配过人类的那些理想——那些理想的理想类型——历史上与史学家有关的那些理想；——**形象地**利用经验素材进行的**理论**建构——把理论概念用作特殊的理想个案进行的**历史**研究，——此外还有各种可能的综合法，这里只能简要提及：它们纯粹是由想象构成的，它们与直接给定的经验现实的关系，在任何具体情况下都是成问题的——仅仅这样略举几例，就足以表明一直活跃在文化科学领域内的概念—方法论问题的无限多样性。我们这里必须完全放弃讨论实践的方法论问题，只应当指出问题所在，也必须完全放弃深入讨论理想类型与“规律性”认识、理想类型概念与集合概念等等的关系。

经过以上全部讨论之后，史学家们仍会一再固执地认为，以理想类型的形式支配概念的建构和结构，是一门学科不成熟的特有症状。在某种意义上说，此论言之有理，不过我们由此得出的结论当然会不同。我们不妨举几个其他学科的例子。确凿无疑的是，和初级的语言学家一样，刻苦的中学三年级学生最初也会把语言设想为“**有机的**”，也就是一个受规范支配的超验**整体**，但科学的任务是：确定什么语法规则**应当**是有效的。对“书面语言”进行逻辑加工，一如“秕糠学会”（Crusca）所做的那样，把它的内容简化为**规则**，通常是“语言学”的首要任务。如果今天有哪位语言学界的领袖人物反其道而行之，宣称“**每个个人**的话语”才是语言学的研究对象，那么，也只是在书面语言有了一个相对稳定的理想类型之后，制定这样的纲领才是可能的，否则就会完全无所适从，并需要对无限多样的（至少是无声的）话语进行漫无边际的研究。——建构自然法的国家理论和有机的国家理论，其功能也不例外，或者像邦雅曼·贡斯当（Benjamin Constant）的古代国家理论（这能令人想到**我们**所说的理想类型），也是同样如此，在一定程度上说，这是人们学会在浩如烟海的经验事实中寻找出路之前的一个避风港。因此，只要理想类型被认为经验上是有效的，或者被看作一种**类别概念**，那么学术上的日益成熟就总是意味着对理想类型的超越。不仅如此，只要人们谨慎把握住了贡斯当式理想类型的特性，在今天利用他的不凡建构去论证古代国家生活的某些方面和历史特征就仍然是正当的。尤为重要的是，有些学术领域被赋予了永恒的青春，这指的就是全部**历史**学科，一往无前的文化之流总是会向它们提出新的问题。它们的任务在实质上使得**所有**理想类型都只有暂时性，**但**同时也使建构**新的**理想类型成为必然。

人们一再尝试确定历史概念的“真实”与“真正”含义，但这个目的从未如愿以偿。因此，历史学一以贯之坚持使用的综合法，要么使用了只是相对明确的概念，要么就是强行赋予概念内涵一种唯一性（Eindeutigkeit），从而使这些概念成为抽象的理想类型，表明了自身是出于一种“片面的”理论观察视角去说明现实，虽然可供参考，但事实证明，作为一种模式，显然并不适合与现实完全**整合在一起**。因为，现实的各种构成要素总是有其重要意义，而获取这种意义所必不可少的任何思想体系，没有一个能够道尽现实的无限丰富性。它们无非都是根据我们现有的知识水平和目前所能利用的概念结构，尝试着把当下进入我们**兴趣**范围而又杂乱无章的事实整理出一种秩序。这是在以往通过思想加工而发展出的一套思想装置，但事实上就意味着，它是对直接给定的现实进行思想**重组**、把那些符合对现实的认识水平和现实利益走向的概念加以整合的产物，会始终与我们能够和**想要**获得的对现实的新认识发生冲突。文化科学工作的进步就是在这种斗争中实现的。其结果就是，我们试图用以把握现实的那些概念，就处于一个不断重新建构的过程中。因此，社会生活的科学史就是，并将始终是，在两种尝试之间转换：要么是借助已有的概念建构对事实进行思想整理——这样获得的思想画面会因为科学视野的扩展与推移而消解，要么就是在变化了的基础上重新建构概念。这样说并不意味着建构概念体系的尝试总的来看是错误的：——任何学术，哪怕是简单地描述历史，也都需要借助那个时代的概念储备，而事实上这就意味着——在针对人类文化的学术中，概念的建构有赖于问题的提出，问题的提出则会随着文化本身的内容而变化。文化科学中概念与理解（Begriff und Begriffenen）之间的关系，决定了任何这样的综合法都只有暂时性。建构概念的伟大尝试，在我们学术领域中的价值往往就在于，它们揭示了它们所依据的观察视角只有有限的意义。**客观地看**，社会科学领域影响最为深远的进步，都是以实际的文化问题为转移的，其表现形式就是对概念建构进行评判。恪守这种评判的目的，并由此研究社会科学领域的**综合法原则**，将是我们杂志最重要的任务。——

就以上所述得出的结论而言，我们现在来到了一个节点，在这里，我们的观点可能会大不同于我们本身也是其弟子的诸多历史学派代表人物，哪怕是最杰出的代表人物。后者在许多方面都会或者明确或者含蓄地坚持认为，归根结底，一切学术的目的都是把它们的素材安排进一个概念体系之中，也就是通过对经验规律性的观察、对假设的建构和验证，获得并逐渐完善这种概念体系的内容，直到从中产生出一门“完美的”科学，**因此**也就是演绎法的科学。就这个目的而言，由于我们这个学科的不完善性，便决定了当代的历史—归纳研究成为一项准备工作：按照这种思路来看，没有什么比建构并使用精确的概念（scharfe Begriffe）更令人生疑的事情了，因为那必定是在过于鲁莽地要提前实现仍然遥不可及的目标。——原则上说，在已经深度融入众多历史学派专家的血液中的古典经院哲学认识论框架内，这种观点是无可辩驳的：概念的意义就在于它们被假定是“客观”现实的虚拟**图像**，因而始终都在暗示所有精确概念的**非现实性**。康德以降的现代认识论有一个基本观念，即概念是达到对既定的经验现实进行智识控制这个目的的思想媒介，而且只有它能够达到这个目的，举凡接受了这个观念的人，那么精确的遗传学概念必然会成为理想类型这个事实，就不可能使他反对进行这样的建构。这样就把概念和历史研究的关系颠倒了过来：在他看来，历史学派的最终目标在逻辑上是不可能的，概念并非**目的**，而是根据个别观察视角对具有重要意义的关联现象达到认识目的的**手段**——这正是**因为**历史概念的内容必然都是可变的，所以必须始终给予必然是精确的表述。他可能提出的要求仅仅是，在**使用**概念时要始终谨记它们是理想建构的思想画面这一性质，而且，理想类型和历史不能混为一谈。他相信，由于主导性价值观念不可避免会发生变化，那么总的来看，实际确定下来的历史概念就不应被认为达到了最终目标，而且，正是通过当时的**个别**主导性观察视角建构的精确而清晰的概念，才有可能对它们效力的**边界**始终保持清醒的意识。

对此，现在有人会指出，并且我们自己也已经承认，在个别情况下，一种具体的历史联系，即使不必持续使用定义明确的概念，也可以清晰说明它的形成过程。因此，人们就要求我们学科的史学家们也可以像政治史学家那样使用“生活本身的语言”。当然可以！只是需要指出，这样做的话，是否能清醒地意识到在根据什么观察视角去探讨事件并使其获得重要性，在**很大**程度上就必定是偶然的了。我们通常并不处于政治史学家那样的有利地位，他们着意阐述的文化内容一般都是明确的——或者看上去是明确的。任何单纯的直观描述，都有**艺术**描绘那种性质的重要性。“人人皆是见其内心所见”——有效的**判断**总是以对直观印象进行**逻辑**加工，亦即以**概念**的运用为前提的，打算让这些概念保持不坠也是有可能的，而且往往还有审美的魅力，但那样就会使读者、往往还有作者本身难以把握他的判断内容及范围的走向了。

然而，在实际的经济与社会**政策**讨论中忽视精确的概念建构，现在已经变得非常危险。例如“**价值**”这个术语，我们学科中的老顽童，**只有**作为理想类型才会具有明确的含义，而这个术语的使用情况，还有诸如“生产性的”“从国民经济学观点来看”等等通常都经不起明确的概念分析的措辞，已经给局外人造成了简直是闻所未闻的混乱。导致了这种不幸的，主要就是来自日常生活语言的那些**集合**概念。为了尽可能便于外行人理解，我们不妨以“农业利益集团”（Interessen der Landwirtschaft）这个词组中的“农业”（Landwirtschaft）概念为例。首先，我们可以把“农业利益集团”看作那些单独的经济个体就他们自身利益所抱有的经验上能够证实、或多或少也算清晰的**主观**想象，并且完全撇开培育牲畜、养殖牲畜、种植谷物、消费谷物以及酿酒等等农场主之间的无数利益冲突，那么，即使所有外行可能都不了解，任何一个专家也必定能想象到，这是一团相互交织、彼此对立、错综复杂的价值关系。我们这里只想略举几例：打算出售地产因而只对土地价格迅速上涨感兴趣的农场主的利益，与之相反的则是想购进、扩充或租用土地的农场主的利益；为后代的优越社会地位着想而给他们保留一份地产，从而关心地产稳定性的农场主的利益，与之相反的则是为了自身及其后代的利益而希望把土地转入最佳经营者或者——这不甚相同——资本最雄厚的买主之手的农场主的利益；私有经济意义上“最能干的经营者”在经济活动领域的纯经济利益，和某些支配阶层维护自身“等级”以及子孙后代社会与政治地位的传统利益的冲突；在社会上**没有**支配地位的农场主阶层，则要颠覆凌驾于他们之上、使他们感到苦不堪言的阶层的地位；——在这些利益彼此对立的情况下，他们都会希望有一个政治领袖出面保护他们的自身利益。——虽然我们尽可能地做了简要概括，这个清单还是可以无休止地开列下去。各种各样纯粹的理想价值是与各种各样更多“利己”的关切混杂纠缠在一起的，这里暂且忽略这一事实，否则它可能会妨碍或者分散我们的注意力。我们尤其需要提醒自己的是，在我们谈到“农业利益集团”时，通常想到的**不仅**是与彼时农场主本身“利益”相关的那些物质的和理想的价值，而且还有**我们**认为与农业相关的、一定程度上却是完全异质的价值观念，——例如：居民要求价格更低廉、品质更优良的食物供给，这种利益就涉及生产的利益，两者并非总是一致的，由此可能还涉及城乡之间极为多样的利益碰撞，而当代人的利益也未必和后来人的利益相一致；——人口论的利益（populationistische Interessen），特别是**大量**农村人口的利益，又涉及“国家”利益、实力政治利益和内政的利益，或者涉及其他形形色色的观念利益，例如大量农村人口对乡村文化特质的预期影响；——人口论的利益可能还会与全体农村人口中极为多样的私人经济利益相冲突。还有，为了发挥政治或文化影响而以某种方式产生的农村人口社会分层的利益：而根据其走向来看，这种利益可能与所有可以想象的个别农场主以及“国家”的利益相抵触，哪怕后者是极为紧迫的当前与未来利益。使问题进一步复杂化的是，我们喜欢把诸如此类的许多个别利益说成是“国家利益”，但这往往只是给极为复杂地交织在一起的一团价值观念冠上一个假名，而被我们挂在国家名下的不过是些个别情况：比如纯粹的对外军事防御；比如对内保障王朝或某些阶级的统治权；比如出于本身的意志或者出于维护某些客观文化价值的关切而维护并扩展本民族形式上的国家统一的利益，我们作为政治上统一的民族则被认为拥护这些文化价值；比如在依然非常多样的某些文化理想的意义上重构国家的社会性质——尽管我们只是在“国家利益”这个集合名词下简略提及能够与“农业”相关联的种种情况，也不免会走得太远。这里选择的事例乃至我们的概括分析都是简单粗略的。不过现在，大概就是外行，也可以对——例如——“工人阶级的利益”这个概念进行类似的（而且更细致的）分析，以便看一看这是一团包含了哪些矛盾的乱麻，其中部分是工人的利益和理想，部分是**我们**据以看待工人时的理想。纯粹根据经验来强调利益冲突的“相对性”，是不可能击败那些老生常谈的：在这里，对各种**可能的**观察视角做出清晰、敏锐的概念规定，是引导我们从朦胧的泛泛之谈中脱身的唯一途径。把“自由贸易论”作为**世界观**或者有效**规范**是荒唐可笑的，个人愿意支持哪些贸易政策完全无关紧要，但它却对我们关于贸易政策的讨论造成了严重危害，使我们贬低了理想类型公式中保留下来的世界上那些伟大商人们富有启发价值的处世之道。只有借助理想类型的概念公式，我们据以考察个别情况的观察视角才会真正变得清晰起来，它们的特性也会由于和经验现实的对质而凸现出来。在日常研究工作中使用含义笼统的集合概念，始终都是掩盖思维混乱、意向模糊的幌子，往往更是令人生疑的歪曲事实的工具，而且始终都是阻碍对正确提出的问题进行阐述的手段。

我们的讨论即将结束了，其目的仅仅在于突出那条能把科学与信念分离开来，但往往很细微的路线，并阐明追求社会经济知识的**意义**。一切经验知识的客观**效力**，都要依赖于，并且仅仅依赖于以下事实：既定的现实都是按照范畴被有序整理的，在某种特定意义上说，这些范畴都是**主观的**，亦即它们体现了我们的认识**前提**，并且受制于唯有经验知识才能提供给我们的那些真理的**价值**前提。如果有谁认为那些真理毫无价值，我们的科学对他也就无计可施了，而对科学真理的价值抱有信念，是某种文化的产物，并不是与生俱来之物。当然，他会徒劳无功地去寻求另外的真理以取代科学，在这方面他能得到的仅仅是：概念和判断，它们既不是经验现实，也不是对经验现实的摹写，而是以有效的方式对经验现实进行**思想整理**。我们已经理解到，在经验的社会文化科学领域（Gebiet der empirischen sozialen Kulturwissenschaften），在无限丰富的现象中，对那些在我们看来至关重要的内容获得有意义的认识，这种可能性要依赖于不断利用特别具有独特性的观点，而归根结底，这些观点都会以价值观念为取向。另一方面，虽然价值观念作为有意义的人类行动要素在经验上可以被确认和感知，但却**无法**根据经验素材说明它们的效力。确切地说，社会科学认识的“客观性”都会碰到这个问题：既定的经验素材始终都是仅仅由于价值观念才被赋予了认识**价值**，需要根据那些价值观念去理解它们的意义，但尽管如此，用这些既定素材充当证据以证明价值观念的效力，在经验上说却毫无可能。我们所有人都会以这样那样的形式抱有一种**信念**，即我们用以锚定自身存在意义的终极价值观念具有超经验的效力，这并不妨碍使经验现实获得了意义的具体观察视角的不断变化，而是恰好相反：无理性木的生活现实及其**可能的**意义内容无穷无尽，价值关联的**具体**形态也会因此而处于永恒的流动之中，不得不服从人类文明模糊未来的变化。最高价值观念放射的光芒，始终会照耀在随着时间而奔腾向前且极为混沌的事件激流中不断变化的有限碎片上。

现在，所有这一切都不应被误解为，社会科学的根本任务就是要不断追寻新的观点和概念建构。相反：这里尤其应当强调的一点是，致力于认识**具体历史联系的文化意义**，乃是唯一的最终目标，除了其他手段以外，概念建构和概念评判**也是**为了服务于这个目标。在我们这个领域，也有菲舍尔所说的“材料至上”和“意义至上”（“Stoffhuber”und“Sinnhuber”）的人。前者对事实贪得无厌，食道里填满了档案文献、统计资料和调查材料，对于新思想的精妙之处却无动于衷。后者则是越来越迷恋于蒸馏新思想，最终败坏了对于事实的鉴别力。真正的艺术家品质，就像兰克（Leopold von Ranke）具有的那种非凡品质，始终就是表现为，知道如何借助已知的事实和已知的观点的关系创造出新气象。

在一个专门化的时代，一切文化科学的研究，一旦通过提出特定的问题，以既定素材为取向并确立了自身的方法论原则，那就会把加工素材视为目的本身，而不会始终有意识地根据终极性价值观念去检验个别事实的认识价值，更不会始终意识到它们在终极性价值观念中究竟处于什么位置。这并无不妥。但是，到了某个时候，情况会发生变化：被不假思索使用的那些观察视角，其意义会变得不合时宜，在黄昏中会迷失道路。重大文化问题的星光将继续备受瞩目。然后，科学将准备好变更它的立足点和概念工具，从思想的高度去俯瞰事件的大河。要一如既往追随那些日月星辰，只有它们才会指示科学工作的意义和方向：

……新的欲望已经苏醒，
我要赶去享受永恒的光，
白日在前，黑夜在后，
苍穹在我头上，波涛在我脚下。*

---

* 见《浮士德》第一部，第二场。——译者注（如无特殊说明，本书页下注均为译者注，后略）

注　释

1　下文第一部分中以编者名义明确作出的阐述，或者为《文献》规定的任务，均非出自作者的个人观点，而是经过了编辑同仁明确的一致同意，作者仅对第二部分的形式与内容负责。

不仅作者，也包括编辑同仁的立场，即便在方法论方面也没有达成完全一致，这一事实将会保证《文献》不会囿于某种学派之见。当然，另一方面，某些基本共识也是共同承担编辑工作的前提条件。这种共识会特别表现在，对那些根据“片面性”观察视角就理论认识的价值做出判断时，要求**建构比较清晰的概念**并**严格区分经验知识和价值判断**，当然，我们这里并不要求什么“标新立异”。

讨论（第二部分）的宽泛和时常重复同一思想，唯一目的就是使这些论述尽可能**通俗易懂**。为了这一关切，表述的精确性就做出了很多——但愿不是太多——牺牲，出于同样的原因，这里也完全放弃了用**系统性**研究取代罗列若干方法论观察视角的做法。这种研究需要涉及大量——其中有一部分要远为深入地涉及——认识论问题。我们这里应该做的不是逻辑学研究，而是利用现代逻辑学的已知成果，不是解决问题，而是让外行也能理解问题的重要性。举凡熟悉现代逻辑学家——我仅以文德尔班（Wilhelm Windelband）、齐美尔（Georg Simmel）和对我们的目的来说尤其重要的海因里希·李凯尔特（Heinrich Rickert）为例——的著作的人，随后就会发觉，这里谈到的一切逻辑问题，基本上只与他们有关。

文化科学逻辑领域的批判研究

（1906）

一、与爱德华·迈尔商榷

如果我们任何一位杰出的史学家感到，有必要向自己和同行解释一下他的工作目的和方法，那就必定会引起一种专业范围以外的兴趣，因为由此便超出了他的个别学科的范围，进入了认识论考察的领域。毫无疑问，这立刻就会带来某种否定性后果。逻辑的范畴发展到今天，已经与其他学科一样成为专门学科，为了切实可靠地加以应用，就需要像对待任何其他学科完全一样地和它保持日常交道。但是显而易见，我们这里就要谈到其大作《论史学理论与方法论》（*Zur theorie und methodik der geschichte*: Halle a.S.,1902）的爱德华·迈尔（Eduard Meyer），除了这位作者的了了文字，他对于逻辑问题的常态性思想联系，却未能也不想提出更多的要求。可以说，这部著作关于认识论批判的阐述，是病人自己而非医生的诊断，并且它们的意图就是被如此评价和理解。所以，逻辑学和认识论的专家们会对迈尔的许多说法感到不满，因为在这部著作中，他们可能看不到对于他们的目的来说真正的新颖之处。仅是这一点，它就不会带来对相邻**个别**学科的重要性[1]。正因为专业性认识论研究的最重要成果是根据“理想类型”方式建构了各个单项科学（Einzelwissenschaften）的认识目的和方法，并因而高高超然于后者之上，以致后者在那种讨论中往往很难一目了然地辨认出自已。因此，它们在自己圈子内的方法论讨论，尽管，或者在某种意义上说正是**因为**，从认识论观点来看是有缺陷的阐述，但有时也会有助于它们的自我省察。的确，迈尔的清晰说明很容易理解，这有可能使相邻学科的专家们专注于一系列观点，以便解决他们和狭义的“史学家”共同面临的逻辑问题。这就是下面的讨论希望达到的目的。讨论将首先跟踪迈尔的著作，依次阐明一些具体的逻辑问题，然后根据讨论中得出的观点，对一些有关文化科学逻辑的新著加以评论。此外，我们将着意从纯**历史的**问题出发，在较后的讨论中才上升到关于寻求社会生活“规则”和“规律”的探讨，因为迄今为止，人们往往试图通过划定与“自然科学”分野的界限来规定社会科学的性质。与此同时，总是在扮演一个角色的还有一个并不引人注目的先决条件：“历史”是一门纯粹汇集材料的学科，或者说，无非是一门纯粹的“描述性”学科，充其量就是运输“事实”，以供现在开始的“真正的”学术研究用作建筑材料。而令人遗憾的却是，专业史学家们试图为专业意义的“历史学”奠定基础的那种独特方式，也很大程度上强化了如下偏见：“历史”研究与“学术”研究具有某种质的差异，因为“概念”和“规则”与历史“无关”。既然在“历史学派”的持久影响下，我们学科的基础现在常常是以“历史科学的”方式建立起来的，并且因为我们的学科与理论的关系一如二十五年前那样依然是成问题的，所以，看来正确的做法是首先提出下面的问题：**什么**是可以从逻辑意义上理解的“历史”研究，而解决这个问题需要“历史”研究具备何种没有疑义且普遍认可的基础，我们这里首先要加以评判的著作，主要关心的就是这个问题。

爱德华·迈尔一开始就警告说，不要夸大方法论研究对于历史科学**实践**的重要性：即使最全面的方法论知识也无法使任何人成为史学家，错误的方法论观点未必会导致错误的学术实践，而只是表明史学家错误地阐述或解释了自己正确的工作准则。我们基本上可以同意的是：方法论始终只能是对经受了实践**检验**的手段进行的反思，而获得了明确的方法论意识，几乎算不上富有成效的工作所需的先决条件，一如解剖学知识同样不是“正确”行走的先决条件一样。的确，就像一直要按照解剖学知识控制走路姿势的人有摔跟头的危险一样，那些试图在方法论思考的基础上独辟蹊径以确定工作目标的专家学者，也会遇到类似的情况[2]。如果方法论研究——这自然**也是**他的意图——能够在任何时候直接有助于史学家的实践，那也正是因为它总能使其不为那些经过哲学粉饰的半吊子知识所动。只有通过提出并解决**实际**问题，才能奠定学术的基础，它的方法才能继续发展，相反，纯粹认识论和方法论的思考决不会在这方面发挥决定性的作用。只有在以下情形中，这种探讨才会对学术经营具有重要性：如果使某一素材成为表现对象的“观察视角”发生了剧烈变动，从而出现了这样的想法，即新的“观察视角”仍然需要对一直以来的“经营”所遵循的逻辑形式进行修正，因此而给自身的工作“性质”带来了不确定性。这无疑就是当代历史科学所处的状况，因此，尽管爱德华·迈尔有个观点，即方法论从原则上说对于“实践”毫无意义，但这并没有妨碍他自己今天所从事的方法论研究，也就顺理成章了。

他首先阐述了近年来力图从方法论的观察视角重塑历史科学的理论，列出了他本人特别想加以批判性分析的观点，见第5页及以后诸页*：

1. 对历史毫无意义、因而不应被看作科学阐述的内容：

a）"偶然因素"；

b）具体人物根据"自由"意志作出的决定；

c）"观念"对人类行动的影响，——反之亦然。

2. 科学认识的真正对象是：

a）与个别行动相对的"普遍现象"；

b）与"个别"相对的"典型"；

c）"共同体"的发展，尤其是与个人政治行动相对的社会"阶级"或"民族"的发展。最后则是

3. 历史的发展，因为只有从因果上去理解，把它看作按照"规律"展开的过程，才是合乎科学的，因而，追踪人类共同体的"发展阶段"、发现那些不可避免的"典型"并将历史的多样性融入其中，才是历史研究的本来目的。

爱德华·迈尔在讨论中特别针对兰普雷希特（Lamprecht）而提出的所有观点，接下来都将暂且搁置不论，我将不揣冒昧地像上面这样重新组合一下爱德华·迈尔的论点，其中一些将放在更往后的篇幅里单独讨论，这不是仅仅为了批判爱德华·迈尔的著作，而是有助于满

* 本章文中页码指爱德华·迈尔著《论史学理论与方法论》（萨勒河畔哈勒市，1902）中页码。——中文编者注

足以下研究的需要。

爱德华·迈尔首先提出要与之斗争的观点就是，“自由意志”和“偶然性”——在他看来两者都是“完全确定和清晰的概念”——在历史上、总的来说在生活中发挥着重大作用。

先来谈谈对“偶然性”（第17页及以下）的讨论。不言而喻，爱德华·迈尔显然不是把这个概念理解为客观的“无因果性”（形而上学意义上的“绝对”偶然性），也不是理解为主观的，但在有关事件（例如投骰子游戏）的任何个别情况中必然会重复出现、对其因果条件的认识又绝对不可能（认识论意义上的“绝对”偶然性[3]），而是理解为一种“相对”的偶然性，意思是被分别**考虑到的**因果综合体之间的逻辑关系，并据此理解这个概念，总体上说，这也是从文德尔班（Windelband）的处女作以降，专业的逻辑学理论直到今天所接受的概念，尽管很自然并不总是都有“正确”的阐述，尽管在个别方面也都有一些进步。此外，主要是正确区分出了：（1）**因果论的**“偶然性”（所谓“相对偶然性”）概念：——这里的“偶然性”结果，判然不同于这样一种结果，即根据我们融入概念统一体之中的某个事件的因果成分，这种结果是可以预期的，但对这种“偶然结果”，根据一般规则考虑那些彼此隔离的条件，却无法得出因果**推论**，因为那是通过“外在于”它们的其他条件的参与所致（第17—19页），——大相径庭的是（2）**目的论的**“偶然性”概念，与之相对的是“实质性”，这里指的是，为了认识的目的而建构的**概念**，要排除对现实中“非本质”（“偶然”“个别”）因素的认识，把某些真实的或想象的对象判定为达到“目的”的“手段”，因而它们的某些特性只有作为“手段”才有重要的实际意义，其余的特性实际上就“无关紧要”（第20—21页）[4]。

这个阐述（尤其是第 20 页及以下诸页，在这里，被用来进行对照的是“事件”和“事物”）无疑还有诸多不足之处，而且在进一步讨论爱德华·迈尔对于发展概念的态度时（见第二部分）便可看到，就他得出的结论而言，也完全没有从逻辑上考虑这个问题。不过据说，这些已经足够历史科学实践之需。——然而，这里让我们感兴趣的，是此书稍后部分（第 28 页）反复使用偶然性概念的方式。爱德华·迈尔在那里说道：“自然科学可以……宣布：如果甘油炸药被点燃，爆炸就会发生。但是，预言一次爆炸在个别情况下是否会发生和在什么时候发生，因而预言某人是否会受伤、炸死或得救，则是科学办不到的事情，因为这要取决于偶然性以及**科学不可能认识、但也许历史能够认识的自由意志**。”首先，这里引人注目的是“偶然性”和“自由意志”的紧密结合。这从爱德华·迈尔引用的第二个例子上可以看得更清楚，即借助天文学的方法，在假定不出现（例如外来天体自身偏离轨道而进入太阳系造成）“干扰”的先决条件下，“可靠地”“计算出”某个星座位置的可能性，同时他又宣称，“不可能”预先确定那个计算出来的星座位置现在是否能“**被观测到**”。首先，迈尔假设的外来天体“自身偏离轨道”是“不可计算”的，因此，在这种意义上说，不仅历史学，连天文学也得承认“偶然性”。其次，这种“可计算性”一般都非常容易，任何天文学家也都会试图“观测”被计算出来的星座位置，如果没有出现“偶然”干扰，**就会**实际观测到那个位置。这给人的印象是，爱德华·迈尔尽管对“偶然性”作出了不折不扣的决定论解释，但他没有明说，“偶然性”和“意志自由”之间那种特别紧密的亲和力，决定了历史现象有一种特殊的无理性。我们来看看究竟吧。

爱德华·迈尔提及的“自由意志”，按照他的说法（第 14 页），无论如何都不存在与“公理性的”“充足理由律”之间的矛盾，据他看来，后者对于人的行动也是绝对有效的，特别是，行动的“自由”和“必然性”的矛盾，也不过是单纯的思考方式的差异：对于后一种情况，我们看到的是**既定的**过程，包括实际上曾经作出的有效决定，对于我们来说都是“必然的”，——在前一种情况下，我们把事件看作“**未定的**”、也就是尚不存在的、因此并非“必然的”过程，而是无限多样的可能性之一。但是，从“未定的”发展观点出发，我们决不能断言，一个人的决定**可能**产生的结果，不会有别于它（后来）实际上产生的结果。“没有什么人的行动会超出‘我希望’的范围”。

现在立刻产生的问题是：爱德华·迈尔所说思考方式的差异（“未定的”、因而是“自由”设想的“发展”，与“既定的”、因而被认为是“必然的”“事实”之间的差异），是否仅仅涉及人的动机领域，而不涉及“无生命的”自然领域？因为他注意到（见第15页），那些“对人和环境都了然于胸”的人，“或许能以极高的概率”预见到“未定的”决策带来的结果，所以看来**不会**接受这种差异。因为，根据既定条件对个别事件进行真正精确的“计算”，即使在“无生命的”自然领域，也要依赖下面两个先决条件：（1）仅仅涉及既定对象那些“可计算的”成分，亦即可作量化表述的成分；（2）与这个过程相关的“所有”条件都是真正已知的并被精确测定。在其他情况下，而且一旦涉及事件的具体特性：譬如将来某一天的气象状况，那时**出现的**就一定是个规则问题了，而我们无法越过确切程度极为不同的概率判断。这样，“自由”意志就没有什么特殊地位，“我希望”也不过是詹姆斯所谓的感觉在形式上“本该如此”（formale Jamessche“fiat” des Bewußtseins），例如决定论的犯罪侦查学家[5]就会接受这一点，同时又无损于他们归因理论的前后一致性。于是，“自由意志”也就仅仅意味着，因果关系的重要性是源于这样一种决定，它实际上是根据也许并不完全明了，但毕竟“充足的”原因作出的决定，对此，严格的决定论者也不会郑重否认。如果至此便没有更多的话可说，我们就完全不能理解，讨论“偶然性”时附带提及的历史事件的无理性概念，为什么不能满足需要。

但是，不得不说，对爱德华·迈尔的观点作出的这些解释是令人奇怪的，因为他还感到有必要强调，在这种相互关系中，“意志自由”作为“内在经验的事实”，对于个人为自主行动**承担责任**来说是不可或缺的。如果这里的诱因是爱德华·迈尔打算给历史分配一个“法官”的任务以裁判英雄，这样说倒是无可厚非。问题在于，他在多大程度上实际坚持了这种观点。他说（第16页），“我们试图揭示出……导致他们”——例如俾斯麦在1866年——“作出决策的动机，并据此判断这类决策的**正确性**和他们这些人物的价值（**注意！**）”。根据这个说法，人们可以相信，在爱德华·迈尔看来，历史科学的最高任务，就是对“有历史作为的”人物作出**评价**。然而，不仅他谈到“传记”时的态度（书末），还有对历史人物的“内在价值”与它们的因果重要性（第50、51页）之间的不协调所作的极为中肯的评论，都确凿无疑地表明，上面所说的个人“价值”，指的就是，或者只能前后一致地认为是，对于一种可能的**价值**判断而言，某些行动或具体个人的某种品质带来的**因果**“重要性”，也许是正面的，也许是负面的，例如弗里德里希·威廉四世的情况。但是，“评价”那些决策的“正确性”何在，也还会出现不同的理解：要对那些决策基础上的目标重新进行“价值”评价，譬如从德意志爱国者的立场出发，把奥地利人逐出德国这一目标。或者根据下面的问题对那些决策进行分析：即使，或者毋宁说，既然，对于发动战争是否是达到德国统一这个目标的适当手段的问题，历史已经作出了“肯定”的回答，但**为什么**决定要在那个时刻开战？爱德华·迈尔在主观上是否真正明确而独到地提出了这两个问题，也许另当别论，但是很显然，只有**第二个**问题才适合就历史因果进行论证。这是因为，显而易见，根据“手段与目的”的范畴、以“目的论”的方式如此评价历史局势，唯有不是作为外交官的食谱，而是作为对“历史”的描述才有意义，从而有可能评价该事实的历史**因果**重要性，——这样即可确定，正是在那个时刻，才没有“错过”作出决策的“良机”，因为一如爱德华·迈尔所说，那个决策的“担纲者”拥有排除一切障碍坚持决策的“精神力量”：由此即可确定，他的性格因素以及其他的先决条件是如何“**产生**”了那项决策的，例如那种“性格特质”的存在，在多大程度上和在什么意义上成了发挥历史“作用”的“要素”。但是，不言而喻，把某个历史现象的**原因**追溯至具体人物的作用这个问题，与**伦理**“责任”的意义和重要性问题是判然有别的。

我们可以从纯“客观的”意义上解释爱德华·迈尔的最后这种说法，就是将某些结果归因于行动者个人既定的“性格”特质和需要借助这种特质以及诸多“环境”条件与具体情况才能加以解释的“动机”。不过，想必非常引人注目的是，在此书稍后的地方（第44、45页），爱德华·迈尔表示，“动机考察”对于历史科学来说是“次要的”。[6]**这样断言的理由已经**大大越过了可靠知识的界限，通常完全只是对行动的“遗传学表述”（genetische Formulierung），无法根据素材情况作出充分解释，因此就简单地把它接受为一个“事实”，虽然在个别情况下可能会经常符合实情，但是考虑到对具体的“外部”事件往往同样可疑的“解释”，这就很难确定它还能被识别出什么逻辑特征。但无论如何，他这种观点，再加上特别强调纯形式的“意志决断”因素对于历史的重要性以及前引“责任”之说，都会导致如下推测：在爱德华·迈尔那里，对人的行动进行伦理和因果思考——“评价”和“解释”——的方式，将会有一种把两者混为一谈的倾向。因为，无论文德尔班关于责任观念乃是因果关系的**抽象化**这一表述是否足以为道德意识的规范性尊严提供正面理由，[7]至少，这个表述以恰当的方式表明了，立足于经验科学来看因果关系，“规范”和“价值”的世界是可以与迈尔的表述划清界限的。当然，在判断某个数学定理是否“正确”时，需要什么样的“心理”状况才有可能得出这种认识，或者，高效能的“数学想象”是否只有作为“数学大脑”某种结构变态的伴生现象才有可能，诸如此类的问题都是毫不相干的。对自己的“动机”进行伦理评价，这种考虑在“良知”的论坛前面并无多少意义，因为按照经验科学的教导，这要完全视因果关系而定；或者，在评价一件拙劣作品的审美价值时，认为它的产生必定取决于产生了西斯廷教堂那样的条件，也同样没什么意义。因果分析绝不提供价值判断，[8]而价值判断也决不是因果解释。正是由于这个缘故，对于某个事件的**评价**——例如某个自然事件之“美”——就要转移到非因果解释的领域去做，因此，历史行动者的“责任”与他的良知的关系，或者与任何神明或人类的审判席的关系，也同样概莫能外，而且，所有其他把哲学意义上的“自由”问题带入史学**方法论**的做法，都将完全抵消后者的经验科学特征，一如将神迹塞进历史的因果序列。当然，爱德华·迈尔否定了这种做法（第 20 页），他仿照兰克，也援引了“历史认识和宗教世界观之间的界线判若鸿沟”一说，如果当初他能免受他所援引的施塔姆勒（Stammler）那些说法（第16页注2）的误导，没有模糊历史认识和伦理学之间同样判然分明的界线，那就更好了。爱德华·迈尔相信（仍见第20页）："由此"——亦即经验上既定的自由与**责任**观念——就会在历史上表现为一种已知的"纯**个人**因素"，如不"剔除其本质"，那就"决不能简化为某种公式"，但是，当他再次试图以个体人物的个别意志决断（individuellen Willensentschluss）那种非同寻常的历史（因果）重要性来说明这个定理时，立刻就能看出，把不同的方法论思考方式混为一谈，后果有多么严重。因此，从保持历史科学的逻辑特性的观点来看，这种陈旧的错误[9]之所以令人忧虑，就是因为它把完全不同的研究领域的问题搅拌进了历史科学领域，并且造成了一种假象：某种（反决定论的）哲学信念是让历史方法产生效力的先决条件。

但是，有一种看法认为，无论怎么去理解意志"自由"，它都等同于行动的"无理性"，可以说，后者就是前者造成的。此说之谬显而易见。让人特别"难以捉摸"，那是疯子的特权，是与"盲目的自然力"同样大、但并不更大的特权。[10]相反，我们认为，从经验上说是最高强度的"自由感"，会伴随着这样一类行动，那是**理性的**行动，亦即在没有物理和心理"强制"、不存在狂热的"激情"、清晰的判断没有出现"偶然性"模糊的情况下自觉完成的行动，是我们按照我们的认识，亦即按照经验**规则**采取最适宜的手段去追求清楚意识到的"目的"。然而，历史科学如果只是处理这种"自由"意义上的这种行动，亦即理性的行动，那么它的任务就会无比轻松，行动者的目的、"动机"和"准则"都可以从他使用的手段中毫不含糊地推论出来，而所有的无理性——就这个多义词包含的、在不受意志控制的意义上所指的、构成了行动的“个性化”——因素都会被剔除出去。因为所有在严格的目的论意义上发生的行动，都是运用经验规则的行动，而那些规则已经规定了适于达到目标的“手段”，所以，历史也无非就是在运用那些规则。[11] 对人的行动无法给予如此纯粹理性的解释，因为那其中不仅有对事实的无理性“成见”、误解和错漏，而且，“禀性”“情绪”和“冲动”都会干扰他的“自由”，以至于从经验上说，他的行动在不同程度上也像“自然过程”那样是“无意义”的，这就直接决定了纯粹的实用主义史学是不可能的事情。单就这种类型的“无理性”行动而言，与个别的自然事件并无二致，不过史学家在解释历史的关联性时也把人的“无理性”行动说成是干扰因素，那时他用来与历史—经验的行动进行比较的就不是自然现象了，而是一种理想的行动，一种纯粹理性的行动，亦即目的绝对明确并且绝对以此为取向采取适当手段的行动。

爱德华·迈尔对于“偶然性”和“自由意志”这个历史研究特定范畴的阐述，表现出一种把异质问题混入历史科学方法论的暧昧倾向，由此可以进一步看出，他对历史因果性的见解也包含着引人注目的矛盾。他在第 40 页格外强调说，历史研究始终就是沿着从果到因的方向寻找因果序列的。从爱德华·迈尔的表述[12] 来看，甚至这一点也大可怀疑：因为完全有可能的是，作为既成事实或新近已知正在生成的历史事件，可以借助假设的方式阐述其可能产生的结果，然后通过“事实”的检验以证实假设。后面将会看到，此说是另有所指，意即最近支配了历史科学因果关切的所谓“目的论依赖”原则。——但是还有，如果声称上述那种由果到因的追溯只是历史科学所特有，毫无疑问也不确切。对具体的“自然过程”进行因果“解释”，就完全是以这种而不是其他方式进行的。我们已经看到，第14页赞同了一个观点：对于我们来说，已经生成的就是绝对必然的，只有被认为“有待生成的”才能看作具有纯粹的“可能性”，而在第40页，他又反过来强调了从果到因的推论会有一些特别的疑难之处，这样，以致爱德华·迈尔本人都愿意考虑在历史科学领域避用“原因”一词，并且我们已经知道，连“动机考察”在他看来也不再可信了。

人们可能会希望根据爱德华·迈尔给出的意义，这样来解决最后这个矛盾：进行这种推论之所以令人为难，仅仅在于我们的认识能力在原则上说是有限的，所以得出确定性（Determiniertheit）推论也依然是理想的假设。不过，他在第23页断然拒绝了这一点，随后（第24页）作出了一番再度引起严重怀疑的解释。爱德华·迈尔在《古代史》（*Geschichte des Altertums*）序言中认为，“一般”和“特殊”的关系就等同于“自由”和“必然”的关系，进而把两者等同于“个别”和“整体”的关系，由此得出了这样的结论：在历史事件的“细节”中，起主导作用的是“自由”，因而（见上文）也就是“个人”，但主导“大局”的则是“规律”，准确地说，是“规则”。部分是根据李凯尔特（Rickert）、部分是根据冯·贝洛（von Below）的看法，他在第25页明确收回了这种在“现代”史学家中也颇为盛行但用在这里的表述中却完全错误的观点。贝洛特别反感“规律性发展”的思想，而且[13]针对爱德华·迈尔举的例子——在我们看来，德国发展成为一个统一的国家是“历史的必然”，相反，完成统一的时间和采取有25个成员的联邦制国家形式，则有赖于“作为历史影响因子的人物”——贝洛反驳说：“难道不会有其他可能吗？”这样批评爱德华·迈尔毫无疑问是正确的。不过我认为，很容易就能看出，无论人们怎样评价受到冯·贝洛抨击的爱德华·迈尔的表述，贝洛的批评所证明的，无论如何都太多了，因而什么也证明不了。如果我们大家，自然也包括冯·贝洛和爱德华·迈尔，完全无所顾忌地使用“规律性发展”这个概念，显然都会遭遇同样的反驳。例如，人是已经或将要从胎儿成长起来的，这在我们看来实际上就是受**规律**控制的发展，然而毫无疑问，由于外部“偶然性”或者“病理学的”先天因素，其间也可能“横生变故”。看来，与“发展”论者只能就如何正确地理解和界定“发展”概念的逻辑意义这个问题进行争论，显然不能根据以上所述就简单地把这个问题一笔勾销。在这方面，爱德华·迈尔本人就是最佳例证。因为，不过两页之后（第 27 页），他又按照“序言”中那个已被收回的失败模式作了一个注释，把“中世纪”概念称作“一个确凿的（？）概念”，文中说道：“必然的”一词在历史科学中只是意味着（既定条件下产生某种历史结果的）“概率”达到了相当高的程度，例如**整个发展都在促成那个事件**。从他对德国统一的评论来看，或许他也不想说得更多了。如果他又强调说，尽管如此，那个事件也有可能不会发生，我们就很愿意提醒一下，他甚至在谈及天文学计算时都强调过，这种计算可能会受到迷途天体的“干扰”：就这方面的事实而论，与**个别**自然过程的区别是不存在的，即便在解释自然时也是如此（这里就不进一步展开了，以免离题太远[14]），一旦涉及具体事件，判断它是否具有必然性，就决不是因果关系范畴的唯一表现形式，甚至不是主要形式。我们可以很有把握地假定，由于和 J. 韦尔豪森（J. Wellhausen）的争论，爱德华·迈尔已经开始怀疑“发展”概念了，双方的主要（不是仅有的）对立在于：是把犹太民族的“发展”解释为基本上“源于内在因素”（“进化论”），还是解释为受到了某种具体历史命运的“外部”干预：特别是受到了波斯国王出于政治（亦即存在于波斯政治，而非存在于犹太民族特性中的）原因而强加的“法律”制约（“次生论”）。无论如何，“序言”中使用的那种表述并没有任何改观，因为在第46页，“一般”被说成“本质上（？）是否定性，或者更明确地说是限制性”作用的“先决条件”，它确定了一个“限度”，“历史发展的无限可能性都在其中了”，而哪种可能性会成为“现实”[15]，这个问题则要取决于“历史生活中的大量（？）个别因素”。因此，非常显而易见，“一般”并不是那种时常与“普遍”混淆而被滥用的“一般环境”，而是（第46页）指的**规则**，也就是这样一个**抽象概念**，它再次被假定为历史背后的**有生力量**，这就无视了爱德华·迈尔曾在别处斩钉截铁强调过的一个基本事实：所到之处的现实都**只是**具体和个别的现实。

对“一般”和“特殊”之间的关系作出这种可疑表述，决不仅仅为爱德华·迈尔所特有，也决非仅限于和他同气相求的史学家。相反，它是基于一种颇为流行、也恰恰是许多“现代”史学家——但**不包括**爱德华·迈尔——所共有的想象，也就是说，为了把历史科学的经营理性地塑造为一门“与众不同的科学”，首先必须确认，人类的发展都是“相同的”，然后才是那些“特殊的和不可分”的“余数”，或如布雷西希（Kurt Breysig）曾经说过的“最精致的花朵”。不错，相对于认为历史科学的职责所在就是成为一门“系统科学”的天真看法而论，这种见解更接近于走向历史科学**实践**的“进步”。然而，它自身在另一方面又过于天真了。通过减去“俾斯麦”与他人的共同点，然后保留其特殊点来理解他的历史重要性，对于初学者来说不失为一种非常有益也有趣的尝试。当然（就如在逻辑讨论中经常发生的那样），先决条件是素材要具有理想的完备性——例如保留他的“拇指指纹”作为

"最精致的花朵"之一，这是借助刑侦技术发现的最为特殊的"人物"识别标志，一旦遗失，对历史科学来说是根本无法补偿的。如果有人愤而驳斥说："毫无疑问"，只有"精神"或"心理"品质及过程才能进入"历史"考虑，那么，他的日常生活，**如果**我们能了解得"详尽无遗"的话，就会展示给我们无穷的存在方式，这种大杂烩的格局绝对**不可能**发生在其他人那里，它们所能引起的兴趣也不会超过他的拇指指纹。如果进一步反驳说：从科学上来看，"不言而喻"，唯有俾斯麦生平中具有历史"**重要性**"的构成成分才是需要考虑的。那么逻辑对此的回答是，正是那个"不言而喻"，包含着一个决定性的问题：那些具有历史"重要性"的构成成分，它们的逻辑标志是**什么**？

假定素材是绝对完备的，这种减除构成成分的做法，即使在最遥远的将来也达不到目的，因为，减去了完全是无尽的"共同点"之后，也还会剩下无尽的构成成分，在这里，甚至竭尽全力做了减法，也仍然没有迈出一步去接近这个问题：究竟**哪些**特殊点才是历史的"本质"：——这就是作了减法尝试之后所能得到的**一个**见识；而另一个见识则是，这种减法操作有一个**假定**，即对于已经发生的因果过程的洞察可以达到绝对完备的程度，在这个意义上说，世间就没有哪一门科学能够以此作为**努力追求**的理想目标。事实上，历史科学领域的任何"比较"，都会首先假定**早已**凭借文化"重要性"的关联作出了某种选择，这种选择不仅从"既定事实"中排除了完全是无尽的"一般"构成成分，也排除了"个别的"构成成分，正面规定了归因的目的和方向。因此，在"相似"事件之间进行比较，作为归因的手段之一，在我看来无疑就是极其重要但却经常得不到充分运用的手段。后面将会论及它的逻辑意义何在。——

就爱德华·迈尔来说，正如我们将要在下面指出的他在第 48 页所言，他并不认同这样的错误，即个别**本身**已经是历史科学的对象，而且我们将会看到，他对历史科学的意义所作的一般性评论，即“规则”和概念仅仅是历史研究的“手段”和“前提”（第 29 页中间），逻辑上也基本是正确的。他的那些表述，只有我们上面批判过的才是逻辑上可疑的，并且反映出一种与我们刚才讨论的错误相同的趋向。

尽管存在种种争议，专业史学家们还是保持了这样的印象，即爱德华·迈尔受到批判的论述中仍然包含着众所周知的“真理”内核。对于拥有这种地位来谈论自己工作方式的史学家来说，这几乎是理所当然的业绩。他的确是经常把差不多接近逻辑上精当的表述插入他所制定的真理。例如首先在第 27 页上方，他谈到了“发展阶段”，认为是可以有助于“澄清和整理事实”的入门“**概念**”，特别是在很多地方，他要让“可能性”的范畴发挥作用了。然而，恰恰是在这样的地方，开始出现了逻辑上的难题：这里必须研究的问题是，如何根据发展的概念实现对历史事件的划分？什么是“可能性范畴”的逻辑意义和它用来建构历史联系的方法？由于爱德华·迈尔对此搁置不论，那么一旦涉及历史研究中现象的“规则”角色有什么互相联系时，他的“感觉”虽然很正确，但在我看来，他却没能恰如其分地进行**表述**。现在，这个任务将由单独一个部分（Ⅱ）来承担。我们这里在对爱德华·迈尔的方法论表述不得不作了主要是否定性评论之后，暂且首先考察一下他在论文的第二（第 35—54 页）和第三（第 54—56 页）部分就什么是历史科学“**对象**”这个难题所作的讨论，——刚刚结束的说明已经触及到了这个问题。

现在，也可以像爱德华·迈尔那样表述这个问题了：“我们所了解的事件，哪一些是‘历史性的’？”他首先会以极为一般的形式回答说：“历史性的**就是那些产生了结果并且既定的事实**。”也就是说，在具体的、个别的联系中具有**因果**重要性的，那就是“历史性的”。我们先撇开与此相关的所有其他问题，而是首先指出爱德华·迈尔在第36页刚刚提出便在第37页又马上放弃了的概念。

一如他自己所说，对他而言很清楚的是，“即使只限于产生了结果的事物”，“个别事件的数量依然是无限的”。他正确地问道：究竟是什么在“支配着每一个史学家的选择”？他答道：“在于历史性的关切。”但是，在作了一些我们后面将会谈到的解释之后，他指出：这种历史性关切没有什么“绝对的规范”，但他不是这样，而是用我们先前已经提到的那种方法对我们做出了解释，他说，他是再次把“历史性的”仅限于“产生了结果的”。李凯尔特又接着举例称：“这样，……弗里德里希·威廉四世拒受德国王冠就是一件‘历史性的’事件，至于哪个裁缝给他制作了服装，则完全无关紧要。”对此爱德华·迈尔评论说（见第37页下方）：“当然，对于政治史而言，关于裁缝的话题通常都是完全无关紧要的，但我们也许很可以设想，尽管如此，我们在谈到例如时装史、裁缝史或者价格史等等的时候，仍然会对他产生历史的关切。”这无疑很正确，但他在更进一步考虑时大概又忽略的是，我们在一种情况下所说的“关切”，和另一种情况下的“关切”，其间会有**逻辑**结构上的重大区别，如果没有注意到这一点，那就有把“现实基础”和“认识基础”混为一谈的危险，而这两个范畴既根本不同却又时常被扯在一起。由于以裁缝为例的情况并不足够清晰，我们暂且用另外一个例子以便特别明确地指出那种混淆。

K. **布雷西希**在题为《特林吉特人和易洛魁人……国家的形成》

（“Entstehung des Staates... bei Tlinkit und Irokesen”[16]）的论文中试图确凿表明，发生在这两个部落中的某些事件，即他解释为“家族准则产生了国家”的事件，意味着它们具有“种类代表的重要性”——换言之，它们表现出了国家建构的“典型”形式，因而如他所说，表现出了“效力”，甚至获得了“几乎是世界**历史**的重要性”。

当然，先假定布雷西希给出了正确的说法，那么现在的情况显然就是，这类印第安“国家”的形成事实和它们产生的形式，对于普遍历史的发展，从因果关系上来说也只有非常微不足道的“重要性”。在后来的政治和文化形态方面，这个世界没有任何“显著”事实曾受到它们的影响，也就是不可能把它们追溯为“原因”。那种国家的形成方式，乃至它们的存在本身，对于现代美国的政治和文化条件都“无关紧要”，也就是说，两者之间并不存在可以证明的因果联系。但在同时，例如地米斯托克利（Themistokles）的某些决定，其后果今天仍然明显可见——这大概会让我们感到不快，因为它可能会有碍于构筑一种真正令人印象深刻、步调一致的“进化史”历史编纂学。当然，反过来说，如果布雷西希是正确的话，那么按照他的观点，从他的分析中获得的有关那种国家建构过程的**认识**，对于我们**了解**曾经产生了**一般**国家的方式，的确具有划时代的重要性。如果布雷西希把那个过程当作“类型”的见解是正确的，并且还表现出了“新的”见识，那么我们就能建构这样一些概念，即使一概不考虑它们对国家学说概念建构的认识价值，至少也能够在对其他历史过程的因果解释中用作启发性手段。换言之，作为历史的**现实**理由，那些过程毫无意义，而作为可能的**认识**理由，他的分析（按照布雷西希的说法）却有许多非同一般的意义。另一方面则意味着，这对于地米斯托克利那些决定的认识，比如对于“心理学”和任何其他概念建构的科学都毫无意义：我们毋需任何“规律科学”的帮助就可以理解，处在那种局势中的政治家都“能够”如此决定，**对此**，我们的理解虽然是认识具体因果关系的前提，但并不意味着我们对类别**概念**（gattungs*begrifflich*）的了解有了任何进步。

我们不妨举一个“自然”领域的例子：伦琴看到，在他的荧光屏上发光的那些具体X射线留下了某些具体影响，而根据能量守恒定律，它们如今必定仍会出现在宇宙的任何地方继续发挥作用。但是，伦琴实验室里那些具体射线的“重要性”，并不在于它们是作为宇宙真实起因的性质。不如说，与任何“实验”一样，这个过程之所以得到了重视，只是因为它被当作了用来看待某些现象之“规律”的**认识**基础。[17] 毫无疑问，这恰恰就是爱德华·迈尔在一个脚注（第37页注2）中提到的情况，而我们这里刚刚对那段文字作出了批判，他提醒我们说，“我们偶然（在碑文或证物中）认识到的那些最无足轻重的人物，之所以得到历史科学的关切，**是因为我们通过他们认识了过去的情况**”。于是，这里显然就出现了同样的混淆，因为——我的记忆无误的话——布雷西希（我一时找不到原出处）也认为，如果从历史本身的素材选择中获取了“意味深长的”特殊“重要性”，例如从“陶片”以及类似东西出发取得了最重要的研究成果，那就可以相信，这个事实就是在提示创造了世界。类似的论证在今天已经相当“流行”，它们与弗里德里希·威廉四世的那件“服装”和爱德华·迈尔提及的碑文上“无足轻重的人物”，也有显而易见的密切关系。但在同时，这里又涉及到了需要再次处理的那种混淆。因为，就像已经说过的那样，布雷西希的“陶片”和爱德华·迈尔所谓“无足轻重的人物”，仍然与伦琴实验室里具体的 X 射线一样，没有列入历史联系的**因果环节**，而它们的某些特点却是对某些历史事实的**认识**手段，这些事实反过来也不仅有助于“**概念**建构”，并且能够作为认识手段，用于认识某些艺术“时代”的类别“特征”，或者用于对具体的历史联系进行因果解释。将逻辑应用于文化现实的既定事实，就会产生如下对立[18]：（1）将“个别事实”作为例证进行概念建构，以用作抽象**概念**的“类型”代表，也就是作为**认识**的手段，这是一方面——（2）另一方面，一则是把“个别事实”作为一个环节，也就是作为“**现实**基础”，嵌入真实的亦即具体的**关系**之中，一则是把概念建构的产物用作启发手段，换句话说，也就是用作表现手段——这里面就包括了文德尔班所谓“法则正题”（nomothetisch）和李凯尔特所谓“自然科学”过程（根据 1）与“历史文化科学”的逻辑目的（根据 2）之间的那种对立。同时，它也包含着唯一合理的含义，由此，人们可以把历史称为**现实的**科学。这是唯一它能表达清楚的意思，因为它不仅把现实的各个不同成分看作**认识**手段，而且完全把它们看作认识**对象**，不仅把具体的因果关系看作**认识**基础，而且看作**现实**基础。因为除此之外我们看到的，就不过是那种流行的天真看法，认为历史是对现实的“纯粹”描写或者对“事实”的简单描述。[19]

那些陶片和在碑文上发现的“无足轻重的人物”，与爱德华·迈尔所批判的李凯尔特的“裁缝”，情况并没有两样。某个裁缝给国王缝制了一套服装这个事实，甚至对于“时尚”和“缝纫业”的发展在文化**史**上的因果联系，大概也仅有微不足道的因果意味，——只有在具体的供货产生了历史**作用**时，就是说，在这些裁缝个人和**他们**生意的命运按照无论何种观察视角都对时尚或行业状况的改变具有因果“重要性”，并且他们的历史处境恰恰就取决于那套服装交货时候的因果关系，这种事实才不再微不足道。——另一方面，作为发现时尚等等的**认识**手段，弗里德里希·威廉四世那套服装的款式和它来自某个（例如柏林的）工厂这一事实，无疑**可以**作为素材供我们一般了解那个时代的时尚，这才与其他某种素材具有同样的“重要性”。然而，在这种情况下，就可以考虑把国王的服装作为**认识手段**而构建成**类别**概念**样板**，——与此形成对照的是，拒绝王冠的行动反而可以被看作历史**联系**中的具体环节，看作真实的**果和因**，它们内在于某种更真实的变化序列之中。这都是逻辑上的根本区别，并将永远如此保持不变。这两种根本不同的观察视角，在文化研究的实践中会有形形色色的繁复交织，很可能，这会绝对发生，并且是令人最感兴趣的方法论问题的源泉，——不懂得将它们加以谨慎区别，那就无法理解“历史”的**逻辑**本质。

现在，对这两种逻辑上不同的“历史重要性”范畴之间的关系，爱德华·迈尔表述了两种不相协调的看法。一方面，正如我们所见，他混淆了两个因素，一是对历史“结果”，即对历史因果联系中的真实环节（拒绝王冠）的“历史关切”，一是对史学家作为认识手段来说可能甚为可观的那些事实（例如弗里德里希·威廉四世的服装、碑文等等）。但在另一方面——现在起我们就要谈到这一点——他又加剧了“历史结果”与我们实际或可能了解的所有其他对象之间的对立，以致主张限制史学家的科学“关切”，这个主张可能会在他自己那部伟大著作中得到实现，对此，他的所有同道最终必定都会表示强烈遗憾。因为他还说道（第 48 页下方）：“我长期以来都相信，对于史学家都要做出的选择来说，**独特性**（亦即特定的单一性质，由此将一种制度或一种个别性与所有类似的东西区别开来）才是决定性的。这的确是无可争辩的情况；然而，仅仅是因为我们凭借这种独特性才能把握……某种文化的特征，所以历史科学才会考虑到它；这样，对历史而言它**始终就只是一种手段**，从而使历史的**结果**为我们……所理解。”前面所有的陈述都表明，这是完全正确的，由此推出的结论也同样是正确的：关于个别事物和个别人物在历史上的“重要性”问题，那个流行说法也就乏善可陈，“个别人物”决不是因为他的全部，而只是由于他在因果关系中的重要表现才“进入”由历史科学构造的历史联系之中；一个作为因果要素的具体人物，其历史重要性与他依照自己的“内在价值”而具有的一般“人”的重要性之间毫无关系，甚至还会相反，一个身居要津的个别人物，其“缺陷”可能会有因果关系上的重要性。凡此种种，都是完全正确的。但尽管如此，依然需要回答下面这个问题，或者说，我们很愿意问的是：从历史科学的观察视角出发，如果对文化内容的分析**仅仅**是去理解相关文化事件的**结果**，那么它的正确**意义何在**？至于这个问题有何种逻辑效果，在我们研究了爱德华·迈尔从自己的命题中得出的结论后就会立刻一清二楚。首先（第48页），他由此得出结论说：“现状本身决不是历史科学的对象，只有在它们产生历史结果时才是。”在**历史的**（同样包括文学和艺术的**历史**）描述中，“全面”分析一件艺术作品，一部文学著作、国家法的制定、道德等等，是完全不可能也不适宜的：因为那就必定要接纳那些“没有产生历史结果”的因素；而另一方面，史学家又必须在他的著作“这一体系”（例如国家法）中吸收许多具有因果影响但却“看似次要的细节”。因此，他根据这样的历史优选法而特别推论说（第55页）：**传记**是一门“语文的”而非历史的学科。什么原因？因为“它的对象是**在他全部之中**，而不在于发挥历史**结果因素**的人物，——此种结果因素仅仅是这里的先决条件，因此也是为他作传的根据”。只要传记仍然还是传记，而不是那个角色的时代史，它就不能完成描述历史事件这个历史科学的任务。另一方面，人们会问：为什么那些“人物”有这种特殊地位？像马拉松战役或者波斯战争一类的“事件”，总的来说都“属于”历史叙述中的“整体”，那它还能用荷马史诗那样的叙事形式在历史描写中陈述所有的坚毅典范（specimina fortitudinis）吗？但是很显然，即使在这里，也只限于表现历史因果联系中的决定性事件和条件。自从英雄神话和历史科学各奔前程以来，至少在逻辑原则上就是如此。——那么“传记”的情况现在如何呢？假如断言“它的角色之外在和内在生活的……**所有**细节”都属于传记的内容，那就犯了明显的错误（或者是语言上的夸张），爱德华·迈尔或许还记得，歌德“语文学”（Goethe-“Philologie”）大概就能唤起这样的印象。这里涉及的仅仅是素材搜集的问题，旨在搜集一切对于歌德的历史来说**可能是**明智的素材，无论那是因果系列的直接构成成分（也就是历史上关系重大的事实），还是获得任何一种重要性的“源泉”（也就是对历史上关系重大的“事实”的认识手段）。但是显而易见，在一部具备科学性的歌德传记中，只有那些“**意义重大的**”事实才能成为描述的构成成分。

不过毫无疑问，我们这里碰到了这个措辞的双重逻辑意义，这需要进行分析，由此将会看出，爱德华·迈尔的看法中既有其“合理内核”，但同时亦可适当澄清他将“历史结果”作为历史对象的理论表述所存在的不足之处。

为了从不同的逻辑观察视角去阐明如何才能科学地关注文化生

活“事实”，我们不妨以歌德致冯·施泰因（von Stein）夫人的信件为例。应该预先说明的是，它作为可以感知的“事实”，即写满了字的纸，无论如何不应被认为是“历史的”，而是天然地只能作为一个认识手段去理解另一个“事实”，即歌德在这其中表达了特别的感受，他写了下来并寄给了冯·施泰因夫人，而且收到了她的复信，其大概意思可以从得到正确解释的歌德的信件“内容”中推测出来。这种或许能凭借“科学的”辅助加以“解释”而获取的信件“意思”，实际上就是我们在那些“信件”中所理解的“事实”，它们首先是：（1）能够这样直接进入历史的因果联系之中：例如与那个时代闻所未闻的强烈激情结合在一起的禁欲主义，理所当然在歌德的发展中留下了强烈印记，哪怕歌德漫步在南方的天空下也未曾磨灭：从歌德的文学“人物”中去追踪这种影响，从他的创作中寻觅这种痕迹，在可能的范围内通过表明它们与那些年月的事件的联系对它们进行因果“解释”，毫无疑问都属于文学史的任务：这些信件所表明的事实，在这里就是“历史”事实，正如我们看到的，是因果链条上的真实环节。但是，现在需要假定的是——当然与这里或后面提出的其他假设的可能性问题绝对无关——我们能以某种方式肯定地证明，那些经历对歌德个人的和文学的发展都**毫无**影响，但这就是说：歌德那些引起我们**关切**的生活现象绝对没有受到它们的影响。因为有可能，（2）这种经历能够作为**认识**手段而引起我们的关切：它们首先能够表现出人们通常所说的某种具有歌德历史特色的“独特性”。但这就意味着，我们也许能够——至于是否果真能够，并非这里讨论的问题——从这些特点中观察到一直或在一个相当长的时期内为他所特有的那种生活方式和人生观，而它们又确实影响了他那些引起我们历史关切的个人生活现象和文学活动。作为真实环节而进入他的“生活”因果联系中的“历史”**事实**，因而也就成了他的那种“人生观”——这是一种相互联系着的集合概念，包括由遗传得来的和通过教育、环境及生活际遇获得的歌德的各种个人“品质”，以及（或许）他有意识获取的“生活准则”，他据此度过了一生，他的行为和创作就是以此为先决条件。在这种情况下，与冯·施泰因夫人的冒险经历虽然是那种“人生观”的集合概念在**个别**生活事件中的“表现”，但它却是“历史”事实的真实**构成成分**，但对于我们的关切来说，根据前面提出的假定，显然，它主要不是作为这种因素，而是作为人生观的“标志”，亦即作为认识**手段**而被考虑的。由此，它与认识对象的逻辑关系就产生了变化。——现在我们可以进一步假设，情况并非如此。那些冒险经历并不包括歌德与同时代其他人反其道而行之所独具的特色，而完全只是与那个时代德国某些社会圈子生活方式的“类型”相适应的事件。那样的话，对于歌德的历史认识它就不会告诉我们什么新东西，但是还有可能，（3）在某些情况下，作为一个便于应用的**范例**，这种“类型”引起了我们的关切，用作认识**手段**来了解那些圈子的精神习惯之“独特”性质。根据我们的假设，当时那些圈子的这种特质，以及作为它的表现形式而与其他时代、其他民族和其他社会阶层生活方式不同的那种生活方式，也都是“历史”事实，它们作为现实的因和果而被纳入了文化史的因果联系，并在考虑到它与意大利式情人的区别以及诸如此类的情况下，依据“德国民俗史”而给予历史“解释”，或者，如果不存在这种民族差异，就依据那个时代的一般民俗史而给予因果“解释”。——此外还要确定，这些信件的内容甚至无法用于这个目的，相反，我们会看到，在一些“实质性的”关键之处，**相似**形式的现象也常常会在某些文化条件下有规则地发生，就是说，在那些经历中显示出来的决不是德国文明或 18 世纪文明**那种性质**的关键之处，而是在某些可以用概念准确表述的条件下为所有文化共有的现象——因此，（4）对于诸如“文化心理学”或“社会心理学”**这些**构成成分来说，它们的任务就是通过分析、进行隔离的抽象和加以概括，以确定这些现象经常产生的条件，“解释”这种规则性顺序的基础，以获得对这种遗传学**类别**概念进行表述的“规则”。因此，对于歌德的个人特质而言，相对于他的冒险经历中那些极为无关紧要的构成成分，这些类别因素只是作为获得类别概念的手段，才使我们感到了关切。——最后，（5）由于这种“冒险”根本不包括任何社会阶层和文明时代的独特性，因而必定会先验地被视为是可能的；因为，即便没有任何可以想象到的“文化科学”关切的诱因——是否果真如此，在这里照例无关紧要——那么一个对性爱心理学感兴趣的精神科医生，也会根据各种“有益的”观察视角把某些禁欲主义“迷乱”当作“理想类型”的事例加以讨论，犹如卢梭的《忏悔录》必定会引起神经病学家的关切一样。很自然，这里也要考虑概率的问题，因为利用这些信件，不仅可以根据内容的不同构成成分达到所有不同的科学认识目的（这种“可能性”当然是绝对不会穷尽的），而且可以考虑根据相同的构成成分达到不同的目的。[20]

回顾一下我们就能看到，迄今为止，那些致冯·施泰因夫人的信件，亦即我们从中获得有关歌德的表现和冒险的内容，便得到了“重要性”——我们不妨从后往前看：（a）在最后两种情况中，作为类别样板，因而作为对其一**般**本质的认识**手段**（第 4、5）；（b）作为集合性的“独特”构成成分，因而作为对他**个别性**特质的认识**手段**（第 2、3）[21]；（c）作为历史联系的因果构成成分（第 1）。在 a 所列的情况（第

4、5）中，只有当借助个别样板而获得的类别概念在某些条件下——后面将会讨论——能够证明为检验历史所必需，它们对于历史科学来说才会具有“重要性”。相反的是，如果爱德华·迈尔将“历史”局限于“结果”的范围内——亦即前述第1点（c），应该就不可能意味着，他顾及到了历史视野之外**第二个**范畴的“重要性”（b），就是说，他没有顾及那些其自身并非历史因果系列的构成成分，而只是有益于**展示**被纳入这种因果系列中的事实的那些事实，——比如歌德通信中的这样一些构成成分：它们“表现”了歌德自己文学创作的决定性“特质”，或者18世纪以来社会文化中道德本质的发展，就是说，它们可以被历史——如果不是（如像第2点所说）被“歌德的历史”——所认识，那么（如第3点）就可以被18世纪的“道德史”完全忽略。他自己的著作必定也会不断使用这种认识手段。这里仅仅是想说，此处指的是“认识手段”，而不是“历史联系中的构成成分”：——但在另一个意义上说，即使“传记”和“古代文化研究”，也并没有这样一些如此“独特的”细节。显而易见，爱德华·迈尔在这里并没有碰到障碍。

但是现在，我们看到了一种远比以往的一**切**分析形式都更为高水准的“重要性”：让我们还是使用同一个例证，歌德的那些冒险经历，它不仅作为“原因”和“认识手段”对于我们具有“重要性”，而且，那些信件的内容就其性质而言就已经是我们的**评价**对象，哪怕其作者可能不为人知，至于我们是否从中获知了某种新颖而非已知的内容，比如有关歌德的人生观、18世纪的文化以及文化事件的“类型”过程等等，则完全无关紧要，它们是否对他的发展产生了任何**因果**影响，也同样无关紧要，它们本来就是如此，更不用说任何外在的而不是自身所包括的“重要性”了。现在，首先使我感兴趣的是两点：第一种情况是，这种“评价”本身是否与对象的特质、无可比拟性、唯一性、文学上的不可替代性联系在一起，因为，这是第二种情况，即对具有个别性特质的对象的评估，为什么会成为我们**反省**和思考如何——我们有意希望避免使用“科学”——**解释**对象的基础。这种“解释”，或者，如果我们愿意说，也叫“诠释”，如今都会采取两种实际上几乎总是混淆而逻辑上截然有别的方向：首先，它能够并且将会成为“**价值解释**”，就是说，教导我们如何“理解”那些书信的“精神”内容，把我们“感到”模糊和不确定的地方加以发挥并进行清晰的“评价”。为了这个目的，它决不强行提出或“诱发”这种**价值判断**。毋宁说，它会在实际分析中就对象与价值的**关系**“诱发”各种**可能性**。此外，被评价的对象在我们之中唤起的“态度”，当然未必都是积极的：就歌德与冯·施泰因夫人的关系而言，比如通常不了解现代的性行为的人，大概就和天主教道德家一样，即便完全“理解”，也会采取基本对立的态度。如果我们依次把马克思的《资本论》、或者《浮士德》、或者西斯廷教堂穹顶画、或者卢梭的《忏悔录》、或者圣特雷莎（Teresa）的冒险、或者罗兰夫人（Mme Roland）、或者托尔斯泰（Tolstoi）、或者拉伯雷（Rabelais）、或者玛丽·巴什基尔特舍夫（Marie Bashkirtseff）、或者耶稣对门徒的山上宝训作为对象来考虑，那就会出现无限多样的“评价”态度，**如果**对这些极为不同的价值对象进行的“解释”被认为“值得”并且正在进行中（这里是为了我们的目的而做的假设），那么它们所共有的就只是这种**形式**因素：其意义就在于向我们表明那种“评价”**可能会**具有的“立场”和“着眼点”。只有在顾及**规范**——比如马克思《资本论》的思想内容（在这种情况下就是思想规范）的地方，才能强使我们把某种评价作为唯一的“科学”评价。但是，即便在这里，针对对象进行客观有效的“评价”（这种情况下就是马克思思想形式的逻辑“正确性”），也并非“解释”的目的所必需，即便这里处理的不是“规范”而是“文化价值”，那也是一项完全超出了“解释”范围的任务。因此，有人可能就会在逻辑上和事实上没有丧失理智的情况下——仅仅就这里而言——拒绝古代诗歌与艺术文化的所有产品或者耶稣山上宝训的宗教气氛本身，认为它们是“无效的”，就像一面是灼热的激情、一面是禁欲主义这两者的混合物，在我们看来乃是激情生活最精美的花朵，犹如致冯·施泰因夫人的书信。但是，这种“解释”对他来说并不是“无价值的”，因为，尽管如此，或者说，正是因为如此，也的确为他的“认识”提供了意义，正如我们通常所说，为他拓展了自己的内在“人生”和他的“精神视野”，使他能够把握与领略这种生活方式的可能性和精妙之处，从思想、审美和伦理上（就最广义而言）多样化地发展了他自己，甚至可以说，使他的“心灵”能够“对价值更敏感”。对精神的、审美的和伦理的创造所作的“解释”，在这里所起的作用犹如后者的作用，说“历史科学”在某种意义上就是一门“艺术”的看法，在**这里**也有其“合理内核”，不亚于把“人文科学”视为“主观化”活动：但同时，这里也就抵达了“对经验进行思想加工”的最后极限，从逻辑意义上说，这样的做法与“历史研究”也就没什么关系了。

显而易见，爱德华·迈尔（第55页）所谓对“过去的语文学观察”，就是前述**这种**方式的解释，它的理由是“历史科学”对象在本质上**不受时代限制**：它要教给人们从**价值**效力出发去“理解”对象。结果，他对科学活动方式的定义就表明了这一点，例如第55页，照他说来，这就是“把历史的产物放在当代，从而参照现状加以处理”，把对象“不是当作既定的和在历史上产生过影响的，而是当作现存的”，因而对照历史去“全面”处理它们，以“详尽解释个别的创造”，首先是文学和艺术的创造，但是，一如爱德华·迈尔明确补充的，也包括国家和宗教制度、道德和观念以及“**最后**还有作为一个整体的时代**全部文化**”的创造。当然，这种“解释”并非语言学（sprachlich）专业意义上的“语文学”（Philologie）。解释文学对象的语言学“意义”，并就这个意义“解释”它的“精神内涵”，以及从这些措辞的价值取向上进行解释，实际上可能会经常以充分的理由并存：然而，它们仍然是根本不同的逻辑过程，原因在于，语言学“解释”不是按照价值及其必须的精神劳动强度，而是按照逻辑真相对“原始素材”进行一切方式的科学加工和运用，从历史科学的角度来看，这是基本的准备工作，是验证“事实”的技术手段：它是历史科学（以及许多其他学科）的操作工具。无论如何，我们就要这样来指称上面最后描述的过程[22]，以说明“价值分析”意义上的“解释”并不存在与历史科学的**这种**关系。因为，这种“解释”方式既不打算推断重大事实在历史联系中的“因果”作用，也不打算根据可利用的构成成分去建构类别概念以对“类型”进行抽象，毋宁说，恰恰相反，我们仍以爱德华·迈尔为例，这种解释是在“出于自身的缘故”考察它的对象，把“全部文化”——比如把希腊鼎盛时期看作一个整体——带入它的价值关联中去理解，所以也就不属于任何其他已经讨论过的、与“历史”有着直接或间接关系的认识范畴。但是，这就更不能考虑——像爱德华·迈尔在第 54 页下方谈及他的“语文学”时所说——把它作为历史科学的“辅助科学”了，因为它处理对象时的观察视角已经完全不同于历史科学。如果只是对这样两种思考方式进行对比，即一种（“价值分析”）认为对象是“涉及现状的”（zuständlich），另一种（历史科学）则把对象看作“发展中的”（Entwicklung），一种是它的横剖面，另一种是它的纵剖面，那当然就完全没什么意义了：即使爱德华·迈尔那样的史学家，在他本人的著作中也必定会为了编织他的构想而从某种“既定的”起点出发，把它描述为“涉及现状的”，并在叙事过程中一再把“发展”的“结果”概括为横剖面的“状态”。例如，一方面旨在专门说明某一时刻雅典公民大会的社会构成，另一方面则是为了有助于使人明白雅典政治“状态”的结果，即使在爱德华·迈尔看来，这也确实是一个“历史”成就。不同的是，爱德华·迈尔的考虑还另有区别：那种“语文学”（“价值分析”）的研究虽然可能，而且**还会**经常顾及与“历史”的相关性，但同时也会顾及有可能完全**不同的事实**，就是说，**既不是**历史因果链条本身的一环，**也不是**利用头一个范畴作为对事实的**认识**手段，总而言之，它们与“历史”之间的关系是我们迄今还根本没有考虑到的。然而，这是什么意思呢？或者说，除了这种“价值分析”的考虑之外，与不论什么历史认识都毫无关系了吗？——为了推进讨论，让我们再度回到致冯·施泰因夫人信函的例子上来，并且把卡尔·马克思的《资本论》作为第二个例子。显然，两者都可以成为我们的“解释”对象，不仅是我们已经不想在这里讨论的“语言”解释对象，而且还是“价值分析”的解释对象，由此可以使我们“理解”其中的价值关联，以便对致冯·施泰因夫人的信函进行类似的分析，并作出“心理”解释，就像人们“诠释”《浮士德》一样——根据**思想**内容考察马克思的《资本论》，就其与论述**有关相同问题**的那些思想体系——是**思想**而非历史——的关系作出说明。以“价值分析”为目的去考察对象，按照爱德华·迈尔的术语，首先是为了“涉及现状”，或者用更准确的说法就是，从它的性质出发，而独立于任何纯粹的历史—因果重要性，这对我们来说也就是超出了历史之外的“价值”。——然而，仅止于此吗？当然不是，无论对歌德那些书信的解释，还是对《资本论》或对《浮士德》或对《俄瑞斯忒亚》或对西斯廷教堂穹顶画的解释，都同样不会局限于此。毋宁说，为了完全达到自己的目的，它必定会记住，那种理想的价值对象是受到历史制约的，如果那些一般条件，比如歌德写下那些书信时的社会“环境”和非常具体的日期过程还不为人知，如果马克思撰写他的著作以及他作为思想家的发展过程中那些历史上既定的时代“难题”未经认真探讨，那么思想与感觉上的很多细微之处和变化就仍然是“不可理解的”——因此，这种“诠释”要想达到预期目的，就需要对产生那些书信的条件进行**历史**考察，包括歌德的纯粹个人—“家庭”中和最广义的当时整个文化生活“环境”中最细微、最广泛的关系，而这对于那些信件的性质是有**因果**重要性的——按照爱德华·迈尔的说法——也是有“结果”的。因为，所有这些对因果条件的认识，都在告诉我们那些书信所以产生的精神格局，由此，我们也才能更加真实地“理解”它们本身，[23] 所以，另一方面，确凿无疑的是，与其他地方一样，这里之所以有这样的因果“说明”，也只是它的自得其乐，并且一如丁策尔（Düntzer）所论，这不过是“把握了部分”素材。显而易见，我们已经称为“价值分析”的那种“诠释”，就是其他“历史”——亦即因果——“诠释”的向导。前一种分析是揭示了对象中“被评价的”构成成分，而对它们进行“因果说明”则是后者的难题，前者创造了因果回归（der kausale Regressus）赖以逐渐建立的接触点，并给这个决定性的“观察视角”提供了路径，没有它们，因果回归就必定像没有罗盘却在茫茫大海上掌舵一样。现在，任何人都能够——而且很多人都会——拒绝如下要求：动用全部历史研究投入对一系列“爱情书信”的历史“说明”，无论那会多么的高雅。确实，同样有效但又似乎失敬的是，这也是卡尔·马克思《资本论》以及总的来说**所有**历史研究对象的情况。至于去认识马克思是用何种部件构筑了他的著作，他的思想起源是如何受到历史条件的制约，以及同样，去认识当代政治力量格局和德国国家制度如何按照自己的特质去发展，在某些人看来可能都是非常枯燥乏味的，或者至少是极其次要的，甚至是为了自娱自乐而毫无意义。即使逻辑或者科学经验都很可能无法“批驳”他们，这都是爱德华·迈尔明确承认的，尽管他无疑采取了简短、生硬的方式。

就我们的目的来说，在“价值分析”的**逻辑**本质上耽搁片刻，看来是很有益处的。人们都在试图非常严肃地理解或“反驳”由李凯尔特清晰阐明的思想，都认为“历史个别性”是以“价值关系”为条件而形成的，就是说，这种“价值关系”等于是被纳入了以下这些一般概念[24]，比如“国家”“宗教”“艺术”，以及因为“价值”才能存在的类似“概念”，而历史科学与它的对象“取得”联系并由此获得特殊的“观察视角”的事实——这一点已经做过说明——也不过是相同于对自然科学的“化学”“物理学”等“方面”的过程进行分别处理[25]。这种对“价值关系”的理解真是一种奇特的误解，而且只能被理解为奇特的误解。对具体对象进行实际的“价值判断”，或者从理论上设置“可能的”价值关系，这并不意味着我会不加区别地把诸如“情书”“政治形态”“经济现象”等置于同样的类别概念之下。相反，“价值判断”就意味着：我以某种具体的方式针对对象的具体特质“表达态度”，而我表达态度的主观源泉，**我**在这方面的决定性“价值观点”，当然不是来自“概念”，更不是来自“抽象概念”，而是来自绝对具体地、最高度个别化地产生并加以综合的“情感”和“愿望”，但在某些情况下也可能是某种再次具体产生的“应当”意识。现在，如果我从针对对象的具体评价阶段转向对它们**可能的**价值关系进行理论—解释的思考，也就是说，转而建构对象的“历史个别性”，这就意味着，我在凭借**解释**而使自己和他人意识到一种具体的、个别的，因而归根结底是唯一的形式，以使“观念”——不妨利用一次形而上学的措辞——在相关的政治形态（例如“腓特烈大帝的国家”）、相关的人物（例如歌德和俾斯麦）、相关的文字作品（马克思的《资本论》）中“体现”出来或者“发挥作用”。或者，用排除了毕竟是可疑的并总是可有可无的形而上学措辞来说：我以明确的方式发展出了对于可能的、阐明了现实有关部分并声称多少具有普遍“重要性”的“价值观”态度的抨击，而这样的“重要性”与**因果**“重要性”是判然有别的。卡尔·马克思的《资本论》作为“文字产品”也具有同样的性质，每周一次出现在《布洛克豪森目录》（*Brockhausschen Verzeichnis*）上，也是印刷油墨和纸张兼而有之，——不过，使它对于我们而言具有了“历史个别性”的，并不是因为它属于那类“文字产品”，相反，是因为“我们”发现了《资本论》“写下的”完全独一无二的“精神内容”。同样：黄昏时分泡在小酒馆喝酒的庸人，其政治闲谈与那些印刷出来和写就的纸张、声波、练习场上的体育运动、王公贵族和外交官头脑中或聪明或愚蠢的思想等汇成一体的东西一样，也具有“政治”事件的性质，而“我们”会将所有这些都归结为“德意志帝国”的个别性思想景观，因为“我们”把某种对于我们来说完全独特的无数“价值观”（不仅仅是“政治”价值观）都固定在了“历史关切”中。如果说这些对象——例如《浮士德》——“内容”的“重要性”，都有一种可能的价值关系，或者换句话说，历史个体中**令我们关切的“内容”**，都可以考虑用类别概念来表达，这显然就是荒诞不经的：恰恰是那些可能会把我们的关切联系在一起的“内容”，才是历史个体性“最高”级别的特征。我们对历史价值关系的某些“重大”趋势加以分类，并以这种分类作为文化科学分工的基础，这个事实当然并不会改变[26]下面的想法：具有“一般（＝广泛）**重要性**”的“价值”，就是个“一般”（＝普遍）**概念**，而这与如下的想法，即人们能够在**一个**句子中表达“真理”，或在**一次**行动中实现“道德”，或在**一件**艺术品中体现“美”，都是同样奇特的想法。——我们还是回到爱德华·迈尔和他处理历史“重要性”难题的尝试上来吧。上述观察的确偏离了方法论领域而漫游到了历史哲学的领域。基于严格的方法论基础把现实的某些**个别性**构成成分选择为历史观察对象，这是否合乎实情，最终只有通过指出相应**关切**的**实际**存在才能得到证明：对于这种考察而言，相比所论及的那些关切的**意义**，“与价值观的关系”确实也说不出更多的东西，这样，就连爱德华·迈尔也能平静下来，合理地采取了如下立场，即这种关切的存在这一事实，对于历史科学来说已经足够了，不论人们会如何轻视这种关切。但是，他的阐述中还有一些模糊和矛盾之处，也表明了历史哲学由于缺乏足够清晰的方向会带来什么后果。

爱德华·迈尔（在第 37 页）认为，（历史科学的）“选择乃是基于对历史的**关切**，**它关切的是当代**发展成就所产生的某些结果，因此感觉到需要去追溯导致了结果产生的原因”，并在后面（第 45 页）这样解释说，史学家“会亲自面对素材所提出的难题”，利用它们“作为安排事件的主导思想”。这完全符合前文所说，而且同时，唯一可能的意义就在于，前面对爱德华·迈尔“从结果追溯原因”的态度进行的批评是正确的：正如他假定的那样，这里处理的问题与历史科学特有的因果关系概念处理方式无关，毋宁说，具有“历史重要性”的仅仅是这样的“原因”，即回溯那些“被评价的”文化构成成分时，它们必定会被接受为不可缺少的构成成分——这就是人们常说的“目的论依赖”原则，当然也是一种容易让人误解的说法。但是，现在的问题在于：人们可能会把前述爱德华·迈尔的看法认为是他令人尊重的观点、从而始终把这种回溯的出发点作为**当代**的构成成分吗？事实上，爱德华·迈尔对此并没有十分确凿的立场。我们已经看到，至少到目前为止，他还未能清楚地说明他究竟是如何理解“历史结果”的。因为，就像其他人已经就此对他责难过的那样，如果历史科学只关心“影响”，那么对于任何一种历史叙事，例如对于他的《古代史》来说，基本的问题就必定是：哪个结局状况和这个状况的哪些构成成分，可以作为基础以代表历史发展的“效力”，与此同时还要确定，由于某个事实对任何结局状况的任何构成成分来说都没有可资证明的因果重要性，是否就必须把它当作历史上非本质的东西而排除出去。爱德华·迈尔的许多态度，可能首先就会给人这样的印象，似乎事实上只有当代——这是我们想要简单一说的——客观“文化状况”才应当是这里的决定性因素：只有那些**迄今**依然对我们的当代政治、经济、社会、宗教、伦理、科学状况或者我们文化生活的任何其他构成成分具有因果重要性的事实，也就是那些我们能在当代直接看到其“效力”的事实（参见第 37 页上部），才属于“古代史”，至于某个事实对于古代文化的特质是否具有这样的根本重要性，则完全无关紧要（参见第 48 页下部）。如果爱德华·迈尔真想严肃地这么做，那么他的著作就会大大缩水，比如人们想在他关于埃及的这一卷有所发现，那就无法对他的**古代史**抱有期待。但是，他（在第37页上部）又打开了另一条出路："我们可以同样体验到以往的一切"——也就是一直产生着历史"效力"的一切——"因为我们能把任何因素**虚构为**与当前相同"。当然，这样一来，就可以从任何一种随意选择的立场出发，把随意一种文化构成成分"虚构"为古代史的"效力"，——但因此也就恰恰消除了爱德华·迈尔谋求的界限。即便如此，也还是产生了下面的问题：比如一部古代史会把哪些"因素"看作史学家所认为的本质标准？按照爱德华·迈尔的思考方式，那就必须相信：古代历史的"结局"，就是我们觉得可以作为适当"终点"的重大事件，比如罗慕洛皇帝的统治，或者查世丁尼的统治，或者——也许更好——戴克里先的统治？无论如何，在这种情况下，所有为这个**终结**时期、为这个古代"老迈"时期"特有"的东西，无疑都被纳入了表现范围以描述它的结尾，因为正是这些特征构成了历史说明的对象，而且最重要的是，所有对"衰老"过程发挥了本质性因果作用（"效力"）的事实，更是如此，——相反，例如在描述古希腊文化时，所有在那个时候（比如在罗慕洛皇帝或戴克里先时期）不再有"文化效力"的东西都应排除在外，但就当时的文学、哲学和一般文化状态而言，它们却构成了"古代史"中非常惊人的一大部分，而且总的来说对我们"很有价值"。幸好，我们在爱德华·迈尔自己的著作中并未发现他丢失了这部分。

一部古代史，如果希望**仅仅**包括那些对**任何**一个后续时期产生了**因果**影响的内容，——**尤其是当人们把政治关系看作历史的真正支柱时**，就会和一部歌德的"历史"一样显得完全空洞无物，用兰克本人的说法就是，那将有利于模仿者进行"调停"，就是说，只能确定歌德的特质和生活表现中依然具有文学“效力”的那些构成成分。这样，原则上说，科学“传记”与另有界定的历史对象之间也就没什么差别了。爱德华·迈尔的命题在他的既定表述中是不可能完成的。——或者，这里也需要在他的理论与他自身实践之间的矛盾中寻求出路？我们听到爱德华·迈尔说，历史就是要“从自身”找到它的难题，此外他又简单补充说：“现在，**史学家**的在场是一个不可能被排除出历史叙事的因素。”如果一个现代史学家对某一事实的个别特征以这样那样的方式抱有**关切**，而且使他的读者也理解了这种关切，那么这个已被打上“历史”标志的“事实”，其“结果”就是理所当然的吗？——显然，爱德华·迈尔的阐述（第36、37和45页）实际上是混淆了两种不同的“历史事实”概念：一是那些现实的构成成分，人们也可以说，它们是“出于自身愿望”、其作为对象的具体特征使我们感到**关切**而“被评价”；二是出于我们的需要，使那些我们所理解的具有历史局限性的现实构成成分“被评价”，从而在因果回溯中被看作“原因”，把它当作爱德华·迈尔那种意义上的历史“结果”。人们可以把前者称为历史的个体，把后者称为历史的（真实）原因，并像李凯尔特一样把它们区分为“首要”和“次要”的历史事实。当然，只有在历史“原因”——即李凯尔特所说的“次要”事实和爱德华·迈尔所说发生了“结果”的事实——（但愿已经明确规定了）受到严格约束的历史叙事中，我们也才有可能对那种应被专门处理的历史个体性作出因果说明。此时，如果打算选择那些面面俱到的主要对象，比如我们认为的包括了全部“现代的”、亦即现阶段从欧洲“辐射”而来的基督教—资本主义—法治国家的“文明”，也就是根据极为多样化的“观察视角”去考虑一大堆“文化价值”的乱麻，——那就要进行因果回溯，也就是作出历史“说明”，而这不仅要回溯到中世纪，甚至还要回溯到古代，因而必定要把非常多的对象、至少是其中的一部分，作为**因果**上无关紧要的成分剔除出去，但它们本来很可能“出于自身愿望”而在很大程度上引起我们的“评价”关切，就是说，从**它们自身**很可能成为“历史个体”而言，是有可能用来继续“说明性”因果回溯的。诚然，也应该承认，由于这种“历史关切”对**当代**文明的普遍历史缺少因果重要性，所以就特别无足轻重。就**当代**文明发展的普遍历史而言，印加人和阿兹特克人的文明发展所遗留下来的有关历史痕迹——比较来说！——在很大程度上是无关紧要的，这在爱德华·迈尔的意义上说，也许可以完全保持沉默而又不至于造成任何损失。如果情况的确如此，——我们姑且这样承认一次，——因为这很可能，那么，我们就其文化发展来理解，出于建构文化理论概念的考虑，**最主要的**就不是把它们看作“历史对象”，也不是看作“历史原因”，而是从本质上看作“认识手段”：比如，从肯定的方面来说，对于封建主义的概念建构，就可以作为一个特别典型的范例，或者从否定的方面来说，则有助于把一些我们研究欧洲文明史的概念，与那些异质的文明内容区分开来，并通过比较的途径确切把握欧洲文明的遗传学历史特征。被爱德华·迈尔认为“没有结果”的那些有关古代文明的构成成分，当然也是同样情况，他必定会以当代文化为取向把它们逐出古代史的库存——如果他能前后一致的话。——但是不言而喻，就印加人和阿兹特克人的情况来说，就绝不能排除所有那些既非逻辑亦非事实的方法，使它们某些独具特征的文化内容成为历史的“个体”，亦即主要依照“价值”关系对它们进行“诠解”分析，进而再次成为“历史”研究的目标，否则的话，现在就能根据文化发展而对事实进行大踏步的因果回溯，使它们在与那些对象的关系中成为“历史原因”。如果有谁编撰了一部“古代史”，仅仅包括从因果上说对我们今天的文明“具有影响力”的事实，因为它所处理的事实无疑仅仅在于，**要么**因被评价为“历史个体”而成为“主要的”，**要么**因作为因果（与这样那样“个体”相关的）要素和“原因”对我们显示出重大意义而成为“次要的”，这就是真正的自我欺骗了。决定了古希腊文明史的文化价值范围具有某种文化价值的，是我们对“价值”取向的**关切**，而不是我们的文明与古希腊文明之间那种单独的实际因果关系。我们多数人——这完全是“主观”评价——所尊敬的古希腊文明那个“顶峰”时代，也就是埃斯库罗斯到亚里士多德的那个时代，都是因其文化内容的“固有价值”而受到每一部“古代史”的关注，同样也受到了爱德华·迈尔《古代史》的关注，如果某个后来的时期几乎不可能与任何未来的文明创造获得直接的“**价值关系**”，这种情况才会改变，比如某些中非民族的“歌谣”或“世界观”无法作为种类代表，或者作为概念建构手段或“原因”而引起我们的关切。——就是说，我们现代人与个别“产生”的任一种类古代文明内容有着某种**价值**关系，也只有在这种可能的意义上，才能将爱德华·迈尔的“结果”概念用于“历史”。但是相反，爱德华·迈尔自己的“结果”概念却混合了多种异质的构成成分，这就表明了他对“文明民族”的历史抱有特殊关切的动机。他说（第47页）：“之所以如此，是由于这些民族和文明都在极高程度上产生了**结果**并且仍然影响着当代。”无疑这是正确的，但却根本不是那些历史对象的重要性使我们抱有决定性关切的唯一理由，尤其不能从中推断出爱德华·迈尔（同上）所说：我们的关切越强烈，“它们（历史上的文明民族）的地位就越高”。因为，这里乃是涉及文明的“固有价值”问题，与它的历史“结果”问题毫无关系：在这里，爱德华·迈尔把“有价值的”和“因果上重要的”完全混为一谈了。任何“历史”都是着眼于**当代**的书写立场，而任何当代人都会提出或可能提出有关历史素材的新问题，因为，指导价值观念的正是处于变化中的种种**关切**，由此就完全可以肯定，这种关切涉及的也绝对是“过去”的文明构成成分，那是任何当代文明构成成分都无法通过因果回溯能够成功归因的，无论是致冯·施泰因夫人的书信这种微观对象，还是古希腊文明构成成分这样的宏观对象，都已经不再需要现代文明的影响。正如我们看到的那样，甚至爱德华·迈尔本人也承认，尽管他没有得出任何结论，但仍然假定了一种可能性：**过去的**某些因素，即便像他说的是现在“假想”的（第 47 页上部），——根据后面第 55 页中间的注释，实际上唯有“语文学”可以这样做。事实上这就由此承认，“过去的”文明构成成分，即使不考虑是否存在明显可感的“结果”，也可以认为那是历史对象，比如在“古代史”中，古代的“独特”价值**本身**，就可以决定事实的选择及历史研究的方向。——但还不止于此。

如果爱德华·迈尔提出理由说，**当代**不能成为“历史”的目标，仅仅是因为考虑到，人们还不知道并且不可能知道它的哪些构成成分会在将来表明“结果”，那么这种（主观的）非历史看法，至少在有限程度上还是正确的。是否能够作为“原因”而使当代事实具有**因果**重要性，无疑最终还要“决定于”未来。不过，就像这里很容易理解的一样，即便人们预见到了一些表面因素，诸如缺少档案来源等等，那也不是难题的唯一方面。真实而直接的当代，不仅不会成为历史的“原因”，而且同样不会具有历史的“个别性”，就像“在我之中”和“在我之外”发生的瞬间“体验”，那并不是能从经验上“了解”的对象。换句话说，一切历史“评价”所包含的“沉思”因素，不仅不是，且首先就不是“发言的自我”直接的价值**判断**，而是相反，一如我们所见，它的基本内容是对可能的“价值关系”的“了解”，因而允许至少从理论上事先改变针对对象的“立场”：人们通常会这样来表达，即某种体验“在被历史科学认为是”对象之前，我们首先“必须客观地”对待它，——但这**并不**意味着它有了因果“影响”。——但是，我们不应在这里进一步讨论“体验”和“了解”之间的关系了；前面这些繁琐的说明已经非常清楚，它们不仅说明了爱德华·迈尔把“历史”的概念看作“结果”是不充分的，而且还说明了为什么是不充分的，这就足够了。它没有从逻辑上区分被“评价”为具有文化个别性的“主要”历史对象（这里的关切是对它们进行因果“说明”）和“次要”的历史“事实”（即被列入因果回溯并被“评价”为那些“个体性”特质的原因）。进行这种归因会有一个根本的目的，总的来说，就像对待任何经验知识一样，把经验真理看作“客观上”都是无条件**有效的**，而这仅仅决定于素材的完备程度，就此而论，它不是个逻辑问题，只是个事实问题，至于能否达到这个目的，就像对具体自然过程进行说明的领域如出一辙了。这里要想明确地不再从“主观”上猜测意义，那就不要根据既定的说明“对象”去诊断历史的“原因”，而是要为历史“对象”、为“个体性”本身划出界线，因为，这里已经决定了，**价值**关系会屈从于对历史变迁的“见解”。因此，一方面的错误在于，像爱德华·迈尔（第45页中部）那样认为的，我们“**绝无**”能力达到对某种历史的“绝对无条件有效的”认识：也就是无法认识“原因”——但是，同样错误的还有，一如他随后所说，自然科学认识的有效性与历史认识的情况“并无不同”：这里又遇到了历史的“个体性”，就是说，遇到了“价值观”在历史中扮演角色的**方式**，以及这个价值观的存在模式（无论人们如何看待那些“价值观”本身的“效力”，但无论如何，把因果关系的效力作为经验真理，这在原则上是异质的，尽管哲学或许会认为，两者归根结底都受规范的制约）。因为，以“观察视角”为取向的“价值观”，在考虑我们的文化对象时，以及总的来说我们在从事历史研究时的“客观性”，都会发生变化，而且因为，并且只要是如此，就总会有新的“事实”出现并总是表现出新形式的历史“本质”——尽管我们在这里的逻辑讨论中会假设“原始素材”一成不变。然而，“主观性价值观”的这种局限性，无论如何都不符合力学类型的自然科学追求，无疑也完全形成了与历史的特殊**对照**。

我们不妨总结一下：对于对象的“诠释”，从“语言学”诠释一词的最通常意义上说，例如从语言学“意义”上说，就是“历史科学”的技术准备工作。在“诠释性”分析某些“文化时代”、某些人物或者某些个别对象（艺术作品、文学对象）的**独特**性质时，也总是有助于历史概念的建构。还有，从逻辑上考虑，它或者有助于认识那些具体历史联系本身有着重大因果关系的构成成分——**或者**相反，会传导和指示有关对象——例如《浮士德》、《俄瑞斯忒亚》、某一时代的基督教信仰等——的内容，以“诠释”可能的价值关系并给历史科学的因果研究提出“任务”，也就是提出**先决条件**。一个具体民族和时代的“文明”概念、“基督教”的概念或者《浮士德》的概念，还有人们易于忽略的例如“德国的”概念等等，都是作为历史研究对象而建构的个别性**价值概念**，亦即通过与价值观念的关系而形成的概念。

如果现在我们也要谈论这些问题并自己做出评价，以处理我们所接近的事实，将其作为分析目标，那就要求我们根据认识的目的，或者涉足历史哲学，或者涉足“历史关切”的心理学。如果我们反其道而行之，根据“价值分析”处理具体对象，也就是“解释”其特质，从而使我们可能的评价接近于“诱导”，亦即“再经验”，就像人们（当然极不正确地）常说的那样变成了有意的文化创造，这就如同爱德华·迈尔的表述中尚存的“合理内核”所言，已经**不再是**“历史”研究了，然而，这对有关对象的历史“关切”，对“个别性”的主要概念结构，以及对于由此才使历史科学成为可能有意义的因果研究，却完全是必不可少的形式构造（forma formans）。也许在很多情况下，就像在政治共同体，尤其是在自己的国家，一切“历史科学”从一开始就会出现的那种情况，即熟视无睹的日常价值判断塑造了对象，并为历史研究铺平了道路，因而，史学家也许就会相信，这些确凿无疑的“对象”似乎并不需要特别的价值解释，因为那都是自己的“本来”领域——但这当然只是些表面现象，而且只是些低劣的日用品：只要他还置身于这条平坦却荒凉的乡间公路上，却又想获得有关某个国家或政治天才政治“特质”的新洞见，那么根据逻辑原则，他就必定会像浮士德的扮演者一样呆在这里炫耀身手。不过显而易见，爱德华·迈尔有一点也是正确的：只要分析还**停滞**在“解释”对象的固有价值阶段，因果归因的工作就要搁置一旁，而那个对象也不可能承受这样的问题：考虑到还有其他更广泛、更现代的文化对象，它在因果上“意味着”什么？——这里尚未轮到历史研究的启动，史学家所能看到的仅仅是历史难题的原材料。只不过，爱德华·迈尔这里想为自己的观点提供理由的方式，在我看来是经不住推敲的。如果说，爱德华·迈尔特别认为，“静态”而且“系统”地处理素材在原则上是历史的对立面，甚至新近还像李凯尔特——因为他先前也曾提出“系统性”是“历史文化科学”与

“自然科学”的特殊对立（即使在“社会”和“精神”生活领域也是如此）——那样也提出“**系统的文化科学**”这一概念，那么，接下来的任务就是在一个单独的章节提出下列问题：所谓“系统性”可能都意味着什么？其不同方式与历史研究和“自然科学”都有哪些不同的关系？[27] 爱德华·迈尔把处理古代文明，尤其是处理古希腊文明的方式叫作“语文学方法”，亦即“古代文化研究”形式，的确，这实际上就是首先由驾驭素材时的语言前提条件导致的。但是，它不仅会受到这样的制约，而且会受到某些杰出研究者的特质的制约，尤其是受到古典文化迄今对我们的制约——它对我们的精神训练仍然具有“重要性”。我们不妨以彻底的、因而是纯理论的措辞来表述原则上是可能的观点以看待古代文明。（1）一种是想象古代文明在价值上绝对有效，至于在人文主义那里——比如温克尔曼的——以及直到一切所谓“古典主义”中的那些表现，这里就不予深究了。按照这种看法，如果我们追踪它的最终结论的话，就我们不可能“充实”和“重塑”我们文明中的“基督教性质”或者理性主义的产物而言，至少就“那个”文明截然不同的潜在构成成分而言，并不是因为古代文明已经**产生了**爱德华·迈尔意义上的“因果”作用，而是因为它们在价值上绝对有效地**应该**对我们的教育产生因果作用。所以，古代文明首先是一种学校里的解释对象，是为了教育自己的民族成为文明民族：就最广义的概念来说，“语文学”作为“对已知者的认识”，知道了在原则上说古代是有某种超历史和超时代价值的。（2）另一种看法则完全相反，它是现代的：就其真正的特质而言，古代文明对于我们过于遥远了，以致“太多的人”要想洞察其真正的“本质”已经完全没有意义。那是少数人高雅的评价对象，这些人埋头于钻研一种业已永久消失且无法在任何主要方面予以再现的最高形式的人类本质，希望能从中得到几分“艺术享受”。[28]最后，（3）对古代文化研究的处理违背了科学关切的方向，而这种关切首先是针对无比丰富的人种学素材从古代原始资料那里获得——不仅是我们的、而且是“任何”文明——史前史的一般概念、类比和发展规则：例如我们可以想一下比较宗教研究的发展，如果不是借助于严格的语文学训练，今天对古希腊罗马时期及其文化的发掘，就不可能取得繁荣。这里之所以关注到古希腊罗马时期及其文化，是因为它们的文明内容作为认识手段适于用来建构一般“类型”，与第一种“看法”相反，它不适于作为长期有效的文明规范，同时也与第二种相反，不适于作为绝对唯一的对象以供个别性、沉思性的评价。

我们随即就会看到，这里所有三种“理论”所表述的看法，出于它们处理古代历史的目的，其关切所在都是“古代文化研究”的形式，而且，我们无须注解也可以看到，就史学家的关切而言，他们的作为对所有那三种看法来说可能都太短暂了，因为那些看法的主要目的都在“历史科学”之外。但另一方面，如果爱德华·迈尔郑重其事地从当代立场出发，想把不再产生历史“效力”的成分清除出古代历史，他就会成为所有对手的靶子，因为后者要去古代寻找的**远远**不止是历史的“原因”。而在同时，他的大作的所有爱好者都会愉快地发现，他**很可能**不会严肃对待这种思想，并且希望，他也不会为了一种被错误表述的理论而那样做，即便仅仅是为了尝试。[29]

二、历史因果考察中的客观可能性与适当关联

爱德华·迈尔（在第16页）说道，“第二次布匿战争的爆发，是

汉尼拔意志决断的结果，七年战争的爆发是腓特烈大帝意志决断的结果，1866 年战争的爆发则是俾斯麦意志决断的结果。他们也都可能作出不同的决断，其他人物或许……会作出其他的决断；其结果就是，历史的进程或许会大相径庭”。他的脚注 2 补充说：“这里既不是断定也不是否认在这种情况下战争不会发生；这是一个完全无法回答并且多余的问题。”爱德华·迈尔的第二句话，除了与他先前关于历史中的“自由”和“必然”的关系所作的表述之间存在变了样的关系之外，这里首先就不能接受的观点是：那个问题我们无法回答或者无法确凿回答，因此就是一个“多余的”问题。如果说，经验科学不能给出答案的最高级难题从未被提出，那情况就同样很糟糕。**毫无疑问**，我们此处现在涉及的并不是这类“终极”问题，而是一方面各种大事件已经“过时”、另一方面按照我们实际的和可能的知识情况在事实上无法肯定而明确回答的问题，从严格的“决定论”观点出发，那不过是根据“因子”的情况对“不可能的”后果进行某种讨论。然而，尽管如此，提出下面的问题也绝对不是“多余的”：如果没有看到俾斯麦在战争问题上的决断，那**可能**会发生什么？因为它的确关系到现实的确定性是如何在历史上形成的：在无限多的全部“因素”中，个别性的决断恰好必须以这样而非那样的方式出现，并由此产生出**这个**结果，究竟要赋予它何种因果**重要性**，以及在历史叙事中可能处于何种位置。如果历史科学还想超越单纯是大事件和大人物的编年史水平，那就的确，除非正是这样提出问题，否则就别无出路。只要它还是科学，它就只能这样工作。爱德华·迈尔先前曾反复表述，历史科学是从“未定的”立场看待事件的，因而并不是“必然性”的对象，不属于“既定的”范围，这是正确的，因为史学家在评价一个具体事件的因果重要性时，会与已经表明了姿态和愿望的历史人物相类似，就是说，如果他自己的行动看上去是“必然的”而不仅仅是“可能的”，他就绝不会“行动”[30]。区别仅仅在于：考虑采取行动的人物，我们这里假定，只要他打算采取的是严格“理性的”行动，他就会按照既定的现实给予他的认识，考虑他所关切的未来发展在“外部”遇到的“条件”，并调整如今还在想象中的个人所作所为的各种“可能方式”，把它们与那些“外部”条件联系起来，从因果关系方面预期结果，因为，这样才能（从思想上）澄清“可能的”效应，以选择与他的“目的”相应的这种或那种行为方式。现在，史学家比他的主角更优越的地方首先在于，无论如何，他至少已经事后知道，他对同样是既定的“外部”条件的评估，是否符合已知的既有条件即行动者的实际知识和预期：这正是行动者的实际“结果”要说明的。我们这里要澄清的不过是行动的逻辑问题，即从理想上最大化地认识那些条件，希望能够成为行动的理论基础——尽管这实际上也许很少，甚至可能从来就达不到——以使史学家可以在想象中提出与他的“主角”或多或少清楚地或者“可能提出”的同样考虑，因而他能够利用比——例如比俾斯麦——本人更有利的机会提出问题：假如做出了不同的决断，可以“预期”的将是何种结果。显而易见，这种考虑决非“多余”。爱德华·迈尔本人（在第43页）就用这种方式处理了直接激起柏林三月巷战爆发的那两枪。他认为，这个问题的源头“在历史上无关紧要”。它比讨论汉尼拔、腓特烈大帝和俾斯麦的决断更无足轻重？为什么？“因为事已至此，无论哪一个偶然事件，都必定会致使冲突爆发（！）”。人们看到，爱德华·迈尔在这里亲自回答了所谓的“多余”问题：如果没有那两枪，“可能”会发生什么，由此就决定了它们的历史“重要性”（在此情况下它们就无关紧要了)。对比之下，汉尼拔、腓特烈大帝和俾斯麦的决断，至少按照爱德华·迈尔的观点，显然就是另一个“事物”了，就是说，情况将非常不同：总的来说，在当时那种具体政治格局下，进程与开端都已确定，即使他们另有决断，冲突也可能爆发。因为，如果不是如此，这类决断就会与那两枪一样在历史上毫无意义。**如果进而再断定**，在某种复合型的历史条件下，一个单独的历史事实宣告阙如或者发生变动，那将导致历史事件的进程在某种具有**历史重大意义**的关系中出现变动，要根据那个事实的“历史重要性”以确定它的重大价值，而对于史学家来说，实际上也许只有在例外的情况下，亦即对“历史重要性”存在**争议**时，才会促使他们有意识地明确产生并设立这种判断。显然，这种状况必定会促使人们考虑这种判断的逻辑本质，以说明在复合型条件中忽略或改变一个单独的因果要素将“可能”使人们预期哪种结果，而它的重要性又必定会给历史科学带来什么意义。我们将尝试进一步澄清这个问题。

此外，历史科学的逻辑[31]已经严重到了什么程度，从下面的事实即可一望而知：在这个重大问题上从事决定性研究的，既非史学家亦非历史科学的方法论专家，竟是一些从隔阂很远的专业中出面的代表人物。

这里涉及的所谓“客观可能性”理论，所依据的是杰出心理学家冯·克里斯(von Kries)的著作[32]，而日常应用这个概念的，则首先是刑法学、其次是法学界那些赞同或批判研究冯·克里斯的作家们，特别是门克尔(Menkel)、吕默林(Rümelin)、李普曼(Liepman)，最近还有拉德布鲁赫(Radbruch)[33]。但在社会科学方法论领域，迄今为止，暂时还只有统计学接受了冯·克里斯的思想系列[34]。首先着手处理这个难题的恰好是法学家，首先是刑法学家，这很自然，因为刑事责任问题所包含的难题在于：什么情况下可以宣称某人通过行动而“造成”了某种外在的结果，这纯粹是个因果关系问题，——而且显然与历史的因果问题具有同样的逻辑结构。因为，人们彼此的实际社会关系难题，特别是“人本主义”取向的司法，亦即追问**人的**“行动”在因果上的重要性，都与历史科学如出一辙。这就像由于造成破坏性后果而可能在具体刑法上赎罪或者在民法上赔偿的问题一样，要受因果关系的制约，而史学家着眼的因果关系问题，也始终是要把具体的果归结到具体的因，而不是探讨什么抽象的“规律性”。法学，特别是刑法学，遵循的就是这个共同途径，它之所以随后会转向更进一步的问题，则是因为它提出了一个特殊难题：是否以及何时，能够根据资格认定而**客观地**、纯粹从因果上将其个人行动的后果归结为**主观的**“责任”。由此，这个问题就不再是纯粹的因果关系问题，不再是可以简单确定的“客观”问题，也不再是凭借感觉和因果诠释以查清事实就能解决的问题，而是一个具有伦理和其他价值取向的刑事政策问题。因为，如今已是先验可能的、事实上也是频繁发生的情况是，法律规范的确切意义，由于清晰的陈述或者通过解释而趋向于表明，在相关法律规范的意义上，“责任”的存在首先应该取决于行动者方面的某些主观事实（意图，由主观条件决定的对于后果的“可预见能力”，诸如此类），因而从范畴上对因果联系方式作出区别，其重要性就会发生重大变动[35]。只不过，在前面这些阶段的讨论中，就研究的目的作出这种区别，并没有什么重要性。我们不妨先与法学理论一起提出共同的问题：总的来说，单独一个“原因”在原则上**可能**会导致某个具体“事件”，但真实的情况是，总会有无限的原因要素在决定着单独一个“过程”的出现，而对于出现了具体形态的结果来说，把单独一个要素干脆说成是**唯**一不可或缺的原因要素，能做到吗？

现在，就无限的决定因素而言，首先引起我们历史关切的，就是从中作出选择的可能性。如果说，历史科学要从个别性因果关系中理解具体现实的某种“事件”，那就如我们所见，很显然，这并不是打算让它不加删节地从质的方面进行个别性复制并加以因果关系的说明：这个任务不仅实际上毫无可能，而且原则上说，也毫无意义。相反，历史科学要做的，只是从因果关系上说明相关事件的“构成成分”和“方面”，根据某些观察视角，它们具有“普遍重要性”**并且因此**进入了历史**关切**，这恰如法官的考虑一样，他们着眼的不会是事件的全部个别性过程，而可能只是考虑按照规范去纳入那些**主要的**构成成分。他们的关切所在，会完全撇开具有无限性的“绝对”琐碎的细节，也不会对自然科学、历史学、艺术等等所有其他领域的思考方式抱有关切：他们对致命行刺“导致”的死亡是否还伴有生理学家可能正感兴趣的并发症不感兴趣，对死者或凶手的姿势是否能够成为艺术描写的适当目标不感兴趣，对这次死亡是否有助于官府中不在现场的“后台”得到“提升”，亦即按照后者的观察视角是否具有因果“价值”不感兴趣，或者，对于这次死亡能否成为警察的某种安保措施诱因不感兴趣，甚至对它可能会造成国际冲突并且就这样表明了它的“历史”重要性也不感兴趣。唯一对他具有重大意义的只是：行刺和死亡之间这样构成的因果关系链条，凶手的这种主观习性与他这种行为的关系，是否适用某种刑法规范。另一方面，使史学家——例如对恺撒之死——感到关切的，不是这种“案件”可能表现出来的刑法或医学问题，也不是将恺撒的“特点”或罗马派别状况的“特点”作为“认识手段”，或者最后，不是将恺撒之死的“政治影响”作为“实际原因”，认为那都具有重大意义。相反，在这个事件中，他首先关心的只是这样的事态：死亡恰恰发生在当时那个具体的政治格局中，他要探讨的是与此相关的问题，即这个事态是否对“世界历史”的进程产生了某种巨大“后果”。

因此，像法律上的归因问题一样，只要涉及历史的归因问题，对于现实过程中无限的构成成分，就要视之为“因果上无关紧要”而排除在外，因为，正如我们所见，单独某个事态如果与正在讨论的事件毫无关系，这样，我们就可以设想，它**无论如何**都不会让事件的实际进程“**发生**”变化，既然如此，如果它还不是作为该进程的共同原因而成为具体的、主要的并特别令人关切的构成成分，也是无足轻重的。

不过现在，我们的真正问题是：通过哪种逻辑操作才能让我们获得判断能力并且有根有据地证明，结果的“主要”构成成分和无限的决定性要素中的某些构成成分，它们之间存在着**哪种**因果关系。不言而喻，这不是借助对过程的简单“观察”就能做得到的——因为这无论如何都做不到，即便人们认为“无条件”对各种相关空间和时间区域内的物理和心理过程进行思想“拍摄”本身是可能的。相反，实现因果归因所采取的思想过程，要包含一系列抽象化。首要并且决定性的就是，我们会想到，该过程的实际因果成分会发生某一个或某一些方向的变动，然后就会问，这样变动的条件下是否可以“预期存在”（就“主要”元素而言的）同样结果或者**某些其他**的结果。我们不妨从爱德化·迈尔自己的实践中举一个例子。没有谁能像他那么生动清晰地阐明了波斯战争对于西方文明发展的世界历史“影响”。但是，这在逻辑上是如何实现的？从主要方面说，他是这样来阐释的：在两种“**可能性**”之间展开，一方面是始于秘密宗教仪式和预言的神权政治—宗教文明，在波斯保护国的荫庇下，利用民族宗教作为支配手段求发展，这在各地都是可能的，例如犹太人的情况，另一方面则是此岸的自由希腊精神世界获得了胜利，它给我们提供的文化价值使我们直到今天仍然回味无穷，涉及这一“决断”的则是那场规模极小的马拉松“战役”，但它的确是阿提卡舰队的产生所必需的“先决条件”，换句话说，它还进一步推动了争取独立自由的战争，拯救了希腊文明的独立性，积极推动了西方特有的历史编纂学的开端，全面发展了戏剧并在这个世界历史——按照纯粹是量的标准——狭小舞台上发生的所有无与伦比的精神生活。

正是那场马拉松战役，为这两种“可能性”带来了“决断”，或者对此产生了根本影响，显而易见，**我们**——而我们不是雅典人——的历史关切总的来说为什么会执着于此，这就是绝对唯一的理由。如果我们在回溯考察时离开那种决断去评估那两种“可能性”和无可替代的文明价值，也就不可能确定它的“重要性”，而且事实上还无法明白，为什么我们不应该把它与两个卡菲尔人部落或两个印第安人部落之间的争斗等量齐观，为什么我们不应该真正、全面、严肃地对待像赫尔莫特（Helmolt）的《世界史》（*Weltgeschichte*）那部“现代”文集所表达的迟钝的“主导思想”[36]。因此，现代史学家一旦迫于某种情况而**明确表示**是经过深思熟虑阐述了发展的“可能性”，然后以此来限定某个具体事件的“重要性”，那就是在为运用了虚假的反决定论范畴进行辩护，在逻辑上是毫无理由的。例如 K. 汉佩（K. Hampe）的《康拉丁》（*Conradin*）一书，通过考虑各种不同——包括纯粹“偶然的”、亦即完全个别性战术过程之间——的“可能性”，富有启发性地说明了塔利亚科佐（Tagliacozzo）之战的历史“重要性”，并由此开始作出“决断”，这时却突然转而补充：“但是，历史科学并不了解什么可能性”，——对此则必须回答：既然决定论公理“客观地”认为，它对“事件”的可能性并不“了解”，那说明总的来讲它根本就不“了解”可能性概念，——但假如“**历史科学**”还想成为一门科学，它就**始终**要去了解。在任何历史叙事的任何字里行间，甚至在选择要出版的资料和文献中，或者更准确地说，如果出版物应该包括“认识价值”，那就都会融入“可能性判断”。

但是，如果我们谈到要在那些战斗之间的各种“可能性”中作出“决断”时，它应该意味着什么？无论如何，它首先就意味着要忽略一个或多个实际上真正存在过的“现实”构成成分，并在思想中参照一个或一些被更动了“条件”的过程，创造出一幅——我们不妨冷静地说——**思想画面**。这里需要强调的是，作为通向历史判断的第一步，就是一个**抽象**过程，它要进行分析，要在思想中隔离那些被直接给定并被看作**可能的**因果关系复合体的构成成分，然后再把它们融入一种应当加以综合的“现实的”因果联系。因此，就是这个把既定的现实加以变形的第一步，已经把历史“事实”变成了“思想画面”：用歌德的话说，就是把“事实”融入了“理论”。

但是，如果现在注意一下这种“可能性判断”，也就是在排除或修改某些条件时说明一下“可能”还会产生什么，并且首先问道：我们究竟如何达到这种可能性判断？那么毫无疑问的回答也许就是，这里处理的完全是隔离的、概括性的问题，就是说，我们把“既定的”现实**分解为**一个个“构成成分”，直到其中的任何一个都能融入一种“经验**规则**”，从而可以确定，在构成成分作为“条件”存在时，依照经验规则，就“可以”根据其中的任一成分对结果作出“预期”。因此，这里用以表达“可能性”判断的意义，始终就是指的与经验规则的关系。这里使用的“可能性”范畴并不表示**否定**态，确切地说，就其意义而言，它并不表示我们的否定性回答，不表示与断言判断和真理性判断相对的不完全认识，而是恰恰相反，这里意味着，它涉及人们通常所说的对“事件规则”（Regeln des Geschehens）的肯定性认识，涉及我们对“法则论”（nomologische）的认识。

在回答一辆火车是否已经通过一个车站的问题时，如果说“这有**可能**”，那就意味着，这并不是个确定的陈述，也就是当事人**在主观上**不了解这个事实，但即便排除了这个假定，也无法断言他是正确的，因为实际情况是：他“**不**知道”。但是，如果按照爱德华·迈尔的判断，在马拉松战役时期，希腊神权政治—宗教的发展也许是“可能的”，或者在某些不可预测的情况下或许是“最有可能的”，那么这就意味着一个相反的看法，即历史上的某些构成成分已经在**客观**运行中，就是说，可以客观有效地加以确定，即便我们**设想**马拉松战役（当然也包括实际进程中非常可观的其他构成成分）并没有发生，或者想象它们以别的方式进行，但是按照**一般的经验规则**，它们也会肯定性地“适应”神权政治—宗教的发展，一如我们根据刑法学的惯用术语所说。因此，为了支持对马拉松战役的“重要性”依据进行这种判断，迄今为止所完成的“认识”，一方面是从某些原始资料得到证实的“历史形势”，这属于对“事实”（“本体论”）的认识，另一方面，正如我们所见，是对某种已知的经验规则的认识，特别是对人们在既定形势下的习惯反应方式（“法则论”）的认识。稍后我们会考察这些

“经验规则”发挥“效力”的方式。无论如何都会一成不变的是：爱德华·迈尔为了证明对马拉松战役的“重要性”具有决定性意义的那个命题，他就必须在受到质疑时把那种“形势”尽力分解为“构成成分”，以便我们的“想象力”能够把我们得自生活实践和他人行为的认识这种“法则论”后天经验用于“本体论”认识，于是我们就可以作出肯定性判断认为，尽管以某种方式设想过条件已发生变化，但那些事实的共同作用却“能够”导致所谓“客观上可能的”结果。不过，这也仅仅是说：如果我们所“设想”的结果确实发生了，我们就可以承认，这些被设想变了形的事实是“充分的原因”。

为求清晰明确，我们不得不对上述简单实况做了稍嫌麻烦的表述，这是要说明，对历史因果联系的表述并非只有隔离和概括这两种抽象翻转，还要对“具体事实”的历史科学“重要性”作出最简捷的历史判断，这就远不是简单记录“已经发生”的现象了，更确切地说，它不仅代表了一种已经形成**思想**画面的范畴，而且只有在我们“法则论”的后天经验之外再加上“既定的”现实宝藏，才能实实在在地获得判断效力。

现在，针对以上所述，史学家会提出异议说[37]，历史研究的实际过程和历史叙事的实际内容并不是同一回事。揭示了因果关系的是史学家的“节奏”或“直觉”，而不是对“规则”的概括和意识：它与自然科学研究的区别就在于，史学家要去说明事件和人物，随即就要直接按照与我们类似的精神本性进行“诠释”和“理解”；而在史学家的叙事中，可能尤其需要“节奏”，需要诱导性的生动报告，以使读者能够“再经验”，类似史学家本身的直观体验和亲历，但又不是挖空心思的推论。此外，他们还认为，如果排除了或者在设想中改变了一个单独的因果成分，按照一般的经验规则来说，“可能”出现的客观可能性判断，便经常是极不确定，甚至完全无法获得的，这样一来，历史“归因”的基础实际上也就永远荡然无存了，因而不可能构成历史认识的逻辑价值。——这样的论证一开始就出现了几种混淆，也就是混淆了认识所产生的心理过程和表现已知事物的“艺术”形式，于是，一方面是为了从“心理上”**影响**读者，另一方面则是认识的**逻辑结构**，这两者被混为一谈了。

兰克“猜中”了过去，可以想见，如果那些低水平的史学家完全不具备这种“直觉”天赋，也就谈不上什么认识的进步了：他们将始终就是俯首帖耳的历史学职员。不过，这与真正伟大的数学和自然科学认识也绝无不同：它们都是在想象中凭“直觉”闪现出一个假说，然后被事实所“验证”，亦即根据已经获得的后天经验来研究其“效力”，并且给予逻辑上的正确“表述”。历史科学也完全一样——如果这里所说的“本质”认识毕竟要依赖于运用客观可能性概念，那就不应谈论一个心理学上可能有趣但在此处与我们无关的问题：一个历史假说是如何出现在研究者头脑中的，而需要谈论的是这样的问题，即该假说在受到怀疑和引起争议的情况下，它是在什么逻辑范畴中证明了效力的，因为这将决定它的逻辑“结构”。如果史学家在叙事形式上把他从历史因果判断得出的逻辑结果告诉读者，却并不说明他对认识的理由所做的评估，用“暗示”事件的过程代替细致入微的“推论”，那么，他的叙事就不过是历史小说，而不是科学论断，因为那种徒具艺术形式的外观并没有确凿的因果归因骨架。实实在在的逻辑思考方法即可谓这样的骨架，因为，即使历史叙事，也需要“真理”那样的“效力”，而我们的研究迄今为止所考察的最重要方面，即因果追溯，只要是发生了争议的情况，就会利用客观可能性的范畴，去检验对个别因果要素的隔离和概括，并加以可能的归因综合，由此获得效力。

但是很显然，对个人行为的因果分析，在逻辑上也与马拉松战役的“历史重要性”有着同样的因果进展，也是借助隔离、概括和建构可能性判断得以实现的。我们再来看一个同样模棱两可的情况：对**自身**行动的思考分析，未经逻辑训练的意识会倾向于认为，这在既定的经历中是直截了当的，并且——前提是精神“健康”——“易于理解”，因而理所当然也能够立即在回忆中“复制”。其实稍作考虑便会明白，情况并非如此，因为，这要“有效”回答一个问题：我**为什么**这样行动？仅仅是运用抽象方法在一个可证明的判断范围内建构某种形式的范畴，情况也依然如此——即使这里的“行动者”是在自己主管的论坛上进行这种“证明”。

我们不妨假定，一位满怀激情的年轻母亲，被自己孩子的某些出格行为惹恼了，但作为一个正派的德国人，她并没有尊重布施（Busch）的那些说教措辞：“浅薄者才会殴打，只有精神力量才能穿透灵魂”，——于是打出了一记毫不留情的耳光。现在让我们进一步假定，无论如何她在这件事情上都欠考虑，因而事后对“教育的效用”、耳光的“公正性”或者至少对这个耳光是否使用了过大的“力量”进行了很长时间的“思考”，或者让我们进一步假定，一家之长的父亲，作为德国人很自信，认为自己能够理解一切事物，包括理解如何教育子女，觉得有必要根据“目的论的”观察视角规劝“她”面对孩子的嚎啕大哭；——然后，“她”也许会考虑一下——我们假定——并随即做出辩解说，她当时**可能**是因为和女厨师争执而“激动不安”，否则就**可能**完全不会或者“不会那样”使用管教手法，而这就**可能**倾向于对他承认："他确实知道，她通常并不如此。"由此，她便使他注意到，要从"经验上认识"她的"一贯动机"，因为总的来说，在绝大多数**可能的**情况下，这种动机不会导致另外的、几乎是无理性的结果。换言之，我们打算预先用我们即将讨论的术语来说，她想声明的是，那记耳光在她那一方面是对孩子行为的"偶然"反应，并非"适当"引起的反应。

这起夫妇对话，已经足够使上述"体验"成为一种范畴形式的"对象"，如果一个逻辑学家向这位年轻的妻子开诚布公地说，她像史学家那样做了一次"因果归因"，为了那个目的，她还作出了"客观的可能性判断"，甚至使用了我们即将开始讨论的"适当因果关系"范畴，她无疑会惊奇不已，就像莫里哀笔下那个庸人听说她一生讲的话都像"散文"之后一样惊喜莫名，——不过从逻辑的论坛上来看，情况决不会有所不同。对自身的体验进行反思认识，在任何时候任何地方都决不是实际的"重新体验"或对体验的简单"拍照"，在"体验"成为"对象"后，就会不断获得在"体验"中并**没有**"了解到"的观点和联系。一方面是他对自己先前行动的思考，也就是他在**这个**方面的态度，一方面是先前自身的"体验"或由他人报告的具体"自然事件"，两者并无二致。恐怕没有必要再用更复杂的例子来阐释这个定理的一般效力[38]，然后才确认：我们分析拿破仑或俾斯麦所做的决断，在逻辑上与前引例子中那位德国母亲的做法完全一样。不同的是，分析行动的"内在方面"，那需要根据既定的"回忆"，而我们必须从"外部"对第三者的行动进行"诠释"，这与天真的先入之见相反，仅仅是"素材"在易得性和完整程度上的差别：——如果我们发现诠释一个人的"个性"不仅"复杂"而且很困难，那就总会倾向于认为，在这种情况下，只要他还**愿意**坦诚表现，他**本人**就必定能向我们提供确凿信息。至于情况是否如此，甚或常常完全相反，这里就不再继续说明了。

确切地说，我们现在要进一步思考"客观可能性"的范畴，到现在为止，它在功能上还只是以极为一般的方式来标志"客观可能性"范畴的，而这里的特殊问题是考察"可能性判断"的"效力"形态（die Modalität der"Geltung"）。并非经常出现的异议是，把"可能性"引入"因果考察"，总的来说就意味着放弃因果认识，——尽管以上所说都谈到了可能性判断的种种"客观"基础，但是实际上，因为澄清"可能性"过程必定总是听凭于"想象力"，那么承认这个范畴的重要性，恰恰就等于承认"历史叙事"常常要为主观任意性大开方便之门，正因为如此，它就不再是"科学"了吗？事实上：如果设想某个作为共同条件的要素以某种方式发生了改变，那"可能"会发生什么——即使原始素材具有"理想的"完整性，往往也有非常大的概率可以肯定，按照一般的经验规则，这个问题完全**无法**回答[39]。况且，这也并非绝对必需。——考虑一个历史事实的因果重要性，首先就是这样开始提出问题：如果考虑从作为共同条件的综合因素中排除该事实，或者它在某种意义上发生了变动，那么按照一般的经验规则，该现象的过程是否**能够**走上某种是我们所关切的**决定性**节点但**无论如何**却是另外的发展方向。因为，就此而论，很可能我们关心的仅仅是，该现象中使我们感到关切的那些"方面"，是如何成为共同条件中的个别要素的。毫无疑问，如果**无法**就这个本质上是否定性的问题得出相应的"客观可能性判断"，如果——这里说的是同一件事——根据我们的认识，即使在排除或变动了那个事实，那些具有"历史重大意义"，亦即我们所关切的进程，仍可根据一般的经验规则**犹如**过去一样被"预期"，**那**

么，该事实在实际因果上也就无关紧要了，绝对不属于历史科学的因果回溯所希望和应该建立的链条。

按照爱德华·迈尔的观点，三月的夜晚打响在柏林的那两枪，差不多就属于这个范畴——但也完全可能不属于这个范畴，因为，即便按照他的看法，也可以想见，至少它们是同时决定了那个爆发的时间点，如果放在稍后的时间点，就可能意味着不同的进程。

但是，根据我们的经验认识，就具体的考察来说，如果假定某个在因果上具有重大意义的要素是个可观的节点，那么，客观可能性判断就可以说出，这种重大意义在什么程度上**确实**能有全局性作用。爱德华·迈尔有个见解，即俾斯麦的“决断”是在与那两枪**不同的**意义上“导致”了1866年战争的，这其中包含的看法是，如果排除这个决断，先前存在的决定因素就会迫使我们在“很大程度上”承认（就“基本”方面而言！）出现其他发展方向的客观可能性——例如：普鲁士—意大利条约期满，威尼斯和平投降，奥地利与法国结盟，或者至少当时那种使拿破仑实际上“主宰局势”的政治和军事形势有所变化。由此可见，从本质上说，客观“可能性”判断是容许有不同层级的，人们可以运用对“概率计算”进行逻辑分析的原则以建立这样的逻辑关系：把判断所涉及的“可能”结果作为因果成分，**与完全可以想象**和它们共同起作用的其余所有条件全部隔离开来进行对比，并且问道，所有这些被孤立设想并“适当”导致“可能”结果的条件，加在一起会有大范围，它们和那些即便加在一起“也许”**不会**导致这种结果的条件范围，彼此会处于什么情况。毫无疑问，凭借这种操作，在任何意义上都根本无法获得对这两种“可能性”之间关系进行的“量化”评估。这样，也就只有在“绝对偶然性”（逻辑意义上）的范围内才能得出结论，就是说，在某些情况下，比如投骰子游戏，就像从一个选号箱取出不同颜色的球签，但箱中的球签却始终保持恒定的混合——在数目极大的情况下，某些简单而明确的条件会保持绝对同一，但所有其余的条件却以一种与我们的知识**绝对**逆反的方式变化着，而那里产生的就是该结果的要害“方面”：投骰子时的点数，从选号箱里取球时的颜色——就它们的“可能性”而言，便受到了那些恒常和明确的**条件**（骰子状态、球的分布）限定：这使所有其他可以想象的情形，都绝对无法按照**普遍性经验定律**（Erfahrungssatz）带来那些“可能性”所提示的因果关系。我在投骰子之前把握和摇动骰子筒的方式，对于具体能得到的点数来说，是个不折不扣的决定因素——但是，尽管存在种种关于“骰子”的迷信，也仍然毫无可能仅仅设想凭一个经验公式就可以说明某种把握和摇动骰子筒的方式会“适于”帮助投出某个点数的。所以，这种因果性是绝对“偶然的”因果性，就是说，我们有理由认为，投骰子的物理方式“**一般**”**不会影响**某个点数：不会以**任何**方式影响我们所认为的“机会”，因为骰子六个可能的点都会朝上，其中的**任何一个**对于我们来说都是“同等的”。与此相反的是，也有一个普遍的经验定律可以证明，在骰子重心偏离的情况下，不管还有没有其他具体的决定性因素，这个“错误的”骰子仍会带来某个面朝上的“益处”，我们甚至可以通过足够频繁的反复投掷，以量化方式表明这种“益处”及其“客观可能性”的程度。尽管已有警告牌子在非常正确地警告说，不要把概率统计的原则挪用到其他领域，但现在仍然非常清楚，**最后**那种情况还是被类推到了**所有**具体因果关系、因而也包括历史因果关系的领域，只是在这些领域内，量化的可确定性完全缺失，而是首先假定了“绝对的偶然性”，其次是假定了某些可计算的“方面”或结果作为唯一的关切目标。然而，尽管存在着这种缺失，我们仍然能够非常出色地作出有效的一般性判断，认为某种局面会或多或少“有益于”面临这种局面的人在某些方面以某种相同特征的方式做出反应，不仅如此，如果我们表述这个定律，我们所处的地位也确实能让相当多的**可能**方式介入进来，而又不至于被那种一般的“益处”改变我们所声称的情况。而且，我们最终还可以评估某些“条件”对某些结果产生了多大程度的益处，尽管我们无法以毫不含糊的方式甚至完全以概率论的方式去评估——但是，我们很可以通过与被认为已经变化的其他条件“可能”会产生的“益处”进行**比较**的方式，来估计那种一般益处的相对“程度”，而且，如果我们凭借“想象力”通过足够多的、可以设想的格局变化完成这种比较时，那么，对于客观可能性“程度”的判断来说，一种程度相当高的确定性，至少在原则上就是极为可能的，而这就是我们首先需要思考的问题。不仅在日常生活中，而且恰恰也在历史科学中，我们都会不断对这种“益处”进行“程度”判断，是的，如果不是这样，区分“意义重大”和“无关紧要”的因果关系，就是完全不可能的，即使这里谈到的爱德华·迈尔那部著作，也毫不犹豫地运用了这类判断。如果上面多次提到的那两枪在因果上都是“次要的”（因为按照无法在这里实事求是地予以批判的爱德华·迈尔的观点，“**无论**何种偶然性”都会“**必定**导致冲突的爆发”），那就意味着，在既定的历史格局中，某些“条件”凭想象就是可以隔离出来的，正是它们导致了那个结果，因为它们作为可以想象的**可能**介入方式完全具有压倒性的优势，尽管周围还有其他可以想象的因果要素，而一旦它们介入，就会产生一种（在“决定性”方面！）我们可能认为的**其他**结果，那在我们看来，前者的范围相对而言就非常有限：我们不想接受爱德华·迈尔的观点，因为那完全就等于零，尽管他使用了“必定”这一说法以格外强调历史的无理性。

克里斯的研究（Kriessehen Arbeiten）为法学因果关系理论家们确定了一种语言惯用法，据此，我们希望满足上面最后提到的逻辑类型，把这样一种明确无误的关系，即历史科学的考察所概括的任何一个统一体，与孤立考察的、已经产生了某些“结果”的“条件”综合体之间的关系，叫作导致了“**适当**”因果关系的情况，是的，的确如此，我们会完全像爱德华·迈尔（他只是没有清晰建构这个概念）那样，也会谈论“**偶然的**”起因，凡是历史所注意到的结果，它们的构成成分就都是产生了作用的事实而导致了该结果，但恰恰是在借助想象把各种复杂条件概括为某种统一体这个意义上说，却**并不**“适当”。

因此，返回到先前的例子，按照爱德华·迈尔的观点，马拉松战役的“重要性”在逻辑上就要这样规定：古希腊文明，从而还有世界文明之所以出现了某种完全不同的发展，**并不是**波斯人的胜利**必定**会导致的结果——这种判断是根本不可想象的，而是说：那种不同的发展有“可能”是波斯人胜利这类事件的“适当”结果。另外，爱德华·迈尔关于统一德国的论述遭到了冯·贝洛的反驳，我们在逻辑上也会同样准确地表达说：按照一般的经验规则，可以把德国统一理解为某些先前事件的“适当”结果，而且按照一般的经验规则，柏林的三月革命也同样可以理解为某些普遍的社会和政治“状况”产生的“适当”结果。如果相反，比如能够使人相信，**没有**柏林皇宫前的那两枪，根据普遍的经验规则，“会”有相当大的概率避免革命，因为显而易见，按照普遍的经验规则，如果**没有**那两枪的介入，先前“各种条件”的组合就根本**不会**，或者不会有那么大的“益处”——就前面这个措辞的扩展意义而言——**这样**，我们谈到的就是“偶然”起因了，这无疑都是非常难以设想的情况，从因果关系上说，我们就必定会把三月革命“归因于”那两枪。就德国统一的事例来说，冯·贝洛假定，与“偶然”相对的是“必然”，不，按照前述冯·克里斯拓展的意义来说，而是“适当”[40]。必须严肃坚持的是，这种对比，与区分历史事件过程的“客观”因果性及其因果关系，两者毫不相干，我们这里要做的始终只是，把在事件“素材”中发现的部分“条件”抽象隔离出来，使之成为“可能性判断”的目标，以便根据经验规则去洞察事件个别构成成分的因果“重要性”。为了看清真实的因果关系，我们正在构建**并不真实的因果关系**。

如何进行抽象，这一事实尤其经常遭到误解，而且方式方法很特殊，确切地说，在持有约翰·穆勒（J. St. Mill）静态理论（ruhende Theorien）观点的个别法律因果关系理论家那里，就可以发现类似情况，前面引用的冯·克里斯的著作已受到令人信服的批判。[41] 按照穆勒的观点，他相信，数学上的概率商（der mathematische Wahrscheinlichkeitsquotient）就意味着，“导致”和“阻碍”了某个结果的**原因**，其间的关系在既定的时刻都已（“客观”）**存在**，宾丁（Binding）根据穆勒的观点也断言，在“追求一个结果”和“阻止”该结果的条件之间，（具体情况下）会存在一种可以量化的或者大致可以确定的关系，它们**客观上**始终处于一种“平衡状态”，因果关系的发生过程就是前者不断获得优势的过程。[42] 非常清楚，这里在**权衡**人的“行动”时，是把它看作由直接“体验”而出现的现象，于是“动机之争”就成了因果理论的基础。不过确凿无疑的是，无论想要赋予这种现象何种普遍的重要性，[43] 也没有任何严格的因果研究，包括历史因果研究在内，能够接受这种人格化。[44]两种起着“相反”作用的“力量”，是一种肉体—空间画面的表象，只有在这样——特别是以力学和物理学方式[45]——出现的事件上，才可以运用自如而又不至于自我欺骗，在这里，物理意义上的两种“相反”力量，一种会导致一个结果，一种则会导致另一个结果。尤其是，可以始终坚持认为，不能把一个具体的结果看作是一方面追求结果、另一方面又在抵消结果这两个原因之间斗争的产物，而应当看作是**所有**条件的总和，此时，由“结果”主导的原因回溯，就必定是这样而不是另外的“共同作用”，因而就可能产生这样而不是另外的具体结果，对于任何从事因果研究的经验科学来说，结果的出现不只是从某个时刻，而且是“从很久以来”就确定了。因此，如果谈论的是什么条件在“促进”和“妨碍”一个既定的结果，这并不因此就意味着，在具体情况下，某些条件会徒劳地试图阻碍最终仍然产生的结果，而其他条件会不顾阻碍最终**达到**这个结果，相反，它始终是无一例外地仅仅意味着：时间上先于这个结果的某些现实成分，**从思想上**隔离出来的话，按照**普遍的**经验规则，**一般来说**都会以相关方式“促进”某种结果。但是一如我们所知，这也就意味着：需要与其他条件进行可以想象的大量组合，才可能去**关照**这个结果的实现，而这些其他条件**一般来说**并不“促进”这个结果，它们在“促进”其他结果。例如，当我们听到爱德华·迈尔（在第27页）谈论“所有一切都在**涌向**某个确定的结果”时，这里涉及的就是加以隔离和概括的**抽象**，而不是再现事件的实际发生过程：如果进行逻辑上的正确论述，这就仅仅意味着，我们能够确定并从思想上隔离出来的那些因果“要素”，所产生的预期结果必须**被认为**与它们处于**适当的**关系之中，**可以想象**，由于这种孤立抽取出来的“要素”与其他因果“要素”的组合，相对来说比较少见，按照**普遍的经验规则**，我们却可以根据后者而“预期”某种其他结果。用爱德华·迈尔的措辞所描绘的那种情况，按照我们的“见解”，我们所关注的职责，是谈论存在着一种指向有关结果的“发展趋势”。[46]

像这样的画面，同样可以用于某种——例如“资本主义”的——发展状况，来谈论它的“驱动力”，或者相反，谈论它的“阻力”，但这并不会改变以下说法，即某一因果联系的“规则”在具体情况下会由于另一因果链条而“失效”，或者（更不精确地说）某个“规律”由于另一个“规律”而“失效”，——凡此种种，只要人们始终意识到它们的思想特点，也就是说，只要人们心里明白，它们都是基于对真实因果链条的某些构成成分进行的抽象，是基于客观可能性判断对其余构成成分进行的思想概括，是为了运用它们把已经发生的事件塑造成为具有明确结构的因果联系，就都是无可指摘的。[47] 然而，这种情况并不能使我们满足于让人们始终同意和意识到，我们的一切“认识”都关系到已被纳入范畴形式的现实，比如说，“因果性”就是“我们的”一个思想范畴。因为，在这方面，“适当”起因有其特殊的性质。[48] 本文无意详尽分析这个范畴，但的确需要做些必不可少的简单规定，以便立刻阐明，把“适当的”和“偶然的”起因的性质加以对比，会受到当时具体的认识目的制约，因而仅仅是相对的，并且进而使人理解，“可能性判断”中所包含的看法，与那些无论怎样都会存在的“效力”要求，在很多情况下都是极不确定的内容，尽管如此，仍然可以用它们来塑造历史的因果联系。[49]

注　释

1　因此，但愿以下有意针对迈尔那些说法的弱点进行的批判，不会被人们认为是要满足师心自用的需求。一个出类拔萃的作者所犯的错误，比学术上等闲之辈的正确性更有启发意义。这里的目的不在于对迈尔的成就进行正面的公正评价，恰恰相反，而是看看他在如何尝试处理某个重大的历史逻辑问题，从而通过了解他的缺陷取得一些截然不同的成果。

2　正如我们将要看到的那样，如果爱德华·迈尔过于刻板地对待他的字面表述，情况同样如此。

3　这种"偶然性"源于所谓的"随机性"，例如投骰子或者抽签之类的情况。就这个词的严格意义来说，指的是产生了具体结果的某些决定性条件与概率计算的可能结果之间相互关系的**绝对**不可知性。

4　即使相对悠久的学科（例如生物学）也不会淘汰**这些**"偶然性"概念。见 M. 哈特曼（CL. M. Hartmann），《历史的发展》（*Die geschichtliche Entwicklung*）第 15、25 页，显然是接着爱德华·迈尔之后，只谈到了这种偶然性概念和本文注释 6 所论及的"实用主义的""偶然性"概念，但无论如何，尽管他作了错误的表述，却并不像奥伊伦贝格（Eulenberg）在《德意志文学杂志》（*Deutsche Literaturzeitung*）1905 年第 24 期中认为的那样是"变无因为原因"（das Ursachlose zur Ursache）。

5　例见利普曼的《刑法导论》（*Einleitung in das Strafrecht*，1900）。

6　此外，这里也没有说清楚"动机考察"应当如何理解。不言而喻，至少，只有当具体"人物"作出的"决策"，在我们根据"实用"观点看来是偶然的，也就是既无法作出，也不值得作出有意义的解释，我们才承认它是绝对的"终极"事实：例如沙皇保罗那些突发奇想、杂乱无章的命令就是这样。但是，此外，历史科学最无可争议的任务之一，始终就在于根据历史上既定的行动"条件""目的"和"手段"去理解经验上既定的外在"行动"及其结果。爱德华·迈尔的做法也不例外。"动机考察"也就是分析真正"所欲"的是什么和产生了这种欲求的原因，一方面是防止这种分析变成非历史的实用手段，但另一方面也是"历史关切"的主要出发点之一：——除此之外，我们的**所欲**是希望看出：人之"所欲"的"重要性"是如何被历史的"命运"链条所改变的。

7　文德尔班在《论意志自由》（*Ueber Willensfreiheit*）最后一章中特意选择了这种表述方式，以便将"意志自由"问题排除在刑法学的讨论之外。但问题是，这能否让刑法学家们满意呢？因为，因果之间的内在联系方式问题，对于刑法规范的适用性来说并不是毫不相关的。

8　当然，这决不意味着，"心理"上有能力"理解"一个对象（例如一件艺术品）的价值重要性，不会实质性地有助于对它的产生进行因果考察。我们还会回到这个问题。

9　我的《罗舍尔与柯尼斯与历史学派国民经济学的逻辑问题》（*Roscher und Knies und die logischen Problem der historischen Nationalökonomie*，以下简称《罗舍尔与柯尼

斯》）一文已经对此作了详细批判。

10 在我们看来，俄国沙皇保罗最后统治时期的行动无法得到有意义的解释，因而是“难以捉摸”的，一如摧毁了西班牙无敌舰队的风暴，无论是哪种情况，我们都会放弃“动机考察”，显然，这不是因为我们在把这类事件解释为“自由的“，也不是仅仅因为它们的具体因果性必定总是对我们深藏不露——沙皇保罗的情况或许能给我们提供病理学的说明——而是因为它们无法使我们产生足够的历史关切。后面会进一步讨论这一点。

11 参见《罗舍尔与柯尼斯》对此的详细解释。严格的理性行动——我们不妨这样表达——就是直接和完全地“适应”既定的“情境”。例如，门格尔的理论模式就包含着对“市场情况 " 的严格理性的“适应”，并以“理想类型的”纯粹性来说明相应的结果。对此，L. M. 哈特曼希望改用这样的说法：仅限于分析个人“自由”——亦即每个个人在目的论意义上绝对理性的行动——的产生和交互作用。如果是这样，历史科学事实上不过就是一套实用性的“适应”法。假如像哈特曼这样从“适应”这个概念中排除目的论的理性意义，它对于历史科学来说就是一个绝对苍白的概念，后面我们还会不时谈到这一点。

12 就在这同一处，他不无道理地说，历史研究所从事的就是从果到因的推论。

13 见《历史杂志》（*Historische Zeitschrift*）第 81 期，1899 年，第 238 页。

14 请参见我在《罗舍尔与柯尼斯》中的说明。

15 无疑，这个表述能使我们想起俄国社会学派（米哈伊洛夫斯基［Michailowski］、卡杰耶夫［Karjejew］等人）当中普遍流行的思路，基斯提亚科夫斯基在他论述“俄国社会学派及社会科学课题中的可能性范畴”的论文（收入《唯心主义问题》［*Problem des Idealimus*］，诺夫哥罗德耶夫［Nowgorodzw］编，莫斯科，1902）中对此作了说明，我们下面还要提到。

16 《施莫勒年鉴》（*Schmollers Jahrbuch*，1904），第 483 页及以下。无疑，我不会以任何方式讨论这项研究的实用价值，确切地说，这里不过是举个例子，**假定**布雷西希的说法**都有正确性**。

17 这并不是说，那些具体的伦琴射线不能在物理学的历史中扮演“历史”事实的角色。除了别的事情之外，物理学至少还会对当时在伦琴实验中的“偶然”状况感兴趣，是它们促成了射线发光，一如我们这里想要承认的，从它们的因果关系上可以发现相关的“规律”。显然，这就完全改变了具体射线的逻辑地位。这是很可能的，因为这种改变是**价值观**在（“科学进步”）这种角色的相互关系中发挥了作用。我们也许可以假定，这种**逻辑**区别仅仅是直接越过“社会科学”这一**客观**领域的结果：具体射线在**宇宙**中的作用没有被考虑在内。单就那些“被评判”的具体对象来说，也就是对于那些射线的**因果**“重要性”来说，从它那一方面已经给了我们某种“意味”，亦即得到了“评判”，至于它是具有“物理的”还是“心理的”性质，则是无关紧要的。一旦我们假设这种定向认识具有实际上的**可能性**，这些具体射线在具体宇宙中的（物理学、化学等等）作用就可以（在理论上）成为“历史事件”：但这只能是因为，这个因果过程最终导致了某一具体的结果，即导致了某种“历史个别性”，就是说，它的**个别**结果被我们“评判”为具有**普遍**意义——这当然是非常难以构想的。仅仅因为显然没有任何方式可以进行**这种**构想，即使我们自身要贯彻它，这种尝试也将毫无意义。

18 这里作者在第一版页边写道：“突发想法！插入：一件事实被看作类别概念的样板时，它就是**认识**手段。但并不是每一种认识手段都是类别样板。”

19 但是，仅在这里叙述的这个意义上说，“现实科学”一说与历史科学的逻辑本质是完全相符的。至于按照流行的看法认为，这个意思就包括纯粹无条件的“描写”，对此，李凯尔特和齐美尔已经有力澄清了这种误解。

20 不言而喻，这并不能证明——也许是在于同一个科学看法中的——不同观察视角在逻辑上是错误的，这也是人们对李凯尔特提出了许多错误反驳的前提。

21 对这一特殊情况的讨论，我们将在后面的第二部分进行。因此，我们这里有意搁置不论它在多大程度上可以看作具有某种逻辑上的特殊性。这里只能以更大的把握来说，它当然没有干扰对“事实”的历史科学应用和法律命题的应用之间在逻辑上的对立。因为无论如何，具体的事实不是在这里所理解的意义上加以“历史”应用的，就是说，不是把它们作为任何具体因果系列的环节。

22 本质上说，这是为了把**这种**“解释”与**单纯的**语言解释区别开来。这种区别**实际**上不是有规则地发生的，但这一点并不妨碍逻辑上的区别。

23 即使是**福斯勒**（Vossler）分析拉·封丹（La Fontaine）的寓言时那本写得很精彩、同时又刻意片面化的著作《作为创造和发展的语言》（*Die Sprache als Schöpfung und Entwicklug*，海德堡，1905 年，第 84 页及其下页），也为这个说法作了证明，尽管这有悖于他的意愿。在他（与 B. 克罗齐 [Benedetto Croce] 一样，两人的观点相当接近）看来，美学“诠释”的唯一“正当”使命就是要证明文学“创作”是——以及在多大程度上是——恰当的“表现形式”。然而，他自己也不得不依赖拉·封丹相当具体的心理特质（第 93 页），此外还要从“环境”和“种族”（第 94 页）那里寻求庇护，而我们不清楚的是，这种因果归因，即这种对已经是既定的存在进行的一般化概念研究，（后面会讨论）为什么恰恰在这个极为有趣也富有教益的地方中断了，以致“解释”变得“毫无价值”。如果福斯勒的意思是，他只承认“素材”受到了“时间”和“空间”的限制，但又说美学的唯一本质“形式”是“精神的自由创造"，从而再次消除了前面那个让步，我们就必须记住，他在这里是遵从了与克罗齐类似的术语：“自由”在这里等同于“遵从规范”，而“形式”则是克罗齐意义上的**正确**表述，这样也就与美学**价值**相一致了。但是，这种术语的可疑之处在于，它会在这里导致“存在”与“规范”的相互混淆。——福斯勒杰出大作的不同凡响之处在于，针对纯粹的发音逻辑论者和语言实证论者，他一再突出强调了：（1）除了语言生理学和心理学之外，也除了“历史的”和“语音变化规律的”研究之外，还存在着一项完全自主的科学任务，即对于文学创作的“**价值**”和“规范”进行解释；（2）此外，对这些“价值”和规范的个人**理解**与“体验”，则是从**因果上**诠释精神创造的过程和条件时必不可少的前提，因为这都是文学作品创作者或语言表达者的亲身“体验”。不过要注意：在后一**种情况**下，它们是**因果**认识的手段，而不是价值**标准**，从逻辑上看，它们不是规范，毋宁说，就纯粹的事实而言，可以看作“心理”现象上“可能的”经验内容，因而，“原则上”与瘫痪病人的妄想狂并无二致。我相信，他与克罗齐的术语始终会一再导致“评价”和“说明”在逻辑上的混淆，并容易导致否定后者的自主性，从而削弱论证的说服力。**除了**福斯勒称之为“美学”的任务以外，同时存在的，并且事实上和逻辑上完全自主的任务，始终还包括那些纯粹经验研究的任务：至于今天的人们把这种因果分析叫作“大众心理学”或一般地称为“心理学”，不过是崇尚时髦术语的结果，但丝毫也不会改变这种讨论方式在事实上的合理性。

24 B. **施迈德勒**（B. Schmeidler）在奥斯特瓦尔德《自然哲学史》（*Annalen der Naturphilosophie*）第 3 卷第 24 页及以下的观点。

25 令我吃惊的是，这竟然是**弗兰茨·奥伊伦贝格**（Franz Eulenberg）在《社会科学文献》中的观点。他与李凯尔特“及其同仁”的辩论在我看来之所以可能，只是因为现在他恰恰把对逻辑分析对象——“历史”——的考虑**排除在外**了。

26 如果我去研究“基督教信仰”，或者诸如普罗旺斯骑士诗歌的具体“形成”中所出现的社会与经济决定因素，那么我并不想因此就使后者由于它们的经济重要性而成为“被评价”的现象。出于分工的技术考虑而为个别研究者或个别传统上独特的“学科”划分自身的“领域”，这在逻辑上当然也无关紧要。

27 由此我们还会讨论各种可能的原则以对“科学”进行“分类”。

28 这也许是指维拉莫维奇（U. v. Wilamowitz）的“秘传”学说，的确，爱德华·迈尔的抨击首先就是针对他的。（译者按：德文原文为 U. v. Wilomawitz，疑为误排。）

29 上述讨论的绝大部分内容，与从中能够“产生”什么直接的实用性“方法论”结果，显然完全没有关系。因此，对于那些根据这种理由认为讨论是多余的人，我们只能劝告如下，即请他们把有关认识的“意义”问题干脆搁到一旁，去满足于通过实用性研究获得“有价值的”认识。对这些问题展开讨论的并不是史学家，而是设置了相反主张并且至今仍在“科学认识”是否与“发现规律”是同一个问题上举棋不定的人。这正是认识的“意义”问题所在。

30 与基斯蒂亚科夫斯基（Kistiakowskis）同上书第 393 页的批评相反，这个说法是正确的，基斯蒂亚科夫斯基完全不该使用“可能性”**这个**概念。

31 从后面的讨论范畴可以看到，这不仅应用在通常所说的“历史科学”专业学科领域，而且还在“历史”归因中应用于每个个别性事件，甚至是“无生命的自然”事件。这里说的“历史”范畴是个逻辑概念，而非专业技术概念。

32 《论客观可能性概念及其应用》（*Ueber den Begriff der objektiven Möglichkeit und einige Anwendungen desselben*，莱比锡，1888 年）。这个讨论的重要端倪是冯·克里斯在他的《概率论原理》（*Prinzipien der Wahrscheinlichkeitsrechnung*）中首先开启的。这里应当立即注意到，按照历史“对象”的性质，唯有冯·克里斯理论中最为基本的构成成分，才对历史科学方法论具有重要性。不言而喻，接受严格意义上的所谓“概率论”原理，历史科学的因果研究不仅不予考虑，即使尝试应用与它类似的方法也需要非常谨慎。

33 迄今为止，对于把冯·克里斯的理论应用于法学难题，最深刻的批判来自拉德布鲁赫（Radbruch）（见其《恰当起因理论》[*Die leher von der adäquaten Verursachung*]，而《冯·李斯特讲座论文集》[*Die Abhandlungen des v.Listschen Seminars*]第一卷，续集，

第三分册，1902年，则是有关这个讲座的最重要文献），只是在以尽可能简单的（因而如我们所见只是预备性而非确定的）形式表述了这个理论之后，他对"恰当起因"概念的原则性剖析才受到注意。

34 在统计学理论家中，深受冯·克里斯概率理论触动的是L.冯·博尔特基维彻（L. v. Bortkierwitsch），他的著作有《概率论的认识论基础》（*Die erkenntnistheoretischen Grundlagen der Wahrscheinlichkeitsrechnung*），见《康拉德年鉴》（*Conrads Jahrbücher*）第三辑，17卷（也可参见18卷），以及《莱基斯的人口—道德统计学理论》（*Die Theorie der Bevölkerungs-und Moralstatistik nach Lexis*），出处同上，27卷。A.楚普罗夫（A. Tsehuprow）也是以冯·克里斯的理论为基础的，但很遗憾，他在《百科词典》（*das Brockhaus Ephronschen Enzyklopadischen Wortbuch*）中的道德统计学文章我无法接受。参见他在《施莫勒年鉴》，1905年，第421页及以下关于统计学理论的任务的文章。我不同意基斯蒂亚科夫斯基的批评（前引《唯心主义问题》第378页及以下诸页的文章），当然，目前还只是保留一个梗概性质的阐述，暂时不会介入。他首先（在第379页）指责这个理论运用了以穆勒逻辑为基础的错误的原因概念，尤其是运用了"复合原因"和"部分原因"的范畴，而这种用法本身又依赖于对因果性（在"效力"意义上）的拟人化诠释（甚至拉德布鲁赫也表示过后一种观点，出处同上，第22页）。"效力"观念，或如人们所说，透明但意义完全相同的"因果纽带"观念，与任何因果研究都是完全不可分割的，前者反思的就是个别性的质的变化系列。由此我们将在后面谈到，它不可以（而且没必要）承载多余的形而上学前提条件。（见楚普罗夫的关于原因的多元化和基本原因的阐释，出处同上，第436页。）这里唯须注意的是："可能性"是个形式"范畴"，就是说，它发挥功能的方式是要在历史叙事中选择表现某种因果环节。与此相反，至少从理想上说，历史上形成的素材并不包含任何"可能性"：历史叙事虽然主观上很少表达必然性判断，但客观上却无疑始终会有以下前提条件：凡是结果，都要归纳出"原因"，——应当注意：这是与无限的"条件"联接在一起的，而科学对后者是不抱关切的，只是在历史叙事中会概要提到，把它们看作完全"充分"而不得不出场的理由。因此，在应用这个范畴时，根本就不涉及因果理论早已放弃的一个想象：仿佛真实的因果联系中的任一环节在进入因果链条之前几乎都是"悬而未决"的。我认为，冯·克里斯（出处同上，第107页）以完全令人信服的方式表明了他自己的理论与J. S.穆勒理论的不同。有关这个问题的讨论见下文。唯一正确的是：穆勒还讨论了客观可能性的范畴，并由此也就偶尔（参见其德文版著作，T.戈科默珀尔茨[T. Gomperz]编，第三卷，第262页）形成了"适当起因"的概念。

35 现代法律所针对的是案犯，而不是案情（参加拉德布鲁赫，出处同上，第62页），它追问的是主观"**责任**"，但历史科学不同，只要它还想坚持成为经验科学，它就要追问具体事件的"客观"**理由**和具体"行动"的后果，但却不想成为"行为者"的法庭。拉德布鲁赫对冯·克里斯的批评，就是完全正确地基于现代——但不是任何——法律的这个基本原则。因此，他自己也承认（第65页），所谓的成功犯罪那种情况，需要承担"抽象影响的可能性"责任（第71页），承担利益受损的责任，要有"责任能力"，就是说，无论何时何地，这可能不过是些"客观的"因果关系（第80页），此即克里斯理论的效力。但在历史科学中，我们恰好也能看到与此相同的**逻辑**状况。

36 不言而喻，这个判断并不针对该著作中的个别文章，其中有一些很出色，尽管可以看出它们的“方法”已经完全“过时”。但是，按照那种“社会政策”的正义观，它在历史科学中通常——最终、最终！——都会至少与重视雅典人一样愿意认真对待被如此卑劣地忽视了的印第安部落和卡菲尔部落，为了明确标榜这种正义性，它还会求助于地理资料的整理，这的确很天真。

37 详见我的《罗舍尔与柯尼斯》一书的论述。

38 现在不妨再拿出一个例子，出处同上，第 101 页及以下，那是福斯勒为了说明“规律”建构的软弱无能而做的分析。他提到了某些语言的特异性，那是在他的家里，在“德语海洋中的一个意大利语孤岛”内，由他的孩子们发展起来并由父母在与孩子的谈话中所模仿，它们的出现可追溯到一些仍然十分清晰地保存在他记忆中的具体诱因，然后他问道：“大众心理学（而且我们可以照他的意思加上，‘任何规律科学’）对这种语言发展的事例还想说明什么呢？”——如果单独考虑这个过程，从表面来看确实可以得到完全充分的说明，但这并不意味着它再也不能成为进一步处理和运用的对象。首先可以指出的情况是，这其中某种确定的因果关系（它是可以**想象**的，因为这里能得到的仅仅是它）可以作为启发性手段加以利用，以便检验语言发展的**其他**过程，看看类似的因果关系在它们那里是否能够成立：但是，这需要从逻辑上考虑把具体情况纳入普遍**规则**。福斯勒本人（在第 102 页）也就此表述了这样的规则：“常见的形式会吸引少见的形式。”但这还不够。我们说过，对这一事例的因果解释“从表面来看”是足够了。但是，不可忘记，任何表面上的**个别性**因果联系，都能够被无限解剖和分析，问题仅仅在于我们当时因果关切的界限会停留在什么地方。前面谈及的情况，决不是说我们的因果要求必须满足于已经给定的“实际”过程。例如，精确的观察可能会告诉我们，“吸引”孩子进行语言创新的，以及父母对孩子这种语言创新的模仿，都在不同程度上存在于不同的词汇形式中，而这就可能会提出一个问题：是否由此就能说明，为什么一种形式很常见而另一种形式很少见甚至根本见不到？我们的因果要求如果想得到满足，条件就是要以规则的形式表述它们的发生，并“说明”具体事例是在“具体条件”下那些规则的“共同作用”所产生的特殊格局。就此而论，福斯勒本该呆在舒适的家里从事这可恶的规律猎求、隔离和概括。相反，他却给自己欠下了一笔债务。因为，他提出了一个普遍性问题：“类推是个心理力量的问题”。这就会迫使人们完全无条件地提出下面的问题：对于这种“心理力量的关系”，是否根本无法一般性地确定和陈述它的“心理”条件？而且一目了然的是，这种表述似乎恰恰是在直接使用暴力把福斯勒的主要敌人——**“心理学”**——卷入了这一问题。如果我们在具体情况下满足于对具体过程的简单描述，那就是出于双重原因：要么，虽然通过进一步分析发现了“规则”，但在具体事件中也许它无法为科学提供任何新的洞见，因此，这个具体事件作为“认识手段”并没有什么实际重要性；要么，它作为一个具体事件，其本身只在很狭小的范围内起作用，所以对语言发展并没有普遍意义，作为历史的“实际原因”也无足轻重。由此可见，导致福斯勒家中那个过程有可能受到“概念建构”之害的，只是我们的关切局限性，而不是逻辑上的荒谬。

39 如果真的试图对“可能”发生的事情进行肯定性构想，恐怕就会导致怪异的结果。

40 我们是否拥有以及拥有哪些手段以确保这种适当所达到的“程度”，以及所谓的“类比”，特别在把“全部原因”的复合体分解为构成成分时，它们是否发挥以及发挥什么作用，客观地说，我们完全没有既定的结论，这里的表述只能是权宜之计。

41 像在前面的许多论述中一样，我已经多次几乎可以说是“剽窃”了冯·克里斯的观点，何况有关的表述在精确程度上常常不得不落后于冯·克里斯。可是，对于研究的目的来说，两者都是不可避免的。

42 宾丁，《规范与违背规范》(*Die Normen und ihre Uebertretung*) 第 1 卷，第 41 页及以下；参见冯·克里斯前引书，第 107 页。

43 H. 贡佩尔茨（H. Gomperz）的《论意志决定的概率》(*Ueber Wahrscheinlichkeit der Willensentscheidungen*，维也纳，1904 年，《维也纳科学院会议报告，哲学—历史类》[*Separatabdruck aus den Sitzungsberichten der Wiener Akademie*，*Phil.-hist*]单行本，第 149 卷）使上述现象成了“决定”现象学理论的基础。关于这个过程的价值，我不想作出任何判断。不过，至少在我看来，文德尔班为了他的目的而有意使用纯粹的概念分析方法，认为“较强烈的”动机就等同于那种最终做出“决断”的动机（《论意志自由》，第 36 页及以后诸页），这并不是处理这类问题唯一可能的方法。

44 就此而论，前引基斯提亚科夫斯基的著作是完全正确的。

45 参见冯·克里斯前引书，第 108 页。

46 虽然这里的措辞不雅，但无碍于逻辑真相的存在。

47 只有在把这一点置之脑后——这无疑经常发生——的情况下，基斯提亚科夫斯基对这种因果研究的“形而上学”性质发出的疑问才是合理的。

48 对此，不仅冯·克里斯的前引书，而且拉德布鲁赫的前引书，都已在一定程度上明确阐述或者触及了这个决定性的观察视角。

49 对此应另外撰文。

边际效用理论与“心理物理学基本定律”

（1908）

卢约·布伦塔诺*：《价值学说的发展》，《巴伐利亚皇家科学院会议报告（哲学—语文与历史卷）》，1908年，第3篇，1908年2月15日，慕尼黑，巴伐利亚王家科学院出版社。(Lujo Brentano, “Die Entwicklung der Wertlehre,” *Sitzungsberichte der Kgl. bayr. Akad. der Wissensch. Philos.-philol. und histor. Klasse.* Jahrgang 1908, 3. Abh. 15. 2. 1908, München, Verlag der Akademie.）**

布伦塔诺的论文阐明了对亚里士多德以来价值学说的发展所做多项研究的结论，部分是总结性的，部分则是批判性的。布伦塔诺本人曾激发了这些研究，开启该研究工作的是路德维希·费克（Ludwig

* 卢约·布伦塔诺（Lujo Brentano，1844—1931），慕尼黑大学教授，经济学家和社会学家。德国的资产阶级改良主义学说布伦塔诺主义代表人物。

** 本章内容由布伦塔诺的这篇文章展开讨论。本章出现的页码均指这篇文章原文页码。——中文编者注

Fick），可惜他英年早逝。之后，布伦塔诺的另一位学生考拉博士[1]最终完成了研究。同布伦塔诺的其他论文一样，此篇论文依然极富启迪作用，这里谈到的只是他对“可用性”（Brauchbarkeit）和“使用价值”（Gebrauchswert，42页及以下）概念之间关系的讨论，它们大约是在有限篇幅中对使用价值解释得最为清晰的内容。

本文关系到布伦塔诺论文中招致**异议**的唯一要点。它涉及“边际效用理论”与实验心理学某些普遍定理之间的所谓关系，即涉及“主观”价值理论与实验心理学某些普遍定理之间的关系，特别是与韦伯－费希纳定律（Weber-Fechnersches Gesetz）之间的关系。一如布伦塔诺本人所强调的，将经济学的价值理论理解为韦伯－费希纳定律的实际应用情况，这种尝试绝非首次。此类尝试肯定已经出现在F. A.朗格*的《工人问题》（*Arbeiterfrage*）一书第2版中，费希纳的《心理物理学》（*Psychophysik*，1860）第1版甚至进行了建构理论的最初尝试，之后，这类尝试此起彼伏。连朗格本人都认为，著名的韦伯－费希纳定律证实了伯努利**提出的一些定理，并且将这些定理普遍化，伯努利提出的这些定理，旨在阐释一定数量金钱的拥有者、接受者或消费者（个人）对该数额金钱的相对性价值判断与其所占有财富的绝对金额之间的关系，在伯努利生活的时代，他便已经尝试从政治生活（对政治压力等的感觉）中寻找实例，将上述这类关系普遍化。不断有观点声称，所谓“奥地利学派”的价值理论根植于“心理学”，而另一方面，“历史

---

* F. A.朗格（Friedrich Albert Lange, 1828—1875），德国哲学家、教育家、政治活动家，早期新康德主义的主要代表。

** 丹尼尔·伯努利（Daniel Bernoulli，1700—1782），瑞士数学家、物理学家。

学派”的杰出代表人物也声称，已让该理论中“自然法”性质的抽象部分获得了与“心理学”同等的地位。“心理学的”一词语义丰富，因此，纠缠于两个学派中究竟哪个学派的声称更权威这一问题并无意义——根据不同情况，答案可能是：两个学派都权威，亦或：没有一个学派可做如此声称。此处的关键问题更多涉及布伦塔诺的表述，即“**心理物理学基本定律**”是“边际效用理论”的基础，而后者则是“**心理物理学基本定律**”的应用，布伦塔诺的这一表述较上述两个学派的声称精确得多。只是，**他的**表述是错误的，本文将对此予以详细阐释。

布伦塔诺本人也曾提到，就所谓心理物理学基本定律的表述、作用范围和得到的阐释等方面而言，心理物理学已几经变化。他首先（66页）对该定律的内容进行了一般性总括，认为：费希纳表明，“在感觉所涉及的所有领域中都显示出感觉依赖于刺激的规律，这一定律与伯努利提出的规律是相同的，后者的内容是，金钱数量增加所带来的幸福感，有赖于感觉主体所拥有的财富数量”。尽管此处用完全相同的方式援引了伯努利与费希纳，也仍然会令人误解。诚然，费希纳也受到伯努利等人的方法启发，但是，除此联系之外，两门学科完全是异质的，就两者各自领域中某些概念形成方法所要达成的目的而言，这些概念形成的过程有着亲缘关系，在具体概念形成的过程中，如此异质的两门科学在多大程度上相辅相成，相得益彰，是一个纯属文献史的问题，与我们这里要讨论的韦伯－费希纳定律是否为边际效用理论的**理论**基础这一问题毫无关系。比如达尔文，他曾受到马尔萨斯（Malthus）的启发，但是马尔萨斯的理论既不等同于达尔文的理论，其中的一部分也不是达尔文理论的特殊情况，两者的理论亦非某个更具普遍性的定理的两种特殊情况。我们要讨论的问题也是如此。

“幸福”不是一个可以从心理学角度理解的概念，完全不是一个——功利主义伦理学时代可能认为的——在质上可以统一的概念。心理学家大概会强烈反对将“幸福”概念等同于“欲望”（Lust）概念的观点——关于“欲望”概念的涵盖范围，心理学家中间也多有争议。但他们没有考虑到：当人们认为类似的事物有模糊类比性，是单纯的图像或比较，那么这些类似的事物恐怕已经互不相符，不可比较了。因为，即便考虑到这一层，这些类似的事物也不过是外在相似而已，只能解决部分问题。费希纳的“刺激”概念一直是指“外部的”刺激，即“身体的”[2]刺激，这意味着，如果不考虑可能发生的事实，至少按照原理来看，这个刺激都是一个可以直接通过量化方式测量的过程，一些特定的、有意识的“感觉”作为“效果”或者作为“平行过程”，都与此过程相对，如此而言，伯努利所说的“金钱数额”增加同样是一个“外在的”过程，因此就应该与费希纳的“刺激”概念相符合，而且，就是从外部来看，两者也可以相符合。那么，在心理物理学基本定律中，什么又与“财富”相符呢？这里说的财富是伯努利所说的财富主人在金钱增加之前已经拥有的财富。此问题似乎也容易回答，至少表面看来就是如此。韦伯所作曾做过著名的实验，研究个体对**增加的**重量的感觉差，这些试验可能会让人将基础重量联想为一些相当于既有金钱财富的东西。我们权且接受这样的联想。韦伯的诸多考察为心理物理学基本定律奠定了基础，这些考察表明，他的简单定理说明了以下情况：如果一个人在有 6 罗特基础重量（如他的手心）时，如果感觉到增加 1/30 的重量，即感觉到增加 1/5 罗特的重量，那么在有 12 罗特基础重量的情况下，当他感觉到增加了 1/30 的重量，即增加 2/5 罗特重量时，还会感到两种情况的差异。在其他“感觉刺激”的情况下，也会出现与此"触觉"相应的情况。当两对刺激中加强刺激与基本刺激之间的比例关系在客观上相同时，人的意识对两对刺激的感觉程度是相同的。换句话说：如果感觉到的刺激强度以算数级数的比例关系增长的话，那么刺激强度必须以几何级数的比例关系增长。我们这里且不讨论如此表述的"定律"在多大程度上得到了经验性证明。已经有人为此定理补充了"刺激阈"（Reizschwelle）、"刺激水平"（Reizhöhe）、不可觉刺激（untermerkliche Reize）、超可觉刺激（übermerkliche Reize）等概念，围绕着该定律，已形成了大量盘根错节的专门定律（如梅克尔定律，das Merkelsche Gesetz）。如果将韦伯最初的简单公式移用到经济的各个过程，并——大胆——用布伦塔诺的理论进行设定：财富的增加 ="**刺激**"的增加，就会得到一个（伯努利也曾得到的）结论：如果一个拥有1000 马克的人又多拥有了 100 马克的财产，其幸福感增加了一定的强度，那么，这里要强调一下——如果**同一个人**拥有 100 万财产，则他的财富在增加 10 万马克时才会拥有相同程度的幸福感。这里且假设，他获得了幸福感，而且"刺激阈"和"刺激水平"的概念可以通过某种类比方式延用到获得金钱时拥有"幸福感"的情况中，即韦伯定律的曲线可以通过某种类比方式延用到获得金钱时的"幸福感"情况中，——这里是否涉及经济学理论尝试回答的问题呢？心理物理学家提出的对数曲线是否构成经济理论中的定理的基础，如果没有这些曲线，经济理论中的定理是否就无法令人理解呢？毫无疑问，这里值得花些力气去研究一个个拥有"不同需要"的大群体所采取的不同程度的行为方式，这些需要对于经济学考察非常重要，此外，尤其要研究心理物理学基本定律不再触及的问题："充分满足"（Sättigung）这些需要的方式。不少具体阐述都属于这些研究领域，如：货币经济对于需要的质性扩张有何意义，或者经济形态改变等压力下的饮食变化研究，等等。但是，所有这些考察似乎显然都不以所谓基本的韦伯－费希纳理论为导向。如果按照具有不同需要的各群体对于“充分满足需要的工具”的不同接受程度来分析这些需要膨胀和萎缩的情况，比如分析饮食需要、居住需要、性的需要、饮酒需要、“精神”需要、美的需要等，就会发现，虽然有时或多或少会有曲线与韦伯—费希纳规律的对数曲线类似，有时却只有极少的情况与之类似，甚至没有情况可与之比较，与该规律的对数曲线似乎大相径庭的情况亦不鲜见（见下文）。这些曲线可能一会突然中断，一会呈现为逆向，可能不延伸，又可能按照“充分满足”的百分比延伸，也可能渐近于零点——“需要的方式”各不相同。——但不论如何，这里至少偶尔可以找到类比的情况。我们且不做研究，而是先做假设，这些——仍然相当模糊且偶然的——类比还可以用于这样一种可能且重要的情况，即变换“满足”需要所用的**方式**，也就是变换“满足”需要所用的手段。而且我们还要看到：如果考虑到个体的各种“思想”状况，那么国民经济的边际效用理论和所有“主观”价值理论与心理物理学的基本定律便完全不同，两者的基础**不是**外部“刺激”，而是“需要”——用“心理学”的话来讲：这是由“感觉”“情感状态”（Gefühlslage）、“紧张状态”（Spannungs-Zustand）、“无欲状态”（Unlust-Zustand）和“期望状态”（Erwartungs-Zustand）构成的综合体，也是由上述各种状态在某些情况下具有的极其复杂特性所构成的综合体，其中还结合了“记忆印像”（Erinnerungsbild）、“目的设想”（Zweckvorstellung），在某些情况下，可能还掺杂着各种各样彼此矛盾的“动机”。韦伯－费希纳定律告诉我们，一个外部的刺激怎样引发各种心理状态，即如何引起各种“感觉”，而国民经济学是更多研究一个事实，即这些“心理”状态引发具有某种倾向的**外部**自身行为（行动）。这一外部行为本身又会影响引发了该行为的“需要”，其途径是，该行为通过“充分满足”需要来消除或努力去消除“需要”——从心理学角度来看，这是一个综合的甚至不明朗的过程，至少，它只有在例外情况下才可与心理学意义的简单“感觉”相提并论。心理学所说的——“**反应活动**”的方式，而非“感觉活动”的方式恐怕才是问题所在。这意味着，我们从这些（此处有意粗浅勾勒出的）“行动”的各个基本发展过程看到一些发生事件构成的整体过程，这些事件至多只有小部分过程——而且是最终的部分——可能与韦伯用以进行重量实验的对象和其他所有类似的对象具有“类似的”结构，但就这些事件的整体而言，其结构显然迥异于韦伯的重量实验对象和其他所有类似的对象。而且，正如前文描述此基本发展过程时所展示的，就此基本发展过程的形式而言，该过程恐怕从来不能成为作为一门科学的国民经济学产生的条件，从来不可能让国民经济学产生。它最多是我们讨论的国民经济学所涉关的那些发生事件的组分之一。因为，国民经济学要研究：（1）在**各种各样**需要争相要求得到“满足”的情况下；（2）不仅在“需要容量”（Bedürfniskapazität）有限的情况下，而且尤其是“满足”这些需要而应有的实物性“货物”和“劳动力”有限情况下；以及最终（3）在**形形色色**有着相同或相近需要，却拥有用于充分满足需要的不同货物存量的**人**以某种方式共存的情况下，在他们通过彼此竞争来获取用于充分满足需要的工具情况下，这些人如何行动。布伦塔诺在继续论述自己的观点时也将此点作为前提条件。这里出现的**问题**不仅**不**应被视为上述“心理物理学基本定律”的特殊情况或复杂情况，应对这些特殊情况和复杂情况的**办法**不仅**不是**应用心理物理学或应用心理学，而且此两门学科都与上述问题和办法无关。人们稍作思考便可知，边际效用理论的定理不仅根本不取决于韦伯定律在多大范围内适用，或者韦伯定律到底是否适用于某个范围，而且也绝对不取决于是否有一**条**关于“刺激”与“感觉”之间比例关系的普适定理一定能够提出。对于边际效用理论应用的可能性来说，有以下条件便足矣：（1）以下日常生活的经验是正确的：人采取行动时**也**受到这样一些“需要”驱使，这些需要只有通过消费各种存量有限的实物或劳动功效或劳动产品，才能得以满足；并且，（2）以下日常生活的经验是正确的：随着对货物和劳动功效消费程度提高，那些主观感觉到的最为强烈的大部分需要，而且恰恰是这些需要便越接近“充分得到满足”的程度，表现为，**其他**需要“未得到充分满足的”感觉更加强烈；最后，（3）人拥有——不同程度的——能力，“合目的地”采取行动，即在运用“经验”并“进行预测”后采取行动，其具体方式是，根据“需要”的**重要性**，将可供自己使用的或者通过努力可获得且数量有限的货物及劳动力分配到当前或可预见的未来使用，以满足各时之需。“重要性”在这里显然并不等同于物理“刺激”引发的“感觉”。“各种需要”是否在**某种**意义上类似于韦伯－费希纳定律所表述的“刺激”引发递进强度的“感觉”之意，也得到递进强度的“充分满足”，这个问题一直悬而未决：**如果**仔细考察蒂芙尼式花瓶（Tiffany-Vasen）、卫生纸、干腊肠、经典版本图书、妓女、医生或神职人员的安慰话语等“充分满足”需要的过程，那么将“心理物理学基本定律”的对数曲线用于类比的做法便显得问题重重了。如果有人在没有解决饥饿问题时大量购书，付钱去听讲座，以此来解决自己的“需要”，比如他甚至以减少饮食为代价来满足“精神需要”，——那么，这种情况经过心理物理学的“类比”后，无论如何都并不比未经“类比”时更“易于理解”。我们在上文中列出了大多数人那些平淡无奇却毋庸置疑的日常经验，这些人都严格“按照理性”去支配那些事实上可供他们支配或在保护“法律秩序”的前提下可供支配的“存量货物”及“劳动力”，其目的只有一个，即通过平和的途径让**各种**相互竞争的需要得到“最大程度”的满足。对于经济学理论而言，能够以上述这些大多数人平淡无奇却毋庸置疑的日常经验为基础，**从理论角度进行设想**，便足矣。当然，将这般“日常生活经验”当作一个科学理论的基础，每个“心理学家”肯定会对此嗤之以鼻：“需要”的概念——就已是多么粗陋的“庸俗心理学”范畴！如同生理学和心理学中不可胜数的诸多因果链条一样，我们所说的“需要”可能延展出一系列链条：即使是吃这个“需要”，（1）可能基于意识中感觉到的、相当复杂的心理物理境况（饥饿），这种境况本身可能在很大程度上受制于起到“刺激”作用的各种性质的情况，比如，后者可能是生理上已经没有食物的胃，或者可能是在一天当中某个时段进食的习惯；（2）但是，意识中的主观态度也可能缺失，吃的“需要”受到想法（ideogen）的左右，例如听从医嘱；“喝酒需要”可能基于对“外部”刺激的“习惯”，而外部刺激本身创造出“内部的”“刺激”状态，“喝酒需要”通过酒的输入得到**加强**，这与韦伯的对数曲线正相反；对某种“读物”的“需要”最终由这样一些发展过程规定，这些发展过程——可能被心理物理学家重新解释为脑中发生的某些过程出现功能性改变——无论如何都难以简单地借助韦伯-费希纳定律得到解释。“心理学家”在这里面临一系列最难拆解的谜团，难以回答**自己的**设问——而国民经济“理论”对此并不设问，在此问题上仍然怀有最可称道的科学良知！还有最后一点：“有目的的行动”“经历”“预先估计”——

对心理学考察而言，这是一些在所有可能出现的东西中最为复杂的东西，其中一部分东西也许还令人费解，无论如何都属于最难分析的事物：上述那些概念和其他类似概念就这样——不经过心理学家利用转鼓或其他器材经常进行的各种实验并在实验后提炼数据——成为一门学科的“基础”！然而，在心理学家眼中，国民经济学这门学科就是这般模样，它甚至提出要求，同时丝毫不关心，唯物主义、活力论、心理学的平行论（Parallelismus）、某个相互影响理论或者立普斯*的思想、弗洛伊德的思想亦或其他某种“下意识的东西”等是否构成本属**心理学性质**的诸多学科的恰当基础，国民经济学还明确无疑地表示：对于它自己的各种目的而言，以上这些东西**都无足重轻**——笔者可以说，它甚至在任何情况下都要求：形成**数学**公式，用于描述它从理论上所理解的、于经济而言十分重要的行动过程。更重要的是：它在事实上也做到了。尽管它**自身**的应用方法领域中有诸多原因使得有关其结论的应用范围问题仍引起争议——但其结论的“正确性”无论如何都绝对不取决于生物学和心理学的基本假设是否发生了颠覆性巨变，比如，哥白尼或托勒密的理论是否有道理，或者神学的假设或是热力学第二定律的那些令人“疑虑”的视角可能会怎样变化，这些问题对它而言都无关紧要。自然科学的各种基本理论无论产生怎样影响深远的变革，都不足以动摇国民经济学的价格理论或租金理论中经过“**正确**”构建的**定理**，一个都无法动摇。

当然，这（1）决不意味着，在对经济生活进行**经验性**分析的领

---

* 立普斯（Theodor Lipps，1851—1914），德国心理学家、美学家，德国“移情派”美学主要代表。

域中，不会有任何一处不突显上述各门自然科学（和其他自然科学）所确定**事实**的重要性。（2）也决不意味着，上述学科所使用的**概念**形成方式不会偶尔也成为经济学考察某些问题时学习的典范。在第一种情况中，笔者希望首先有机会研究，某些实验心理学的研究可能有哪些应用，比如在研究工厂劳动条件的领域中，它们可如何应用。在第二种情况中，就如早有的定论所言，我们不仅应该运用数学的思维形式，而且要应用某些生物学的思维形式。每位国民经济学家都分享着平淡无奇的财富，那就是，在我们讨论国民经济学这门学科的无数细节之处，随时都在与其他领域的研究进行着卓有成效的交流，交流结论和观点，也必须进行这样的交流。但是：这又取决于**我们的**设问，即这种交流如何在**我们的**学科研究领域中进行，在何种意义上进行。有人尝试着通过演绎方式来决定，其他学科中有**哪些**理论必须作为国民经济学的"基础"，每个这样的尝试同其他所有按照孔德模式为各门科学划分"等级"的尝试一样，都是无功之举。至少一般而言，恰恰是那些"自然科学"（此处为该词常用意）的各种最一般性假设和设想，对我们讨论的经济学而言最无关紧要，不仅如此，还有一个主要事实：这一点对于我们讨论的各个经济学设问所具有的特性至关重要：恰恰在经济学理论（价值理论）上，经济学立足于自身的基础。"日常生活经验"是经济学理论的出发点（见前文），自然也是**所有**经验性学科的共同出发点。每一门经验性学科都有着要超越日常生活经验的强烈意愿，也必须拥有这样的意愿——因为，它作为一门"科学"的生存权正植根于此意愿。每一门经验学科都"超越"日常生活经验，或者用不同的方式、按照不同倾向对日常生活经验进行"提炼"。边际效用理论及每个经济学"理论"在此过程中都不是运用心理学的方式或按照心理学的倾向进行“超越”或“提炼”，而是运用在相当大程度上恰恰与之相反的方式。它并不将日常生活经验中的**内心**经历拆解为心理的或心理物理的“元素”（刺激、感觉、反应、下意识动作、情感等等），而是尝试着去“理解”人的某些**显性“调适行为”**（Anpassung），这种行为意为，人的显性行为适应人自身**之外**某种特定的生存条件。这一外部世界对经济理论而言十分重要，根据具体情况，它可以是“自然”（此处为该词的常用意），也可以是“社会环境”。经济学研究一直尝试借助启发式假设让人对外部世界做出的“调适行为”变得易于理解，该假设就是，经济理论所研究的人的行动，是人严格按照前文所释意义上的“遵循理性”做出的。边际效用理论为达到某些认识的目的，在研究人的行动时采用一些方式，让人的行动看似受控于**商人式的权衡计算**，从A做到Z：这是在了解所有纳入考量的条件之后做出的权衡计算。边际效用理论研究一个个具体的“需要”，研究用于“充分满足”需要的那些已有的、待生产的或待交换的货物，将货物视为可以在连续簿记中用数字记录的“账目”和某种货物的款项，将人视为长久的“企业经营者”，将人的生活视为受到簿记控制的“经营”对象。这意味着，如果说边际效用理论与商业簿记有着某种关联，商业簿记式考察问题的方式便是建构边际效用理论时的出发点。那么，这种簿记方法是否建立在韦伯定律的基础之上呢？它是否应用了关于“刺激”与“感觉”之间比例关系的某些定理？一个**商人的灵魂**（Kaufmannsseele）能够用数字估测出自己的需要之“强度”，也能够用数字估测出可能用多少资金来满足需要，边际效用理论就像这样一个商人的灵魂，为达到自己的各种目的，它研究所有人的“心理”，也包括被**设想**为封闭的人的“心理”，封闭的人不购买、也不出售商品，边际效用理论借此途径建构自己的理论。然而，这一切确确实实与任何一种“心理学”都**截然相反**！——在此土壤中孕育成长起来的“理论”创造出上述那些前提条件，虽然这些前提条件无疑都是“非现实的”，但同样毫无疑问的是，该“理论”并非简单地创造出这些前提条件。经济理论构建出“封闭经济”，其中的货物之“价值”应与记录着该经济封闭式财政收支的完美无缺的理想式簿记中那些货物**账面价值**完全相同[3]。其价值中“非现实东西”的量与真正商业簿记里“非现实东西”的量完全一样，不多也不少。如果账目收支中出现“股票资产”，比如有100万“股票资产”在“借方”项目下，或者如果有一幢楼房“记账”为10万马克——之后，这100万或10万马克便作为记录在册的书面账目收在抽屉中了？尽管如此，将其记入账目仍然具有非常积极的意义！与此相同——在做必要修改的情况下！——边际效用理论构建的封闭经济的“价值”也具有积极意义。只是，人们不需要通过“心理学”途径去探究这积极的意义！商业的账目价值要向商人提供关于企业经营状况和继续盈利条件的信息，同样，边际效用理论所运用的理论性“价值”，旨在借助与商业账面价值具有类似原理的方式解释经济生活的过程，使之易于理解。经济学理论提出的一般性原理只是一些建构，它们表述出，**如果**每个人只按照商业簿记的基本原则去形成他对于环境的态度，**此处**意义为，如果他“遵循理性”的原则去形成他对于环境的态度，那么，他的行动在与其他人的行动交互影响中**大约**会产生怎样的后果。显然，人绝非完全“遵循理性”去形成他对于环境的态度——因此，在人们理解经济生活的一些发展过程时虽然创建出经济理论，这些发展过程构成的经验性整体过程却仅表明，该整体过程非常“接近于”理论所构建的、完全理性行动的过程，根据具体情况，其接近的程度也不同。资本主义时代具有历史特性，边际效用理论（和其他任何一种经济学的价值理论）也因此对于理解该时代而言具有重要意义，然而两者都基于一种情况，即有人将以往某个时代的经济史称为“非经济性的历史”（Geschichte der Unwirtschaftlichkeit）。后者的做法不无道理，而在当今的生活条件下，现实接近于理论定理的程度越来越高，这样的接近程度将越来越多阶层人们的命运交织在一起，在可预见的将来，它仍然会继续提高。边际效用理论的启发性意义正是建立在这一**文化历史性**事实的基础之上，而非基于借助韦伯 - 费希纳定律进行的所谓论证。例如，柏林证券交易所在所谓统一牌价（Einheitskurs）的体系中确定股票交易价格，在很大程度上就是接近受卡尔 · 门格尔*、冯 · 博姆 - 巴维克**理论影响而创建的价格构成定理，这并非偶然：这种接近可以直接作为一种范式[4]。它之所以可以如此，并非因为交易者在“刺激”与“感觉”之关系方面受心理物理学基本定律制约的程度特殊，——而是因为在交易所里，人们按照经济“理性”行事的程度很高，或者说，人们**能够**在很高程度上按照经济“理性”行事。关于价格构成的理性**理论**不仅与实验心理学的诸多概念无关，而且与任何一种要成为凌驾于日常生活经验之上的“心理科学”都无关。例如，有的人**在**强调纯理论性的价格理论**之余**，也强调有必要顾及专门的“交易所心理学”，这些人正是将经济中的非理性因素所带来的影响

* 卡尔 · 门格尔（Karl Menger, 1840—1921），奥地利著名经济学家，现代边际效用理论的创始者之一。

** 欧根 · 冯 · 博姆 - 巴维克（Eugen von Böhm-Bawerk，1851—1914），奥地利经济学家。

当作考察对象，也就是把在**理论上**假定的价格构成规律中那些“干扰因素”当作考察对象。边际效用理论，或者说任何一个主观的价值理论，都不以心理学为基础——如果用方法论的术语来说——它们都以“实用主义”为基础，即它们使用的主要范畴是“目的”和“手段”。后文还将对此详述。

众所周知，成就特定经济**理论**的那些定理，不仅**不是**我们所讨论的经济学的“全部”，而且它们只是——一种当然常常被轻视的——用于分析经验现实中各种内在因果关联的手段，这一点在前文也曾提及。一旦我们要全面理解这种经验现实本身那些具有重要文化意义的组成部分，并且要解释其因果关系时，经济理论便立即呈现为由诸多“理想类型”概念形成的集合。这意味着：经济理论中的定理是一系列由**思想**构建的发展过程，这些具有“理想纯粹性”的发展过程很少出现在历史现实中，常常甚至不出现，但在另一方面，——由于这些定理的元素取自于经验，只是通过思想**升华**为理性的东西——这些定理便既可以作为启发式手段，用于分析经验多样性，也可以作为建构性手段，描述经验多样性。

最后，我们再回到布伦塔诺的论述上来。在他看来，韦伯-费希纳定律的形式也是国民经济学的基础，他在自己的著述中（67页）运用该形式，更加详细地阐述了韦伯-费希纳定律，意欲表明——要唤醒一种感觉，就必须超过刺激阈（见前文），超过刺激阈后，刺激程度每增加一级，都让感觉程度至少按照比例升高，直至达到（因人而异的）最大感觉程度时，感觉的强度尽管仍然在绝对提高，但其提高的比例低于刺激增加程度的比例，刺激增加的程度终将达到一个点，自该点开始，感觉程度下降，直至因神经的麻木而最终消失。——在做完这番阐述后，他继续写道："这条定律在国民经济中曾……作为**土地收益下降**的定律而获得认可，因为它掌控植物的生长。"对此，人们首先会惊讶地问道：耕地和植物难道会按照**心理**学定律做出反应吗？仅在上文提到的著述第 67 页中，布伦塔诺泛泛写道：根据一般性的**生理**学定律，每个"生命发展过程"的强度都随着于它有利的条件增多而达到最优（Optimum），之后，其强度便下降。显然，布伦塔诺举出的土地收益下降的例子与此定律有关，而不是与他就在此前表述的上一个定律相关。但是在这之后，他仍然把韦伯－费希纳定律当作一般性最优原则（Optimumprinzip）的特殊情况，并且他显然又将边际效用理论当作该特殊情况中的次级情况。如此，边际效用理论便看似与一条涉及所有"生命"的基本定理本身直接相关。而实际上，经济理论与生理学的和心理物理学的考察方法都有"最优"概念；根据具体的教学目的不同，借助**直观方式**指出两者的**这**一相同性，很可能有**教育学**的价值。但是，正是这些"最优"完全不局限于"生命各个发展过程"。比如每个机器在完成特定目的的过程中通常都有性能的"最优"：在性能达到"最优"后再添加更多的燃料、更多的原料等做法首先相对降低、之后便绝对降低机器的产出。就机器而言，其"热阈"（Anheizungsschwelle）相当于心理物理学的"刺激阈"。这意味着，"最优"概念同布伦塔诺使用的其他与此密切关联的概念一样，**还**处于较一般性的应用领域，与"生命各个发展过程"的诸原则并**无**关联。另一方面，如果乍看"最优"这个概念的词义，便可知，此概念中含有目的论性质的"功能价值"："最优"——为何目的？它显然只出现在我们明确或悄然利用"目的"范畴行事之处——它可能随处出现，或只出现在某处。我们明确或悄然利用"目的"范畴行事之时，便将多样性形成的既定综合体想象为一个**统一体**，将此统一体与一种特定的**成功**联系起来，之后，再根据是否取得成功、是否完全取得成功、在消耗多少的情况下取得成功等情况，从这些具体“成功”情况的角度来**评判**该统一体，将该统一体视为“获得成功的手段”，比如，各式各样的铁块和钢块形成既定的多样性，当它们被用于“细线”结成“织物”的目的，这种多样性在我们面前便呈现为一种特定的“机器”，我们在看待这种多样性时，会关注它在单位时间内、在消耗一定量的煤和劳动功效的情况下“能够”生产出**多少**织物。又比如，我们在检查由“神经细胞”构成的某些形成物时会关注，哪个形成物的“功能”，即哪个形成物的“功效”服务于这样一个“目的”：它作为一个有机活体的组成部分来传导感觉。再如，我们在观察宇宙和气候状况时，会从以下角度提问：进行一次天文观察，何时何地会达到“最优的”成功概率？此外，我们还看到，经济人从“充分满足”自己需要的角度去对待周围的自然环境。此处不再继续进行此类论述，因为，如果概念形成的问题在他处还涉及**我们讨论的**知识领域，笔者还会回到这个问题上来——而“生物学的”问题还是留给生物学家为好。最近，高特尔（Gottl）* 和施潘（O. Spann）** 对这些问题都进行过令人信服的论述，但对于他们的其他论述——特别是对于高特尔的论述——笔者不敢苟同。为避免读者产生误解，这里只是说明：引起很多争议的“绝对”价值或“普遍性的文化价值”问题，甚或施塔姆勒（Stammler）以

* 弗里德里希·冯·高特尔－奥特立林菲尔德（Friedrich von Gottl-Ottlilienfeld，1868—1958），常被称为高特尔，德国政治学家、经济学家。

** 奥特玛·施潘（Othma Spann, 1878—1950），奥地利哲学家和社会学家。

极其令人迷惑的方式规定的“原因与目的”之间的所谓“对立”，都与本文实质讨论的概念形成过程中的单纯**技术性**问题毫无关系，这就像商业簿记——这样一个无疑应被“解释”为“目的理性”的发展过程——与神灵统治世界的目的论毫无关系一样。

本文仅仅要表明：布伦塔诺为论证自己的论点，似乎将笔墨着重于“最优”的概念，但此概念既不具备心理学特质，亦非心理物理学性质，又非生理学、生物学性质，实际上，相当多彼此异质的问题都涉及“最优”概念，因此，该概念并没有明示，究竟什么是经济理论的基础，但它肯定不表明，边际效用理论是韦伯 – 费希纳定律或某个生理学基本定律的一种实际应用情况。

注　释

1　鲁道夫·考拉：《现代价值理论的历史发展》，图宾根，1906 年。另参见：O. 克劳斯：《亚里士多德的价值理论与现代心理学家学派》，《国家科学杂志》，61 卷，1905，573 页及以下（R. Kaulla, *Die geschichtliche Entwickelung der modernen Wertlehre.* Tübingen 1906. Vgl. auch: O. Kraus, “Die aristotelische Werttheorie in ihrer Beziehung zu den Lehren der modernen Psychologenschule” [*Zeitschrift f. Staatswissenschaft,* Bd. 61, 1905, S. 573 ff.]）.（译者按：鲁道夫·考拉[Rudolf Kaulla,1872—1954]，斯图加特市律师，斯图加特技术学院教授，撰写了国民经济学方面的著作。）

2　自然也是始发于身体“内部”的刺激。

3　这里当然不是说，这种情况下的记账“技巧”与如今某个经济体的记账方式完全等同。

4　笔者看不出，布伦坦诺对“奥地利人”的不屑态度缘于何处。在方法论方面，门格尔提出的思想虽然不完整，却堪称杰出，“风格”问题如今通常被过度看重，反而削弱了客观的思想内容的意义，在此方面，门格尔也许不算内行，冯·博姆 – 巴维克却是大师。

“能量学的”文化理论[1]

（1909）

威廉·奥斯特瓦尔德:《文化科学的能量学基础》，鲁道夫·艾斯勒编，“哲学—社会学丛书”，维也纳，第16卷，莱比锡，W.克林克哈特出版社，1909，184页，小8开。（Ostwald, Wilhelm, “Energetische Grundlagen der Kulturwissenschaft,” *Philosophisch-soziologische Bücherei*, red. v. Rud. Eisler, Wien, Band XVI. W. Klinkhardt, Leipzig, 1909, 184.S. kl. 8.）*

莱比锡的威廉·奥斯特瓦尔德（Wilhelm Ostwald）教授所从事的研究，已经在客观上产生了广泛影响，即便对此完全搁置不论，其罕见的表述艺术，也达到了极为不同凡响的程度。这不是从如今流行的风格美学的意义上做出的评价。如果考虑到“风格”问题，他的表述艺术却更多地与流行趋势截然相反，就是说，他能够最为简明凝炼

* 本章内容由奥斯特瓦尔德的这本书展开讨论。本章出现的页码均指这本书中原文页码。——中文编者注

地描述事物，让“事物”本身说话，自己则隐身其后，这是一种罕见的能力。这里所说的表述艺术更多是指思想工具的质量，他利用这些思想工具去“简化”思考对象，而且知道如何利用。比较老旧的化学教材中有些比较单薄的一般性内容，比如原子量、化合物重量以及与此相关的内容，比如与“化合物”相对的概念“溶液”，电化学问题，同分异构等等，如果地地道道的门外汉读过这些内容，并且对比一下奥斯特瓦尔德的表述方式所节省的笔墨劳动，很可能会惊喜于后者这种表述艺术的非凡高雅，因为后者追求自由假设，并且局限于各种化学过程中真正“一般性的东西”。如果根据这一成就的特性去思考，门外汉就会发现，奥斯特瓦尔德也与精神挚友马赫（Mach）如出一辙，犯下了特别明显的错误，这是完全可以理解的：（1）一方面——在**逻辑**方面——将自然科学的各种抽象形式绝对化，当作科学思维的衡量标准，这种标准（2）相应地将（马赫所说的）“思维经济”（Denkökonomie）所要求的其他学科在设问时运用的异质思维方式看作不完美的和落后的，因为这些思维方式并没有成就按照这些学科的目的规定而不应有的成就（不仅是历史的“思维经济”——在最宽泛的意义上说——还有生物学的“思维经济”，而且正如已经明确强调的那样，不论这种思维经济是“活力论的”还是“机械论的”，都表现出异质的思维手段），并且，与此相关的是，这种标准（3）在另一方面——**实事求是**地说——还会尽最大可能将一切已经发生的事情归结为“能量”关系的特例，最终，（4）这种尺度要通过概念手段从智识层面来支配客体，这种内在的狂热欲望驱使该尺度进入**应然**（das Seinsollende）的领域，诱使它从处于自身影响下的领域里所发生的事实中推导出纯粹“属于某个领域的”价值尺度。这是一个将某个学科形成的“世界**图像**”彻底改变为“世界**观**”的做法，在如今可谓一种普遍的习惯性做法：在生物学领域，这种做法通常基于达尔文主义，它努力的方向众所周知（在科学的反达尔文主义者那里：——如今这自然始终都是一个**相对的**概念——上述做法的典型形式通常是转变为多少有些极端的和平主义）。马赫的理论从个体的“不可挽救性”（这不仅是从事实上的“灵魂与生命俱生俱灭论”角度，而且也从逻辑学角度而言）推导出利他主义的律令。历史学家卢多·莫里茨·哈特曼（L.M. Hartmann）* 与马赫和埃克斯纳（Exner）** 持类似的形而上学观点，他从预测历史进程的某些观点中推导出绝对命令（kategorischer Imperativ）：行动要服务于（社会性的）社会化（Vergesellschaftung）（由此大约可以暂时得出一个结论：从所有内在逻辑一致、意义重大的社会主义发展理论角度来看，杰伊·古尔德[Jay Gould]、洛克菲勒[Rockefeller]、摩根[Morgan]的成就都应被视为社会主义的“前期成果”，他们本人大概也应该有资格被归为具有优异**伦理**水平的伟人）。在奥斯特瓦尔德的论述中，技术理想自然而然地发挥引领作用，充满自信、毫无顾虑，这与化学对技术和经济产生的重大作用也是相符的。

奥斯特瓦尔德在很大程度上受到（臆想中）“精确”社会学方法的影响，该方法又以孔德实证主义哲学和凯特勒（Quetelet）*** 思想为

---

* 卢多·莫里茨·哈特曼（Ludo Moritz Hartmann，1865—1924），奥地利历史学家。

** 西格蒙德·埃克斯纳（Sigmund Exner，1846—1926），奥地利生理学家。

*** 朗伯·阿道夫·雅克·凯特勒（Lambert Adolphe Jacques Quetelet，1796—1874），比利时统计学家、数学家和天文学家。

导向，为延续该方法，欧内斯特·索尔维（E. Solvay）* 在布鲁塞尔建立了社会学研究所，这是一家研究和出版机构，配有阅览室、社会学研究需要的所有材料，设立了意义重大的基金会：它作为一家私人资助的机构，成就斐然，运作方式堪称典范——而索尔维在自己的研究中所应用的、其个别下属也采用的"科学性"方法却相形见绌。随便拿出一篇这类的研究著述，特别是拿出索尔维本人[1]的著述一看便知，如果仅仅接受过自然科学训练的技术人员生硬地闯入社会学领域，会诞下怎样的怪胎。研究所大把花费着充足的资金，目的却纯属业余水平，这背后隐含着的悲喜剧色彩的东西大概最清晰体现在，研究所出版了亨利（Charles Henry）[2] 毫无价值可言的著述。他的著述力求通过大量计算，求得劳动的**社会性**（注意！）使用价值，即（像**这**类所有"实证主义"研究所做的，像孔德本人早已做的研究一样）：用"能量公式"求出工资**应然的**（seinsollend）数额。此著述虽然得以出版——因为不出版便会违背索尔维创造的"传统"——但研究所当今的所长瓦克斯瓦伊勒（Waxweile）教授在一份附录的几页中指出了该书毫无意义的论述——自杜能（Thünen）** 以后，社会学构想的思想内涵日益丰富，尤其愈益凸显**经济学**导向，对于倾向于如此构想的所有专业人士而言，亨利所做的尝试百无一用。瓦克斯瓦伊勒教授的评点完全正确，只是语气小心谨慎，过于礼貌。他领导下的社会学研究所关注真正具有价值的研究，其中既包括普及性的研究，也包括科学性研究，

---

* 欧内斯特·索尔维（Ernest Solvay，1838—1922），比利时化学家、业余学者、企业家、政治家和慈善家。

** 约翰·海因里希·冯·杜能（Johann Heinrich von Thünen, 1783—1850），边际生产率说的前驱。

有鉴于此，我们大约可以期待，这类关于“能量的”回顾不久之后就会完全被丢到角落里，那也是它们理所当然的归宿。

本文要讨论的是奥斯特瓦尔德的讲座合集，是普及性质的讲座，涉关欧内斯特·索尔维，它体现出奥斯特瓦尔德的思维方式和讲述方式的优势，也混合着上文强调过的“自然主义”思想家们的普遍思想倾向所带来的结论，这些讲座中内容最薄弱的部分都代表一种“类型”，值得重视。讲座中涉及经济的和社会政策问题领域之处，本文将评述其值得称道的一面。因此，笔者对一些部分不做评述——恕笔者直言，这些部分是奥斯特瓦尔德所有论述中最为失败的部分，笔者仅对其中几章做一简短小结，这几章遵循着内在一致的逻辑，客观阐释了如何从“能量角度”理解文化发展过程，其中一部分阐释的外在形式相当漂亮。此外，笔者还要对其中的一些表述进行评论，这些表述一部分是一般性表述，一部分则涉及偏离了上述“经济—社会”主题的问题域。

第一章（劳动）：我们对外部世界所了解的一切都可以表述为能量关系：既有的各种能量比例关系在时空方面的变化（“能量”= 劳动以及劳动转化而成的所有产品）。文化的每一次根本性转变乃是因为出现新的能量比例关系（尤其是因为：发现新的能量来源或者既有能量来源应用于新用途）（紧接此内容的是对五种能量特性的阐述，特别强调了化学能量，解释了化学能量的意义，称化学能量是保存能力和运送能力最强的能量）。第二章（性能关系，Güteverhältnis）：“性能关系”（所有阐述中的基本概念）= 有用能量（Nutzenergie）B 集合中各元素间的比例关系，有用能量 B 是在我们为实用目的而努力追求的能量转换过程中从原始能量（Rohenergie）A 获取的，其间，在产生有用能量的同时，也不可避免地有其他能量产生，因此，有用能量 B 始终< 1。全部的文化劳动旨在（1）增加原始能量，（2）改善性能关系：这尤其是法律秩序的意义所在。（消除争斗中浪费能量的活动，类似于用性能关系为 10% 的带白炽纱罩的煤气灯替代性能关系为 2% 的油灯。）因为只有“自由的”能量可以使用，即在既有能量集合中，能量强度不同，可以使用的是被带动起来的那部分能量，按照能量学的第二定律来看，这部分自由的能量在每个自成一体的身体系统中都因不可逆转的发散过程而不断减少，所以，有意识的文化劳动也可被视为“努力维系自由能量的活动”。迫使我们不断偏离这个理想的，一直都是规定价值的因素“时间”：让缓慢（在“理想情况”中是无限缓慢）进行的能量转化过程加快速度，才能让能量转化过程为我们所利用，但这同时也意味着，不可避免地加速消灭自由能量。在此过程中，两方面之间要达到一个理想的比例关系，两个方面各自都有一个最优水平，超过此水平，继续加速的活动便失去经济性。由此说来，能量学第二定律是文化发展的基本原则。——第三章（原始能量）。“几乎所有在地球上发生的事物”都在耗费太阳向地球辐射的自由能量的情况下发生（在奥斯特瓦尔德看来，唯一的例外是：潮汐及其附带现象。——他的表述恐怕并非无可指摘，因为奥斯特瓦尔德完全否定了地球自身内部热能起到的实际作用，虽然从总体上看，地球自身内部热能对地球表面温度状况影响不大，但是也许——因为并不存在绝对不渗水的岩石层——地球自身内部热能作为一种因素也规定着岩石层渗漏的最终底界，也就影响着地表的水量及与此相关的一切事物）。因此，经济要长久延续下去，就不得不有赖于按照一定规律利用太阳每年的辐射量，除此之外别无他法，在按照太阳辐射量的性能关系来利用其能量方面，还有很大的发展空间，由此来看，消耗储

存在煤中那些已经转化为化学能的太阳辐射能时，消耗速度如同“挥霍遗产”一般迅速，似乎也完全不用担心，不过这也在相当程度上违反了前述原则。关于——按现存矿藏储备来看——消耗铁储备中化学能量和铁储备中塑性能量（Formenergie）的速度稍显缓慢，对于与电相关产品而言非常重要的铜锌储备消耗速度稍显缓慢等问题，作者并没有谈及。另外，作者也许本该用一定篇幅阐述一下，取之不尽且成本不断降低的铝金属在多大程度上能够完全取代上述各种金属，这些金属无疑是可能用尽的，发挥的作用却不可或缺。但是，作者在一段阐述中甚至已经说到未来的能量经济建设中要考虑凝炼、过滤太阳的辐射能量，并将之转换为化学能或电能，却都没有提到铝金属替代其他金属的问题。在另一处论述中，情况更是如此，奥斯特瓦尔德不相信，在以往和未来的各个地质时代里，太阳辐射会减少源源不断带来的能量，于是，他显然从纯粹**能量学**的立场出发，认为根本不必忙于从各种面向未来的视角出发去考虑如何利用太阳提供的能量来建设某种**经济**形态的问题，就使用前述材料来生产、传导和利用最重要的有用能量的活动而言，这些材料中的化学能和塑性能量不可或缺，而在使用中，它们发散后不可逆，**同样**，熵理论认为，所有自由能量也是不可逆的，——与**历史**上有记录可寻的其他时期不同：以当今的速度来计算，在一千余年后，能量收益会大大增加。作者的论述聚焦于能量之间关系，即聚焦于获得新的原始能量和在获取有用能量的同时改进性能关系这两个方面，但与此同时，作者没有关注：能量**导体**（Energieleiter）的一部分只存在于可能用尽的资源储备中，能量导体作为经济学的研究对象，仍然发挥着相当重要的作用：尽管我们不该怀疑，奥斯特瓦尔德的术语学在这里也会成功发挥作用，但是成就能量导体可利用性的那些质（Qualität）只能勉强被归入上述两个方面，至少只能间接被归入。——然而，在直接利用新能量，特别是直接利用那些几乎只有借助有生命的植物或已成化石的植物才可利用的太阳辐射能量时，**如果**利用过程中的某些方面情况像奥斯特瓦尔德满怀信心假设的那样，非常有利于能量在未来的使用，——那么从能量学角度来分析文化时就面临一个问题：在上述情况下，面对出生人数普遍下降的现实，我们为什么还要重视**性能关系**？为什么性能关系的重要性不降反升呢？对此问题的答案大概只能从第四章（生物）、第五章（人）、第六章（掌控陌生能量）艰难解读出来，而且答案还不完整。假如奥斯特瓦尔德明确提出这个问题，并且予以明确解答，那么他的阐述方式一定会让阐述更加有力，促使他深入探究各种问题，比如松巴特（Sombart）在研究勒洛*的机器概念时，就探讨了各种问题。奥斯特瓦尔德著述的 82 页下方只简短提到了一些问题，而且方式并不恰当："前进中的"（fortschreitend）文化（未说明按照哪个常见的"进步"标准衡量）等同于绝对**减少**利用**人的**能量的文化，这个观点无论如何都是不对的。如果将当前的文化与古希腊罗马时期的文化相比，那么从人的能量具有**相对**重要意义这一角度来看，奥斯特瓦尔德的观点可能还是恰当的，但即使从相对的意义上来讲，这个观点并不符合每个"文化进步"的情况——除非能量的"进步"**叫作**"文化进步"，即除非表述是重言式（Tautologie）的。如果他缜密思考过上述这些问题，也许就会降低他在经济学领域（第六章）冒险的程度，继而也就可以避免明显体现在他表述中的那些错误百出的观念，

* 勒洛（Franz Reuleaux，1829—1905），德国机械工程专家。

至少，被我们称作“**技术**进步”的那些东西看似**仍然**基于**性能**关系的改善。比如，在手工织布机向机械织布机过渡方面，如果把储存在煤中的太阳辐射能量分别归入动力能量、化学能量（非人的能量和人的能量）和其他能量类别，把这些能量按比例分摊到机械制成的纺织品（当然包括未被使用就被分散的能量）上，并计算手工制成纺织品的相应能量，那么机械方式制成品的纯能量性能关系看似总是优于手工方式制成品的纯能量性能关系。**经济**“成本”远远不能与物理学意义的“能量”消耗相提并论，同样，在交换经济中更是如此，虽然能量消耗量常常到处自说自话、“能量充沛”地行使着话语权，但是对“竞争能力”起到关键作用的“**成本价格**”比例关系远远不能等同于各种能量消耗量之间的比例关系。奥斯特瓦尔德本人偶尔也提及生活经济的基础性要素，这些要素也影响着大多数“技术进步”，且直接以能量的性能关系**恶化**为前提条件：它们不可避免地追求加快能量转换速度。这样的情况并非零星偶见。倘若如奥斯特瓦尔德所愿，真的能够发明出一种装置，将太阳辐射能量直接转化成电能等能量，那么能量的“性能关系”在该情况下可能都会比利用蒸汽机中煤的能量情况下减少数倍，尽管如此，通过新途径获取的能量所具有的经济竞争力也许仍然会显示出巨大优势。如果说在利用生物化学的氧化过程所释放出的能量方面，恰恰是人的肌肉这种自然赋予人的“最原始”工具具有远远优越于最好的发电机所能够达成的性能关系，——那么，我们不得不说，在经济竞争中，发电机却仍然更胜一筹。毫无疑问，奥斯特瓦尔德清楚地知道原因何在。虽然他自己（见上文）一开始便对开发**新**能量不感兴趣，但有些时候，他总会尝试着从各种能量学的条件中拿出**一个**，让“全部文化发展”建立在这个条件的基础之上，即“性能关系”。

从对能量的探讨方面来看，即使纯粹技术性问题也没有得到奥斯特瓦尔德的垂青。说到这一点是因为，恰恰是利用**新**能量和“性能关系”所提出的要求这两方面之间形成怎样的相互**关系**，才是真正引人入胜的内容。在此方面，我们却看不到奥斯特瓦尔德的真知灼见。（专业意义上）“经济学的”考察方式可以算是与技术关联非常紧密的考察方式，自然，连这个考察方式的特别之处在他的论述中也完全没有得到彰显。

尽管奥斯特瓦尔德在开篇中也有所保留地写道，他意识到，这里探讨的只是“各种文化现象”中的一个侧面。鉴于某些其他自然主义思想家期望有人提出“世界公式”来全面探讨文化问题，奥斯特瓦尔德的探讨无论如何都是值得肯定的。只是他的探讨可能会遭受失败，其原因在于，他笃信孔德对各门科学划分的等级，而这种等级早已过时；他的失败还在于，他在阐释各门科学之时会遵循一种导向（113 页下方）：处于这个科学金字塔较下层的“一般”学科所包含的各种**概念**要服务于所有较高层的科学，即要服务于“一般性程度较低”的科学，要作为后者的“**基础**”。如果有人对他讲出以下这番话，他会满心狐疑地摇头否定：对于经济学**理论**（即经济学各个学科中将这些学科与其他学科区分开的那个特殊组成部分）而言，那些**概念**不仅没有丝毫作用，而且对于国民经济学而言，恰恰是那些“较一般的”学科中最一般的**定理**完全无足轻重，这些定理最抽象，因此也离日常经验最远。比如，天文学接受哥白尼的体系还是接受托勒密的体系，这对经济学而言都无关紧要。经济学理论的效力同样如此，经济学理论集中体现某些经过假设的、“理想类型”的定理，对于经济学理论的效力而言，物理学的能量理论是否经历颠覆性变化，甚至能量守恒定律是否将会保持如今这般适用于所有物理、化学和生物化学认识的（符合预期的）效力范围，亦或有一天某个“鲁布纳的反对者”推翻鲁布纳（Rubner）* 关于有机体热量平衡的实验结论（笔者自认为极不可能），这些都完全无关紧要。或者，我们也可以借助一个问题来说明事实情况，该问题曾在很长时间里将物理学研究与经济利益紧密联系起来：即便现实中存在一个“永动机”，也就是说，即使有一种能源不断向一个既有的能量系统中输送自由能量，却没有成本产生，那么：（1）“永动机”的存在也根本不会让经济学**抽象理论**中那些经过假设得出的定理成为“不正确的一类东西”；接下来，（2）人们可能还想象，这样一个乌托邦式能量来源的技术会发挥巨大无比的影响力，并且——有着充分理由——仍然把那些抽象的且经过假设的定理的**实践**效力降低到 0，前提条件是，这个乌托邦式能量来源：（a）提供所有种类的能量；（b）随处提供能量；（c）随时提供能量；（d）克服所有时间差且无限量提供能量；（e）按照人的意愿产生效果。以上条件中的任何一个打些许折扣，便会立刻让边际效用原则变成一个修饰成分，只是去点缀一下具有直接实用性重要意义的可能性。——因此，本文对这些乌托邦式构想只是一带而过，只想让读者看到，尽管存在着各种现代的方法学，仍然有些东西总是会被抛在脑后：孔德划分的科学等级作为一位伟大学究提出的模式，与实际生活相去甚远，这位伟大的学究没有理解，有些学科的认识目的完全不同，其中的**每个**学科都立足于人们直接获得的某些日常生活经验，必须从学科所需、各自独立的视角出发，去提炼和加工这些“非科学性的”认识。由此而言——像国民经济学从一开始便跳出了“纯”理论的窠臼一样——各门学科因其研究对象之故以各种方式随处交叉和相遇，这都是自然而然的。但如果有人像奥斯特瓦尔德一样不去透察基

* 马克斯·鲁布纳（Max Rubner，1854—1932），德国能量生理学家。

本事实，或者执意尝试保留一小片天地，按照孔德的模式阐释“心理能量”（70页）的功效，以此来评论基本事实，那么，他至少不是在恰当地评论[3]（奥斯特瓦尔德要为之“铺垫坚实基础”的）“各门文化科学”的特性。——因为每位经过现代研究方法训练的理论家都熟知（更确切地说：**应该**熟知），我们这里探讨的学科的纯“理论”与心理学丝毫不搭界。

在关于生物的三章中（第四、五、六章），作者首先区分了“Anabionten”（植物）和“Ketabionten”（动物），前者收集能量，从能量的角度来看，后者依赖于消耗前者吸收到的太阳光，人（还暂时！）属于后者。在能量方面，巨量的且不断增加的“外部”（人的表皮以外的）能量将人与动物区别开来，这些能量在人的掌控下，以工具和机器的形态出现：文化的发展史即是将陌生能量（fremde Energien）纳入人的影响力领域的历史（在此处意味着：即使在“性能关系”不改善的情况下）——之后，作者（借助简短注解）有所保留地表示，要让这样的根本观点变得可行，就必须“允许”谈到“心理能量”的问题。他对战争武器的能量发展过程（74页）、和平相对于所有种类的争斗所具有的能量价值、动物的驯化（85页等：同关于奴役部分的阐述一样，这部分也缺少对专业研究重要结论的了解）都进行了阐释，在和平相对于争斗所具有的价值的部分中，他认为，争斗总是降低（能量的）性能关系。接着，作者从能量角度相当有力地分析了火的意义，92页，分析了能量输送和储存的活动以及每种能量在这些过程中的情况（第七章）。作者对“工具”和“机器”区分的方式（根据传送人的能量还是传送人之外的能量——也包括动物的能量，进行区分，69页）流于表面，从社会学来看，这种区分方式几乎毫无价值可言。随后，作者转到（第八章）“社会化”的问题。在他看来，如今“人们”（谁呢？）把文化科学与社会学相提并论，过分强调社会化对于文化的意义，因为，最简单的工具也由个人发明，由个人使用。只有社会改善“性能关系”之时——“性能关系”在这里又变成**唯一的**尺度——才是“文化因素”，它才被纳入科学的考量范围：从能量角度来看，社会通过“秩序”和功能分配来影响效用比例关系（Nutzrelation），从而改善“性能关系”。在奥斯特瓦尔德看来，另一个衡量生物“完美性”的决定性标准是能量收支，而非多样性，——这样的一种考察方式在其他应用语境中已经遭到了 K. E. 冯·贝尔（K. E. von Baer）的嘲笑，贝尔的嘲讽是有道理的，其讥讽的方式也广为人知。我们在此处顺便说一句，人身上受到掌控的“陌生”能量在大多数情况下只有很少一部分得到充分利用——前文曾提及，肌肉是人所共知的最佳直流发电机，如果我们把人身上的这些“陌生”能量一起纳入考量，那么，按照现在的技术来看，还根本谈不上人的能量**收支**（性能关系）已经达到较高水平。文化的“能量收支”又是什么情况呢？

例如（最广义的）**艺术**，如果读者基本从字面上去理解 112 页上方的举例说明，就会发现，奥斯特瓦尔德根本没有将艺术归入“文化因素”，——除非（如 89 页令人安心的论述所言）艺术最终避开像席勒的创作《希腊诸神》（*Götter Griechenlands*）中汇总的那些可谓“原初者局限性”之范式的“失策行为”，并将能量的变化作为素材，这样便可以让艺术服务于大众的启蒙，抵制浪费能量的活动。此处可见，在严守原则的自然主义性质方面，奥斯特瓦尔德远远超越了杜布瓦·雷蒙*，后者强烈反对带有翅膀的造型（因为这些造型是“非典型

* 埃米尔·海因里希·杜布瓦·雷蒙（Emil Heinrich Du Bois-Reymond，1818—1896），德国生理学家，开创了电生理学。

的”和“异型的”设计，从解剖学来讲，有六肢的歌唱者造型令人质疑）。那么，这里就有一个问题，艺术该如何实现奥斯特瓦尔德的构想？如果绘画内容是爆炸或海战，那么每平方米画布上的能量转化便达到了最大程度。如此说来，笔者曾看到私人收藏的一幅威廉二世皇帝（年轻时）画的彩色草图，上面画有两艘装甲战舰，硝烟滚滚，这幅草图设计相当接近上述理想。但是，这对于平民抵制能量浪费的行动有何益处呢？门采尔*的著名绘画《轧铁工厂》（*Walzwerk*）也许在（能量的！）“**性能**关系”方面更优于前者，但是几乎没有起到有效的大众教育作用，特别是对于家庭主妇而言，而她们才是大众教育的重点目标人群。配有诗一般语言和艺术性图画的菜谱一定会为她们所接受。除此之外还做什么呢？尤其是，该**如何**做？艺术大约只能“用象征手法”展示能量守恒定律和熵理论，但是如此，所有那些令人不快的“非现实”便又来了！在奥斯特瓦尔德之前，有先行者——如孔德、蒲鲁东、托尔斯泰——已经在艺术目的的“理性”定义之路上行走过，他们同奥斯特瓦尔德一样是艺术的外行，然而，他们没有奥斯特瓦尔德那样盲目。在莱比锡似乎存在着失衡的比例关系：比如，兰普雷希特为实现科学的目的，与艺术领域联系过密，而奥斯特瓦尔德——虽然在绘画颜料的化学分析方面功绩卓著——又与艺术领域过从甚少；无疑，两者频繁“接触”艺术领域，尽管如此，与“心理能量”令人不适的特性相应，两者“接触”艺术领域的频繁程度之差别并未真正获得“调和”。于是，奥斯特瓦尔德连真正从“能量”角度去考察艺术都没有做到。因为，如果他做到了，考察又会是怎样一番景况呢？如果他

---

* 阿道夫·冯·门采尔（Adolph von Menzel，1815—1905），德国画家，世界著名素描大师。

确实从“能量”角度去考察艺术，那么按“能量的”性能关系来看，他首先要赞扬的大约会是“快手卢卡”（Luca fa presto）*，这与今天常见的观点相左，——因为，在奥斯特瓦尔德看来，起决定性作用的恐怕不是最终结果本身所体现的绝对价值，而是与“能量消耗”**相比较**的结果，即“性能关系”。而且，借助今天用于诸如生产绘画颜料、抬升大型建筑用石、生产艺术性家具等目的的技术“成就”，**节**能实现了——**这**对奥斯特瓦尔德来说大约才是内含着真正**艺术**“进步”的东西，因为只有节能，而不是建筑师、画家、木制品艺术家的成就，才改善“性能关系”。对于奥斯特瓦尔德这位所谓“艺术家”而言，似乎只有各种艺术性手段中的“简约性”是训诫，可以从“能量的”（性能关系）角度、借助最为卓绝的方式得到论证。从这里却看不出，奥斯特瓦尔德在大胆进行了上述假设后，为什么没有最终得出结论。那本是展示结论的最佳之处！因为，按照奥斯特瓦尔德的思路来说，比如生产一张具有完美艺术性的桌子，已经消耗了大量动能、化学能、生物化学能、塑性能量等各种能量，这些能量**永远**不能从桌子中**回**收，如若从能量角度来评判，这张桌子不体现潜在的卡路里，而只代表一堆木头——木头中特有的、将木头规定为艺术品的“塑性”能量对于能量的获取**没有价值**，因此，有鉴于此，这样的艺术可真是“能量学”立场不能接受的东西。太糟糕了——“艺术”居然**起始**于这位技术人员的“视角”**终止**之处！但是，人们称之为“文化”的东西难道都是这样吗？奥斯特瓦尔德本应对此有所认识，并将认识明确**表述**出来。然而，他的思想与“文化科学”之间的关系仍然完全隐晦难辨。

---

* 卢卡·焦尔达诺（Luca Giordano，1634—1705），意大利画家，以作画速度快著称。

我们还是再回到奥斯特瓦尔德的论述上来。——性能关系的改善促成“社会”形成，改善性能关系的活动所达到的最高形式显然（122页）是，通过形成一般概念来形成经验传统，这些一般概念和最终发挥决定性作用的所有科学（169页），都服务于预测未来，并通过发明来掌控未来的目的。（121页/2做了一番“目的论”性质的扩展论述，令人疑虑，162页以后，连植物都进行“发明”了。）就此而言，社会化过程运用的工具是语言。

但是，唉！一般概念和基于一般概念的科学如今的状况（第九章）多么惨淡！在尝试“提出语音变化规律”失败后（在此论述中，奥斯特瓦尔德似乎没有把握住该问题的意义和现状），专业的语文学家们都没有进行一次认真的尝试，没有克服困难、登上**所有**科学的高峰：将符合能量要求的语言人工合成起来（见126页上方）。显然，作者脑海里浮现出合成磷酸氢钠铵对于有机化学的意义，在此做了一番类比。正因为缺少这样一个合成语言，所以，在直接的语言争斗和国际性的语言障碍中损失了无以计数的能量，这是因为自然语言太不完美，难以完成社会化的任务。——作者讲的后几句内容根本无法得到证明。他显然不知道，自己面对“语文学家”该如何晓之以理：拉丁语曾经是一门通用的学术语言，它不能维系这种语言地位，正是因为在它复兴的过程中，清除了经院式拉丁语的各种强劲发展势头，经院式拉丁语被讥讽为“野蛮”的语言。毫无疑问，缺少一门这样的学术语言的确是根本性缺陷，因为英语作为一种语言手段，不足以应对货物流通。消除各种自然语言带来的影响，并不像奥斯特瓦尔德假设的那样简单。语言中的各种形成物都是自然生成，常常具有多义性，让人难以即刻理解，而概念形成活动是进行**抽象化**的活动，它既以自然语言形成物的多义性为前提，也为这种多义性提供存在条件，从概念形成所涵盖的潜在内容来看，自然语言形成物提供的内容有时少于概念形成所需，而有时又比后者更加丰富。奥斯特瓦尔德的兴趣领域囿于自然科学（**逻辑学**意义，非自然科学一词本身的客观意义），由此来看，恰恰是这样一种多义性带来的积极的创造性意义就完全不可能得到他的理解。——之后，作者论述了“权利与惩罚”（第十章）、“价值与交换”（第十一章）、“国家与权力”（第十二章），这三章是全书重点，一部分相当精彩，从各方面看，其中的基础假设鲜有涉及“能量学”的视角，如前所述，笔者只评述其中的个别表述，不讨论章节的内容。像之前一样，关于“偷”电（12 页）等论述表明，奥斯特瓦尔德错误认识了法学中概念形成过程的特性：法学的概念形成，绝对不会探问（耶利内克[Jellinek]最近在此方面所做的优秀研究远超一般水平）“能量的”特征是否适合，而是探问“由法律规范确定的特征（他人的动“产”[fremde bewegliche “Sache”]）”是否适合。如果法学中的概念形成过程表现出**按既定形式**展开的倾向（这种情况下该倾向的程度也许超出一般水平），让立法者而不是让法官将法律规范普遍延展到“新”的事实情况中去，那么在此情况下，法学中的概念形成便具有非常重要的实践意义，与忽视化学的做法根本无关：“形式是任意性的敌人，是自由的孪生姊妹”（Die Form ist die Feindin der Willkür, die Zwillingsschwester der Freiheit）*。一个事实情况在法律意义

* 此句出自鲁道夫·冯·耶林（Rudolf von Jhering，1818—1892，德国法学家，新功利主义[目的]法学派的创始人）的著作，原句为：Die Form ist die geschworene Feindin der Willkür, die Zwillingsschwester der Freiheit。见《罗马法不同发展阶段中的精神》（*Geist des römischen Rechts auf den verschiedenen Stufen seiner Entwicklung*），第 2 部，第 2 册，莱比锡，1858 年，第 497 页。

上是否为“新的”，永远不只经过自然科学的权衡来判定，而首先从毫无争议的有效**法律**规范所构成的**整体**关联来考虑。让这些法律规范组构为一个自身内部无矛盾的思想体系，是法学的**一项**（最基本的）工作，这个组构工作还要制定首要的标准，使之也能用于初步裁定（prima facie）时（及有时在最终裁定时都）似乎难以确定适用规范的疑难案件，并让“自由法学”思想的追随者不从根本上推翻它。其间，如果自然科学的考察方式有所帮助，那么，在多大程度有所帮助，则完全取决于具体情况。不论在奥斯特瓦尔德这位化学家看来是否“落后”，恰恰是在**未**“被事先规定的”情况中，非自然科学的（价值）考量总是最终起决定作用。——接下来，作者阐述了“权利平等”的意义（142 页）和惩罚的“相对性”（143 页）：一个社会中，阶层较高的人在自由方面受到惩罚，其损失相对更大，因此对他们的自由实施惩罚的程度应**相对缓和**一些。作者的这些阐述几乎没有“能量”的性质，关于减缓对自由实施惩罚程度的阐述更符合已被自然主义者基本判定为过时的“报复”立场。诚然，此处也可以从“能量”角度进行研究，得出与能量相关、但与事实最终结果偏差甚远的计算结果，但这样做，恐怕就必须先确定惩罚**规范**与惩罚**成果**之间的“性能关系”。从奥斯特瓦尔德的立场来看，要建起监狱围墙，就要获得塑性能量，这要消耗能量，抓捕犯人消耗化学能，管理监狱消耗生物化学能，如此“性能关系”必须遭到批判。然后，人们可能会问：要达到“能量的”惩罚目的，即消除干扰因素以维持秩序，最低能耗须达到多少？从能量角度来看，这方面的“性能关系”好于奥斯特瓦尔德所提建议的“性能关系”，即：对具有谋杀本能的人（为什么只对这种人？）施行阉割术，前者的“性能关系”好于后者的前提是，人们满足于消耗极少的动能和塑性能量，这两种能量消耗来自其他可供选择的惩罚形式：笞刑或绞刑。与此相联，奥斯特瓦尔德特别指出，有必要为社会而保存罪犯的劳动能量，按此思路，恐怕按照人的劳动职业从“能量”角度对罪犯进行裁决，便毫无障碍了：绞死其中的退休者、语文学工作者、历史学工作者和游手好闲的人，这都是一些不改善能量的性能关系的人（简评此思路：既然他们如此无用，为何不在他们犯罪之前就除掉他们呢？），对于罪犯中的工人、技术人员、从事一部分脑力劳动的企业家，特别是对于**化学家**这些改善性能关系程度最高的人则施笞刑。如果奥斯特瓦尔德不接受这些后果，那么他一定很清楚，在做此评判时还是有不同于“能量角度”考量的其他东西起着评判标准的作用——他的著作却只探讨了“能量”角度。同样，关于“权利平等”的阐述中完全没有“能量”的理想，而是纯粹“自然法的”理想，与此同时，他从能量角度进行论证，借此简评法律秩序的“意义”（26页），该评论仍然重弹重农主义“自然法”的老调，除非有人出于其他原因认同他的简评，否则该评论几乎无说服力可言。奥斯特瓦尔德相信（38页），只有人的“愚蠢”阻碍着人们全面努力追求最优的性能关系，他的这个信念令人欣慰——可惜——这将会招致社会历史学家的摇头否定。——用最笨拙的方式混淆价值判断和经验科学的类似表述在书中随处可见。作者对于经济学的价值概念和公平价格（justum pretium）（152页）的阐述毫无意义，与中世纪的经院派哲学并无二致，如果读者顾及到这一点，原谅他的失当阐述，便会发现，像奥斯特瓦尔德一样的门外汉最终也能看到，需要和成本之间的比例关系根本无法由“能量”来决定——即使在这个小小的方面，作者的错误论述也相当多。他将会对自己说，“生物的普遍难题”在于，“尽可能长时间保证自身，**同时**将种类（Gattung）理解为全部生物”（原文如此！）这句话（55页）不是出自能量学领域。但在此之后，他也许就会提出一个问题：上句中“同时”带起的分句内含着绝对命令，这个绝对命令的正当性（Legitimation）从何而来呢？“种类”与我何干？对于这样实际的问题，一门自然**科学**大约根本不愿擅自给出一锤定音的答案；但至少由此可见，从任意一种能量的“性能关系”中如何推导出怎样对待“类”的**伦理**义务。

该书的最后一章（科学）中有围绕教育学展开的阐述，它首先在182页凸显出奥斯特瓦尔德对科学教育学现状茫然少知。对于宗教课的简评（同页注释），每个不受信仰或其他权威性利益约束的人自然都会予以赞同；而关于古老语言的地位问题，恰恰是从他自己的立场来看，根本没有他假设的那样简单。笔者脑海中浮现出一幅景象，一位——当然不同于天主教官方态度的——秉承虔敬教士作风、极其勤勉的教育家向笔者解释，他倾向于对青年人进行（除宗教外的）尽可能**纯粹**的自然科学教育，他（在笔者看来，就现代天主教的整体思想和他本人的适应能力而言，很有道理地）期望不损害自己的信仰关切，但又要清除追求自由的“主观主义”理想，代之以托马斯主义意义上的“有机”理想——而另一方面，对于“技术进步”满怀热忱的一流学者应该完全符合奥斯特瓦尔德的期望，众所周知，这些一流学者在研讨课上既与经过“学校”教育的学生打交道，也经历在“现实”中接受教育的学生，他们借助这些课堂经验，进而经过详实论证后强调，对在“现实”中接受教育的学生要较少进行**思维**训练，且这样的做法应当几乎贯穿始终——这毕竟也是影响“能量”的关键因素。如此来看，所有这些事情都不是那么简单。如果按照奥斯特瓦尔德所言，毫不质疑便将（180 页）“性格塑造”等同于“培养**社会性**特点”，将这个本身具有多义性的概念等同于“对‘能量’（意即技术）有益的特点”，那么该解释带来的后果可惜便会与奥斯特瓦尔德的预想相去甚远，他的预想出现在著述的最后一句：“思考和表达观点的自由”，他认为这是自然科学知识广泛传播的结果。实际后果之所以与他的预想大相径庭，原因在于，如果有人像奥斯特瓦尔德现在那样而且必定在今后也仍会坚定不移地倡导“秩序”，倡导不要做出为他人“挥霍能量的”冲动之举，并认为这是**技术**要达到的理想，那么这样一个虔诚使徒——无论是否情愿都会（而且很可能在相当程度上违背奥斯特瓦尔德的意志）——不可避免地传播顺服和适应**既定**社会权力状况的根本态度，所有时代中注重现实的人均会表现出这种态度，概莫能外。由此而言，从技术和功利角度看，形成根本态度的自由肯定**算不上**有价值的理想，从“能量”方面来说，它也无法得到论证。通过实践来“掌控”外部世界这一价值标准主导科学思维的进步，这种理念是否长久符合——甚至是该价值标准所意图的——科学的利益，此问题尚无定论。奠定现代精确自然科学方法基础的**并非**上述科学理论立场的鼻祖培根，而是提出其他科学理论的思想家，此现象并非偶然。今天，人们说：“为科学真理本身而寻找科学真理”（Suchen nach der wissenschaftlichen Wahrheit um ihrer selbst willen），比如在斯瓦默达姆*生活的时代，他也说过这句话，并使用了当时的语言：“解剖虱子以证明上帝的智慧”；而人们敬爱的上帝在当时是一个启迪学原则，发挥的作用丝毫不逊当今。另一方面，当然也应该承认，**经济**利益为

* 斯瓦默达姆（Jan Jacbz Swammerdam，1637—1680），荷兰显微镜学家和自然科学家。

化学（和其他一些自然科学）等科学提供必要的动力，以往是这样，当今依然如此。敬爱的上帝及其“荣耀”曾被看作科学工作的意义，难道如今要效仿以往，将经济利益这一**事实上**推动化学发展的最重要驱动力变成科学工作的“意义”吗？那么笔者宁可选择上帝及其荣耀作为“科学工作的意义”！

如果笔者至此的简评给读者造成一种假象，让读者以为笔者认为能量学的考察方式对我们此处讨论的学科毫无益处，那么这实非笔者本意。读者从奥斯特瓦尔德的书中了解技术和经济发展过程中的物理能量收支与化学能量收支如何进行，都是一种收获。奥斯特瓦尔德提到，拉采尔*已获益于这些阐释，他说得完全有道理：我们同样也将获益，他在书中（第3页）泛泛简评道，将能量定律应用到社会现象时得出的**所有**那些**特殊**表述都有必要得到明查。恰恰是他的这个一般性简评应当得到读者毫无保留的赞同。然而，他随即补充道：其核心是从能量学的视角为社会学“奠定基础”（Grundlegung），这就是错误的孔德科学模式带来的后果了。当化学、生物学（等）研究的一个个**具体**结果进入我们的视野时，恰恰是具体结果引发我们的兴趣，——而理论中的基础定理只在例外情况下才会引起我们的关注，永远都不是根本性的“基础”，本文对此已有论述。各门自然科学的代表人物显然一直很难理解这个事实，——但这个事实原本不应该让一位持“思维经济”立场的思想家感到吃惊。另外，完全不应该否认，物理学和化学概念的形成决定性地影响着一些学科的术语，赋予后者单义性，例

* 拉采尔（Friedrich Ratzel，1844—1904），德国人文地理学家，人类学家。近代人文地理学奠基人之一。

如经济学中生产理论的术语就是如此。但是，奥斯特瓦尔德夸大了所有这些有益的方面，更何况采取了一种可笑的方式，结果遭到所有比较熟悉“文化科学”中现实问题的学者多番嘲笑。如果本文在某些地方——因奥斯特瓦尔德研究我们所关心的问题的方式而在十分有限的篇幅里——采用了略带玩笑式的口吻进行评论，也请读者不要误解。笔者有充分理由不去指责跨越自己的窄小专业领域而犯下一些错误的人，因为人们如今越来越多尝试着将自己学科领域中的概念延用到边缘领域和相关领域，这是不可绕开的趋势，因此，错误很容易产生。但是，一些自然科学的代表人物常常高傲无比地将目光投向其他（尤其是历史）学科的研究，这些学科的研究方法要达到的目的不同，因而必须遵循不同道路得到发展，有鉴于此，本文认为，即使对于奥斯特瓦尔德这样重要的思想家，赫沃利索恩（Chwolson）的“第 12 诫”也依然适用。奥斯特瓦尔德没有很好地甄别信息来源，此外，他在政治（经济、刑事、教育政策）等诸多领域作出他钟爱的实践性**假设**，将这些假设混入研究，其研究围绕着纯粹科学性的设问，仅限就事论事地客观研究能量关系引发的**因果性**影响和与能量相关的各种概念对**方法**产生的影响，如此研究只会损害他自己的事业。他作出的假设根本不能由“能量的事实情况”来决定，他本人也是基于完全不相关的前提条件才作出这些假设。

尽管有意见分歧的因素，但上述这些情况着实令人惋惜。虽然该著作不算成功，其中三分之二的页数中出现了难以计数的荒谬怪诞且缺少品位的表述（本文展示出的还不及 10%），本文对此进行了不留情面的批评，但是，奥斯特瓦尔德是而且将一直是一位杰出人物，他的热忱令人振奋，他摆脱教条的僵化束缚，开放思想，感知现代问题，这些特点都应该会令人愉悦地与他在“技术与文化”这一广阔的问题领域共同探索。本文从多方面深入评述了他的著作，不仅仅因为奥斯特瓦尔德本人具有重要意义，也因为该书瑕瑜互见，是“自然主义”以（或粗犷或细致的）**各种方式**向其他领域蔓延的一种“类型”，此处的“自然主义”是指从自然科学的事实情况中推导出**价值**判断的尝试。人们从杰出学问家的错误中学到的东西，常常多于从平庸者的正确做法中学到的东西。本文这般详细地讨论其瑕疵，主要是因为他所特有的典型**错误**。如今，没有历史学家、国民经济学家或“文化科学”学科的其他代表人物敢于为化学家和技术研究人员规定，他们应该运用什么方法或运用哪些观察视角。这些自然科学的代表人物们逐渐学习像前者**一样**谦逊虚心——这是合作能够结出丰硕成果的前提，只有改革者才有望展开这样的合作。因为，合作需要让一些基础的认识成为双方共享的知识：某些**社会**条件在**历史**中是既定的，在历史中可以演变，它们构成特定性质的**利益**格局，在历史上、在当今以及在未来都促成（或阻碍）人们转化利用**技术**“发明”——相应的，技术发展的未来将如何自我构建，只取决于这些利益格局的发展，而决不取决于纯粹技术的“可能性”——如果这些基础性认识不成为双方共享的知识，便不会结出合作研究的硕果。

注　释

1　我们以欧内斯特·索尔维做的一个简略分析为例，即《社会生理学和社会心理学的能量学导论性公式》，索尔维研究所，《笔记与备忘录》，第一册，1906年（*Formules d'introduction à l'Énergétique Physio-et Psycho-Sociologique*, Institut Solvay, *Noten et Mémoires*, Fasc. I, 1906）：每个活体生物的能量值（rendement—R）由此公式计算得出：

$$R=\frac{E_l}{E_c}=\frac{E_c-(E_f+E_r)}{E_c}$$

其中，Ec是通过呼吸或通过饮食、光照等方式吸收的原始能量（E. consommées），Ef是通过各种社会结构固定下来的能量（E. fixées），Er是未被消耗的剩余能量（E. rejetées），El是有机体通过氧化过程释放出的能量（E. liberées）。分式对于能量值至关重要，从人的孩童时代（Ef很高）到完全成年，能量值不断增加，达到最优水平，之后，随着年纪的增长，Er增加（消耗已汲取能量的能力下降）。从"社会学的立场"来看，计算一个有机体的纯能量值，特别是计算一个**人**的纯能量值时，全部自由的有机能量E（Energies utilisables，有用能量）中只有一小部分可以用以计算：也就是可以用于**劳动**的那部分，与之相对的是转换成热量的一小部分能量Et，这部分一直不会被使用，就像机器中的能量一样。此外，个体的有用能量（Nutzenergie）不完全是**社会的**能量（E. socioénergetique），因为个体首先寻求自己在"生理能量"方面的**个人**利益，这意味着，他自己的有用能量中只有一小部分可以用于社会。也就是说，对于每段时长t而言，将个体的有用能量乘以根据社会有用能量不同级别确定的系数u，可得出个体的"社会有用性"（socio-utilisabilité）。之后，对于一个个体一生的时长T而言，就得出一个值：∑u Eu t。将一个社会在一个时间单位中所有个人的能量叠加，计算其社会有用性的平均值U，U的产品含有每个个体能量之和，U的产品除以社会在该时间单位中消耗的能量总和，就可以得出Rs（社会能量值 = 该时间段中**所有**个体的社会有用能力）：

$$Rs=\frac{U(E-[E+E_R+E_T])}{E_c}$$

一些客体**没有**生理能量的性质，即它们消耗能量不是为有机体而**破坏**能量，但是它们影响能量值的比例关系，原则上说，这些客体因此可以被纳入此公式中，途径是，它们可以被视为（可供使用的原始能量中的）Ec中的相应增量或减量，也就是它们等同于通过饮食消费（能量消费的基本类型）而消耗的能量。索尔维认为，需要（Bedürfnis,）是纯想象的或道德的范畴（purement d'ordre imaginatif ou moral），即使这些需要也可被纳入公式（12页）。甚至偏离"正常人"（homme normal）平均能耗的"滥用"能耗都可被纳入这些公式。那么，如果考虑到个人这种过度的能源消耗（énergétisme excessif）有时可能表现为有利于整体的私人能源消耗（énergétisme privatif），而在另外一些情况下，比如能人（hommes capables）过多耗能，也提供更高份额的贡献，作为回馈，这种过度的能量消耗就决不是反社会的，而是起到改善社会能量值的效果。这意味着：有关能量的各个公式和能量学中常见的测量单位（公斤、卡路里等）可以**普遍**适用。

读者不要受以下思想影响——这里首先用一些笔墨对上述内容表明态度：索尔维的全部理论建构绝对是无意义的，其无意义在于，索尔维的公式没有充分考虑到各种现象的复杂性。对于这样的指责，索尔维大概永远都会据理力争：继续引入其他变量，就有可能最终“在原则上”整合每一种尚显错综复杂的情况。即使永远不能从量的方面精确测量很多系数，甚至根本不能测量某些系数，这都不是“原则上的”错误。因为，比如边际效用理论使用的就是虚构的、针对需要的可量化性，从方法上讲，这是有道理的，——至于**为什么**有道理，书中在此未作详述。索尔维的全部论述之所以无价值，在于其立足点，即他将**完全主观**的价值判断纳入看似极其“精确”的公式。一个人的“社会视角”、社会有用性（这种质本身和自然而然要论及的质的程度）以及所有与此相联系的东西，都仅仅按照完全主观的理想得到规定，个人则怀着这样的理想去探寻关于社会状况的**应然**（Seinsollen）问题：在各种可能的价值尺度间存在着无数细微差别，还有很多直接相互冲突的价值尺度彼此竞争，这些相互竞争的价值尺度或者作为服务于意向中目的的非意向中手段，或者作为与意图的成功并存的意外成功，它们发生直接的相互冲突，彼此间亦做无数的妥协让步。价值尺度间的这些无数细微差别和妥协让步都在考量范围内，彼此的地位自然也是绝对相同的，前提是，实证主义声称已被自己超越的“神学的”和“形而上学的”两个**信仰**因素中，没有任何一个又从旁门被纳入进来。这是因为，如果索尔维的论述不是基于以上立足点，那么如果仍然从“社会能量”立场来看，像格里高利七世、罗伯斯庇尔、拿破仑、强力王弗里德里希·奥古斯特一世、洛克菲勒、歌德、奥斯卡·王尔德、伊凡雷帝等过度消耗能量的个体是否曾“带来收益”这个问题，**只**能通过客观的价值判断来决定，甚至这些个体以及与这类人多少有些类似的无数其他个体在**多大程度上**“带来收益”或“不带来收益”作为另一个至关重要的问题，当然也**只能**通过客观的价值判断才能决定。发明数学象征符号来展示价值判断这样一种做法是幼稚可笑的游戏——如果说这种雕虫小技还有意义可言的话，那么恐怕就要针对**每个**进行**价值评判**的主体给出完全不同的系数，比如针对索尔维先生要有一个系数，对笔者要有另一个系数！——索尔维在著述中语出无物，却做出展示“科学”的姿态，那真是令人叫绝。到此便可断定：从此处（15页）开始，索尔维本人也承认难以将自己的公式运用于实际，从这里也应断定，索尔维的全部阐述并无价值。因为，这里涉及的是“智识现象”（phénomènes d'ordre intellectuel）。索尔维说，“自在自为地来看”（considérés en eux memes），这些现象都不符合表征其特点的、量性的能量发展特定过程，实际上，这些现象“主要”（essentiellement）是神经—肌肉能量分布情况的前后相继过程。（这种看待事物的方式是严格的“心理物理学平行论”的替代物，广为人知）。所以，相同的能耗量可以展示出具有极为不同**价值**（valeur）的贡献。但是，这些现象**必须**（问：奉谁人之命？[par ordre de qui?]）能够纳入公式，这些公式则要能够通过量性方法用于测量——**因为这些公式**（原文如此）在社会学中起着重要作用（为使此结论在逻辑上具有完整性，这里恐怕需要补充一点：由此可以演绎得出，社会学与计算能量的公式必须相协合）。事实上，事情也非常简单：人们虽不**能**测量这些现象本身，也不**愿**测量（一般心理物理学平行论意义上的）伴随（concomitante）着这些现象、却并不表征其特点的能量发展过程——**但是这些现象的影响**（effet）是可以测量的。于是，索尔维的书中接下来便有一系列极为讨喜的跳跃式做法。该如何**测量**影响（effet）呢？比如，如何测量西斯廷圣母（Madonna Sistina）的影响或者"排水口艺术"（译者按：Rinnsteinkunst，意为"不上档次的艺术"）创作的影响？索尔维羞于接受和向他人公开承认一个实际情况，即"影响"在这里只是经过手法变换后代替了之前所使用的多义词"价值"，于是，他进行了以下论证：正常个体**因此**（注意！）**也**是（**正常的**）**集体中之个体**，该个体大脑努力（effort cérébral）的"正常"（normal）目的是"社会"，旨在自我维系，即在于保护自身免受身体和"道德"（原文如此！）方面的侵害。这就是说（！），大脑努力所产生的正常**影响始终**（注意！）意味着能量值的改善。不仅技术发明如此，不仅相较于不明智工人的明智工人如此，而且在智识之外的领域亦是如此。比如，音乐会促成大脑形成一些状态，这些状态引发调整氧化过程的活动，而这些调整活动本身旨在提高被释放的有机能量得以充分利用的程度（大约是指更好的消化活动等，而在此之前，索尔维将思想能量[Ideo-Energie]归入Er，也就是排泄物，声称其并无很大作用）。这就是说，音乐对能量产生的重要作用得到证明，接下来，同其他与音乐相同的东西一样，音乐对能量产生的重要作用"在原则上"是可以测量的——于是我们幸运地来到了El和Eu公式的美妙领地。只不过：还需要先为其中很多系数找到测量单位，比如——像索尔维认为的——在一个时间单位中可能出现的想法数量，等等。也有这样一些智识的创造物或艺术创造，它们带来的能量利益一直是潜在的，此外还有其他带来能量负债的创造物，也就是损害社会的创造物。（索尔维在这里想到的也许是少年维特的自杀，这样的自杀损害了维特的能量价值。）但是，他认为，无论如何，**每个**人（原文如此！）可以在评价**标准**（直接或间接改善社会能量值）的基础上，"从原则上"严格按照（一生中自然会交替更换的）心理能量的——正面或负面的——社会价值尺度进行计算（原文为"calquer！"），就如同他的生理能量值（见前文）可以计算一样。这一"原则上的"可能性真是意义非凡，而且，自然也是"在原则上"计算这些——因同时代人尚不成熟而——在几百年后才会发挥影响力的"思想能量"是可能的，由此来看，这种可能性的意义便更加重大了。幸而作者索尔维认为，"**他**的工作**不**在于"研究如何着手开始测量生理能量和心理能量价值（valeurs physio-et psycho-énergétiques）的**方法**——即便如此，在他看来，大的路线（21页）包括所有"严格意义上的社会学研究"（tout l'ensemble des recherches sociologiques proprement dites），勾画出这类路线后，他自己的这种自我幻想和诸如此类的所有自然主义性质的自我幻想也便止步于此。

之后，他评论说，在当今交换经济的"价格"现象背后，自然隐藏着卡路里和氧化过程的"最终"价值测量器，这些测量器以交换货物的形态通过直接或间接方式被输入有机体内。——然而，一方面，在土地面积充足的情况下，人不会购买空气，连间接购买（基本价值）也不会，另一方面，索尔维认为，比如要购买一张"真正的"

波斯地毯，事实上必须估算“氧化过程”，而他说的“氧化过程”实际上是用来表述**个体**对货物进行主观估测的玄幻之词——他自己也承认（见上文），不存在明确表示这些货物能量的数值——其他所有的“社会”价值也都是这些主观估测的结果。索尔维的所有这些论述逻辑不清，一位国民经济学专业的大学新生在入学第一学期就可做如此论述，但这一切对我们这位作者都不是问题。他在一开始提到了价值（valeur），那里大概还指的是**美学价值**——然后跳到“影响”——艺术作品氧化过程的结果，同样，索尔维的研究现在又引导我们看到他的结论：“正常人”（homme moyen）的生理能量值和心理能量值改善，是改善社会本身能量值的关键手段。也就是说，这种生产主义（Produktivismus）的计算要为立法者指明道路，由此就可以取得“正常的能量值”（rendement normal），该能量值本身取决于正常人类（humaniténormale）的持存，也就是取决于，不断有“符合理想的、健康且明智的人”（hommes idéalement sains et sages）补充进来，他们**只**做对于维护他们个人正常能量值来说必要的事情，同时，将自己能量中“社会必要的”最小部分用于社会目的。

在索尔维眼中，每个社会群体都是一个化学反应的单位，在不远的将来，宇宙中的每个发展过程都会获得能量的评估（évaluation énergétique），因此，索尔维认为，可能建立这样一种规范的“积极”（positive）社会学的一天也指日可待——“原则上”一语在这里大约也可以补充进去！我们在此且不谈索尔维对实践提出的建议。从思想内容来看，他的“生产主义”以及“相容论”在继承蒲鲁东（Proudhon）等人的法国传统乌托邦构想之衣钵方面，与我们在前文中看到的他的“成就”在吸纳凯特勒和孔德思路方面所采取的态度一样狭隘，两者如出一辙。

从本文讨论的奥斯特瓦尔德著述所具有的内在逻辑性来看，奥斯特瓦尔德本人远不及**索尔维的**“成就”，虽然奥斯特瓦尔德在“常识”（bon sens）方面超过后者，而这更是他不及后者的原因。比如，索尔维表示，“思想”内容和能量的量性关系之间没有明确的兼容关系（Konrelation），但这一论述在本文所讨论的奥斯特瓦尔德的著述中无处可见。

2 查理·亨利：《测量智力和能量的能力》，笔记与备忘录，第六册。（Ch. Henry, *Mésure des Capacités intellectuelle et énergétique*, Heft 6 der Notes et Mémoires.）

3 顺便提一句，一位现代化学家是否应该谈论“心理能量”，比如像奥斯特瓦尔德所做的那样，这是另外一个问题。但无论如何，如果有人站在心理物理学因果论的立场上，即如果有人批评“平行论”，那么他也会理解被奥斯特瓦尔德称为“心理学性质的”发展过程的东西，即“思想”只可以被评价为“能量的”东西，奥斯特瓦尔德本人也若明若暗地以此方式去评价思想。奥斯特瓦尔德还写出一些语句，如（97页说明部分）：“思想可以（原文如此！）被理解（原文如此！）为非空间性的，但是没有时间和能量，它们便不会长久存在（原文如此！），是主观的。”——对于所有这些语句，我们更好的做法是为它们罩上爱的头纱。闵斯特伯格（Münsterberg）的心理学作为一个整体可能仍然得到公认和支持，但对奥斯特瓦尔德来说，大概只有其中几个章节是真正有用的阅读材料。按照这位“能量学专家”自己的方法学思路来看，他只研究“客观的”神经活动和大脑活动，这些活动是各种量（Quantitäten），也就是说，他主要研究化学能量，根本不涉足“主观性”。因为，在主观性和量性的“能量”比例关系之间不可能存在一个由主观性的质性特性（思想“内容”）来规定的转换标准——而这样一个转换标准却属于每种“能量”的概念性本质，是该本质的一部分。如若真的在能量收支（Energiebilanz）中找到体现“思想”支持发展过程的那部分能量，把“内省式”认识作为特殊“感官”，用于感知“心理”能量及其各种“转化”过程中不断变化的“内容”（98 页，奥斯特瓦尔德大约认为这些是必要的，因为，否则，心理发展过程就不会被归入“发生的事物”这个概念之下），那么，就“表皮**内**”能量的性能关系而言，一个偏执者毫无意义的空洞言谈和夸张举止与高水平的思想活动之间便无从区分，更不存在（这种不言自明总出现在关键之处）作为尺度的一种“**能量的**”性能关系，被用于评判诸如“正确”和“错误”等判断。正确判断和错误判断这**两者**都以能量消耗为前提，就生物化学性的“性能关系”和其他“性能关系”而言，根本没有任何因素能够让作出“正确”判断时的能量消耗同“不正确”判断时的区分开。“性能关系”也不能——只出于保险考虑，在面对一个已经广为人知的立场时，比如在面对包括索尔维（见上文中的注释，878 页）在内的学者所持的那种将“真的东西”与“有用的东西”等同起来的立场时，便——通过“外部世界”的一个“能量”试验就被纳入考量之中。因为，有很多这样的毋庸置疑的真实情况，它们那功利性质的能量成本核算表中负债累累，由于能量消耗过多（化学能方面：屡屡败绩；生物化学能和动能方面：党派组织和战争；等等），这些赤字难以通过能量的性能关系改善而得以消除，特别是，这些真实情况中也有一部分对“性能关系”完全**没有**影响。

奥斯特瓦尔德显然不认同功利性质的认识论，他把那些不归入**既定范式**的真实情况看做历史性质的真实情况，认为所有这些真实情况（170 页）都毫无技术价值可言，**因此**也是毫无**科学**价值的。他的这一观点有道理。他本人撰写的一部最值得阅读的著作《伟人》（*Große Männer*）也（1）只评介了改进能量的性能关系的伟大人物；（2）将能量的性能关系从根本上当做讨论**实践性**问题的范式：哪个课程能够改善性能关系？在奥斯特瓦尔德看来，这一实践性问题不是历史性的成就，而是教学法方面的成就（顺便提一下，他运用的纯粹英雄赞歌式的表述方式并没有恰当反映出科学发展的驱动力所带来的影响：有一条规律越来越多地为人所认识，即意义重大的发现由彼此间并无合作、各自独立进行研究的若干人实现，人们热衷于争论“谁人发明更早”，是争论的唯一目的，而越来越多的事实表明，偶然事件决定谁的发明最早）。历史学家和其他相关学科的专家大概会在很大程度上漠然看待奥斯特瓦尔德略显幼稚的平庸思想——他们必定会感到其思想的平庸，不过，李凯尔特可能会认为，根本没有比专门（逻辑意义上）“自然科学”思维更好的范式了。

至此已足以说明：即使将心理学的内容纳入能量学，让能量学（按奥斯特瓦尔德的本意）为“文化科学奠定基础”的可能性大概也很渺茫。奥斯特瓦尔德在书中只隐晦地表示可以将心理学纳入能量学（70 页），而在另一处却又强调：他的考察**止步**于“心理学因素纳入之时”。而且，**如何**将心理学内容具体纳入进来呢？从“能量”角度来看，将“心理学的东西”纳入劳动的心理物理学，这个研究有多么复杂，对此问题，笔者在其他著述中已经倾尽一个门外汉的所能，尝试着为自己以及为阅读基于克雷佩林（Emil Kraepelin）理论的各门社会科学档案文献和其他研究文献的读者提供一个答案。但是，奥斯特瓦尔德意指的显然根本不是心理物理学问题的这些方面。冯特（Wilhelm Wundt）曾就“心理能量增加规律”（Gesetz der Vermehrung der psychischen Energie）提出理论，该理论把“增加”一些东西与心理学中关于存在的范畴揉合起来，这些东西是被我们称为与文化相关的发展过程中的“思想内容”（即价值评判），该理论令人迷惑，假如奥斯特瓦尔德的脑海中浮现出这个损害科学声望的理论，那么，兰普雷希特的无谓工作便为之提供了警示性的例证。弗洛伊德最初的理论似乎定位在一种“心理（情感）能量守恒定律”——此定律也是该理论在精神病理学中的价值所在——如今，经过创立者弗洛伊德的调整，该理论最终已失去了“能量学意义上的”所有锋芒，至少对于笃守能量学的学者来说，该理论还不能派上用场。如果弗洛伊德的学说成为一种能量学，那么与其特性相应，该理论自然不会提供正当性的依据来说明，弗洛伊德为何摒弃所有迄今不为“能量学”所理解的文化科学的各种视角，创立众人接受的“心理学”。至此我们已经进行了充分的说明。以上述评重在为方法论进行总体定位，从方法论定位来看，奥斯特瓦尔德的论述已经超出了他的观点在理论领域发挥效力的范围（我们已经提到了实践性领域的部分）。

正当支配的三个纯粹类型[1]

（1922）

支配，意为某个命令得到服从的概率，可以建立在顺从行为的不同动机之上：它可能纯粹受到利益格局的制约，也就是服从者对利弊进行目的理性的权衡。它也可能仅仅受制于“习俗”，即不假思索地采取习惯的行动；或者，它可能是基于纯粹的情感因素，**只是**出于被支配者个人的偏好倾向。但是，仅仅建立在这几种基础上的支配，相对来说是不稳定的。更确切地说，无论就支配者还是被支配者而言，支配更多的是有赖于内在的支撑，这就是**合法性的基础**（*Rechtsgründe*），亦即支配的正当性基础，而这种对正当性的信仰一旦动摇，通常就会产生影响深远的后果。

从支配的“正当性基础”来看，支配只有三个纯粹形式，其中每一个——对应一个纯粹类型——都与行政班子和行政手段截然不同的社会学结构相关。

I. 基于成文法规的**合法型支配**。最纯粹的一种类型是官僚支配。

其基本观念是：通过形式正确的酌处程序制定成文法规，可以创设任意权利并（任意）变更（已有的）权利。支配的集群或者是被选出，或者是被指定，其本身以及所有组成部分都是在**经营**（Betrieb）。进行他治（heteronom）且他主（heterokephal）（部分）经营的，就应当称为行政机关（Behörde）。行政班子由经过支配者（Herr）任命的**官员**（Beamte）组成，服从者（Gehorchende）就是集群**成员**（“公民”［Bürger］，“同侪”［Genosse］）。

服从者并非服从拥有个人权利的个人，而是服从成文的规则，规则规定服从谁以及服从程度。发号施令者发出命令，本身也因此服从规则：服从“法律”或“规章制度”，即服从**形式**抽象的规范。发号施令者是“**上司**”（Vorgesetzte），其支配权基于成文**规则**而获得正当性，在**客观的权能**（sachliche Kompetenz）范围内有效，对该权能进行的专业划分，依据的是客观的合目的性和对官员业绩提出的专业性要求。官员的典型代表类型是训练有素的**专业**官员（Fachbeamte），其供职关系由合同确定，他们获得固定的薪金和退休权利，薪金数额根据职务级别而非工作量分级，退休权则根据晋升规则得到确定。官员的行政（Verwaltung）是他们基于**客观职责**（sachliche Amtspflicht）**而**从事的**职业**工作（Berufsarbeit）；以“不示好恶”（*sine ira et studio*）为理想，具体是指，工作不受个人动机或情感带来的任何影响，排除任意性和不可预测性，尤其“不考虑个人声望因素”，严格从外在形式上按照理性规则并——在规则失灵时——从各种“客观的”合目的性角度出发考虑事务并予以安排。官员按照职务等级履行服从义务，较低等级职务服从较高等级职务，并有经过规范的申诉程序。**工作纪律**（Betriebsdisziplin）构成这套体系运行的基础。

1.“合法型”支配当然不仅包括由国家和基层行政管理单位形成的现代结构，而且存在于资本主义私有企业、任何一种性质的目的性集群（Zweckverband）里，或存在于一个拥有规模可观且级别分明的行政班子的团体（Verein）中。现代的政治集群可谓“合法型”支配的最典型代表类型。私有资本主义企业中的支配有部分他治的性质：因为其中一部分秩序由国家规定——在行使强制性职务的班子方面，支配则完全是他主的：国家的法院系统（Gerichtsstab）、警察系统（Polizeistab）（通常）履行这些强制职能，——然而，从资本主义私有企业中官僚程度日益加深的行政组织来看，这些私有企业却是自主的（autokephal）。就形式而言，受雇于资本主义私有企业这种支配集群的行为都是自愿的，但这并不改变该集群的支配性质，因为，从形式上看，从该支配集群中离职也是“自愿的”，由此，被支配者遵守通常会受到劳动力市场条件影响的劳动规范。关于支配的性质与现代的国家统治两者在社会学上的亲缘关系，在谈到支配的经济基础时还会详加阐释。资本主义企业成为“合法型”支配关系的典型类型，“契约”的效力为之奠定了基础。

2. 就运作方式而言，官僚制度是合法型支配最纯粹的类型。但是没有一种支配**只是**官僚制性质的，即支配不**仅**由通过签订契约而受聘和经过任命的官员来执行。仅由他们来执行支配也是根本不可能的。政治集群的最高层或者是“君主”（Monarch，世袭卡理斯玛的支配者），或是由民众选出的“首脑”（Präsident，民选的卡理斯玛支配者，见下文），或者由议会性质的机构（Körperschaft）选出，在最后一种情况中，真正的支配者是该机构的成员，在更多情况下则是该机构中占主导地位派别的领袖，这些领袖或者更具卡理斯玛风范，或者更属显贵（见下文），情况不一。同样，几乎没有任何行政班子真正是纯粹官僚制性质的，事实上，部分显贵、部分利益代表通常采用多种形式（绝大多数情况下，以自治［Selbstverwaltung］形式）参与行政。但是，一个因素至关重要：行政中持续不断的事务处理主要依靠各种官僚力量，而且其依赖程度日益加深。这里尤其要说到现代国家的全部发展史，它就是一部现代官员群体和官僚制度经营史（见下文），同样，现代高度发达的资本主义，其全部发展过程也是经济企业中官僚主义程度日益深化的过程。官僚制性质支配形式的占比普遍提高。

3. 官僚制度并非合法型支配的唯一类型。如果在官员轮换制、官员抽签制、官员选拔制、议会行政（Parlamentsverwaltung）、委员会行政（Komiteeverwaltung）和所有团契制的（kollegial）支配机构及行政机构都实施恪守成文规则来行使权能的做法，在行使支配权时体现出合法型行政的类型特征，它们就属于官僚制。在现代国家生成的时代中，团契机构（kollegiale Körperschaft）从根本上促动了合法型支配形式的发展；特别是“行政机关”这一概念也溯源于团契机构。从另一方面看，在现代的官员行政产生之前（以及当今的各种民主形式中），官员选拔制起到了重要作用。

Ⅱ. **传统型支配**基于对古已有之的秩序和对支配权力之神圣性的信仰。传统型支配最纯粹的类型是世袭制支配。支配集群体现为共同体关系（Vergemeinschaftung），其中的发号施令者是“支配者”，行政班子则是“侍从”（Diener），服从者为“臣民”（Untertan）。支配者的个人威严（Eigenwürde）因其出身而被神圣化，其个人由此获得他人服从，即：支配者个人基于效忠关系获得他人服从。支配者号令的内容受到传统规制，支配者本人进行支配的正当性只建立在神圣性的基础之上，如果他肆意违反传统，便会危及这种正当性。从原则上讲，创设与传统规范相对立的新法规是不可能的。根据实际情况，（借助智识[Weistum]）将一个定理（Satz）“识别”为“自古有效的”（von jeher geltend），新法规才能得以创设。在传统规范辐射范围之外，支配者的意志会受到各种制约，在个别情况下，公道感（Billigkeitsgefühl）为他设定界限：于是，他的支配分为两个领域，其中之一严格受到传统约束，而在另一个领域中，他可随意施予恩宠与任意行事，在此领域中，他随心所欲，尤其会受到奉迎自己的视角左右。他在实施行政管理和协调冲突时所依据的原则是实质性的伦常、公道或功利的合目的性原则，而非合法型支配中的形式原则。支配者治下的行政班子亦如此行事。行政班子由人身依附者（家仆或家臣）、亲戚或私交朋党（蒙宠者）、有个人效忠关系的人员（封臣，有纳税义务的王侯）组成。在传统型支配中，不存在那种意为以客观方式界定的管辖范围（sachlich abgegrenzte Zuständigkeitssphäre）这一官僚主义性质的“权能”概念。侍从的“正当”发号施令权大小，取决于支配者对他们每人的器重程度，他们是以权重或是以职位高低的角色行使发号施令权，也完全由支配者的器重程度决定。事实上，侍从的“正当”发号施令权，在很大程度上取决于他们作为服从者能够为自己的顺从得到怎样的回报。主导行政班子中关系的不是客观的职责和岗位纪律，而是个人效忠。

在传统型支配中，从行政班子所处地位的性质来看，有两种班子形式，其特点各异：

1. 纯粹的世袭制行政结构：侍从完全依附于支配者，他们或者纯粹通过世袭制招募（patrimonial rekrutieren）而来，或通过非世袭制方式从（并非）毫无权利的阶层中招募而来，前者如奴隶、隶农（Hörige）、阉人，后者如蒙宠者、**平民**。此结构下的行政完全是他治与他主的；行政者在履职时毫无个人职权，也不存在**专业**遴选程序，行政者也没有官员的等级尊严。客观的管理手段完全由支配者掌控调配，且服务于他。在行政班子与支配者之间这种不折不扣的依附关系中，没有任何保证支配者不对行政者任意妄为的制约，因此，支配者对他们任意妄为的程度最深。世袭制行政结构中最纯粹的支配类型，是**苏丹制**（sultanistisch）支配，历史上所有真正的“专制政体”（Despotie），都具有将支配权视同支配者之普通财产权这一苏丹制支配的特点。

2. 等级制结构：侍从不是支配者私人的侍从，不依附于支配者，且拥有自己作为社会显贵人物的地位；他们因特权或主宰者的特许（Konzession）而（凭借事实或根据设定的正当性）被**授予**职务，或者通过（购买、抵押、租佃）合法交易而在占有的职务中拥有（换得）不可被随意撤销的个人职权。与此相应，他们的行政虽然受限，却是自治和自主的，客观的行政手段由他们在自己管辖范围内掌控，而不在支配者自己的管辖范围内，此种支配为：**等级制**支配（ständische Herrschaft）。——在职者竞争职务的管辖领域（及职务中谋得的进项），于是他们彼此划分行政领域的内容，这种竞争相当于“权限”。在职者的级别划分常常被特权（决定初审上诉皇帝的特权［Privileg de non evocando］，决定终审上诉皇帝的特权［Privilegde non appellando］）打破。“纪律”的范畴是不存在的。传统、特权、封建的效忠关系或世袭制的效忠关系、等级的尊荣和“善良意志”规范着全部关系。这意味着，支配权在支配者和占有职位及拥有特权的行政班子之间分配，这种等级式**分权**使得行政管理的方式高度模式化。

（家长、族长、“君王”的）世袭制支配只是传统型支配中最纯粹的类型。这类支配中的每一种“掌权者”（Obrigkeit），仅凭因循的习惯而施行正当威权，毫不受限。他们同属一类掌权者，只是特征不显著。子女与家长之间的这种效忠关系通过教育和习惯的养成令人习以为常，一方面，这种效忠关系与企业中签订契约的雇工之地位形成鲜明对比，另一方面，它又与共同体成员和先知之间那种情感性质的信仰关系形成最为典型的对比。事实上，传统型支配关系也正是萌发于家族集群。家臣是世袭制国家和封建国家中典型的“官员”，其最初的任务仅仅是处理家政（御膳总管、司库、内廷大臣、酒务总管、管家、大总管）。

严格受到传统约束的行动领域和自由行事的领域并存，这是所有传统支配形式的共同特点。在自由行事的领域中，支配者或其行政班子的自由行动必须通过购买获得，或者通过私人关系获取。（收费体系［Gebührwesen］即由此而来。）形式法律不存在，这是至关重要的一点。各种实质原则取代了形式法律，主导着所有传统型支配形式中的行政与调和纠纷过程，这是一切传统支配形式的第二个共同特点，尤其对支配与经济之间的关系产生影响深远的后果。家长与世袭制中的支配者实施统治，按照“卡迪司法”（Kadijustiz）的原则进行决断：一方面严格受到传统的约束，而一旦支配者在约束中有某些余地，他便根据具体情况，按照无法律形式的和非理性的公道与正义视角进行决断，而且会“顾及个人声望”。世袭制支配者的所有规范和法度都散发着所谓“福利国家”的精神，即社会伦理原则与社会功利原则相结合，占据主导地位，突破了所有法律形式上的按部就班。

区分传统型支配中的家长制结构和等级制结构，是研究前官僚制时代的全部国家社会学的基础。（但是，要完全理解两种结构的截然不同之处，须结合该差异中的经济方面，即将行政班子同客观化的行政手段分开，或者说，行政班子占有客观化行政手段。后文将对此详述。）历史上是否存在过作为思想性文化财富载体的“等级”，存在哪些等级，从历史来看，回答这些问题的关键首先就在于传统型支配中的世袭制结构和等级结构之区别。在近东、马穆鲁克（Mamelûken）时代及其之前的埃及，都有世袭制下的人身依附者（奴隶、隶农）行政，这种行政是全无等级的纯粹家长式支配中最为极端的、看似（并非一直真正）最为彻底的类型。自由民行政与理性的官员制度相对接近。文人学士群体的特点各异（典型的对比：婆罗门与中国的文士差别鲜明，此两者又与佛教僧侣和基督教神职人员迥然不同），其行政也因此各不相同，但总是更接近等级制支配类型。贵族行政（Adelsverwaltung）最清晰地体现了等级制支配类型，封建制则是等级制支配类型最纯粹的形式，后者用全属个人性质的效忠关系和宣扬被授予职务的骑士等级的尊荣取代了客观化的理性职责。

在一切或多或少以固定占有行政权力为基础的等级制支配中，享有特权者的管辖权得到各种保证，由此，这些等级支配具有一种特殊“合法性基础”的性质（等级“分权”的结果），而在世袭制的形态（Gebilde）中，行政完全由主宰者随心决定，无特殊的“合法性基础”，就此而言，等级制支配比世袭制更接近合法型支配。另一方面，世袭制的行政班子要严格遵守纪律且没有个人权利，这在技术上更接近于合法型支配的官职纪律，而不是等级制形态中那种因占有而形成的分裂式、模式化的行政。在欧洲，在行政中任用平民（司法者）甚至可以说是现代国家的前驱。

Ⅲ. **卡理斯玛型支配**基于在情感上对主宰者个人及其天赋之材（卡理斯玛）的折服，天赋之材尤指：神异能力，预言未来的能力或英雄气概，思想和演说的感召力。永远推陈出新，超凡脱俗，敢于尝新，情感自制隐忍，这些品质都令人折服。卡理斯玛支配最纯粹的类型是先知、战争英雄、著名煽动家的支配。卡理斯玛型支配集群是共同体（Gemeinde）或追随者（Gefolgschaft）中的共同体关系。发号施令者是**领袖**（Führer），服从者是“门徒”（Jünger）。后者只是个人因领袖拥有不同寻常的人格品质而非基于明文规定的领袖地位或传统尊荣服从前者。所以，只要领袖拥有上述品质，即只要其卡理斯玛通过证明得到**证实**，门徒就服从。如果领袖遭神的“舍弃”，或失去英雄气概，又或民众不再仰慕其领袖品质，他的支配便不复存在。行政班子的遴选基于候选者的卡理斯玛和个人的奉献精神：既不依据专业资质（如官员）或等级（如等级制支配中的行政班子），也不依据家族的或其他形式的人身依附关系（如世袭制的行政班子）。在卡理斯玛支配中，仍然不存在“权能”这一理性概念，也不存在“特权”这一等级性质的概念。被委以任务的追随者或门徒的正当性程度只由主宰者承担的重大使命及其个人的卡理斯玛资质决定。在卡理斯玛支配中，不论是成文规则，还是传统规则，“行政”——如果称得上有行政的话——都缺少规则导向。即时预言，随时创造，亲身垂范，因时制宜，便是该行政的特点，即——如果按照成文规定的秩序来衡量——卡理斯玛支配中的行政是**非理性**的。这种行政不受传统约束：“尽管已有成文……但是我要告诉你们……”，此句适宜描述先知；战争英雄则用刀剑权力新创秩序，煽动家明宣暗示自己拥有革命性的“自然法”，这一切令正当秩序黯然失色。卡理斯玛式发布律令和调解纠纷的真正形式是，主宰者或“智者”宣布裁决，并由（防卫或信仰）共同体予以承认，如果没有另一个同样宣称具有卡理斯玛效力的律令与之竞争，这种承认就是义务。如果存在竞争，最终便只有必须通过共同体的信任来裁决的领袖之争，其中，只能有一方正确，另一方则只有罪错，必须受到惩罚。

1. 卡理斯玛支配类型最早由佐姆（R. Sohm）* 在研究早期基督教教区的教会法时提出，令人耳目一新，他还没有认识到这是一种支配类型。此后，卡理斯玛型支配的表述得以频繁使用，其深远的影响力却尚未得到识见。——在早期历史上，“成文规定”支配已略有萌芽，当然它不会绝不存在，除它之外的所有支配关系都可归入传统型支配和卡理斯玛型支配。印第安人的“经济首领”（酋长，Sachem）本质上是传统型支配者，除这类支配者外，还存在着（相当于德意志“大公”的）卡理斯玛式战争首领及其追随者。逐猎和征战都需要具有非比寻常个性品质的领袖，如果说逐猎和征战在尘世间孕育卡理斯玛式领袖，巫术则是卡理斯玛式领袖的“灵异”之所。之后的数百年中，卡理斯玛式支配伴随着各个时代的先知和战争首领。卡理斯玛式政治家——“煽动家”——是西方城邦的产物。在耶路撒冷城邦，他仅仅罩在宗教外衣下，以先知的身份出现；与之相反，伯利克里（Perikles）和厄菲阿尔特（Ephialtes）改革使雅典宪法完全契合雅典

* 鲁道夫·佐姆（Rudolf Sohm，1841—1917），德国法学家、教会史学家。

存续的需要，如果没有该宪法，雅典的城邦机器一刻也不会运转。

2. 卡理斯玛式威权的基础是对“先知”的信仰，是具有卡理斯玛的战争英雄、街头好汉或煽动家个人获得的承认，如果具有威权的个人不再被信仰或不被承认，威权便随之消失。尽管如此，卡理斯玛式威权并不从被支配者的承认中**推衍**而出，正相反：信仰与承认被视为**义务**，因具备卡理斯玛而获得正当性的领袖要求被支配者履行服从自己的义务，对违反要求者则予以惩罚。卡理斯玛威权虽然属于历史上影响巨大的革命性权力，但就其纯粹形式而言，它仍属威权的和支配的性质。

3. 不言而喻，此处的“卡理斯玛”表述完全是在价值无涉的意义上使用的。北欧传说中的“狂暴武士”（Berseker）近乎病态的暴怒、某个预言中的奇迹和天启、克勒翁（Kleon）的感召力在社会学中都是与拿破仑、耶稣、伯利克里的品质不相上下的“卡理斯玛”。因为，对于我们而言，这些东西是否曾被视为“卡理斯玛”，是否曾作为“卡理斯玛”**产生影响**，即它们是否曾经获得承认，才是最关键的。卡理斯玛要产生影响，获得承认，“用公认的证据予以证实”（Bewährung）便是基本前提：卡理斯玛式主宰者必须通过奇迹、成功、追随者的或臣民的福祉等公认证据来证实自己承蒙“神圣恩宠”（von Gottes Gnaden）。只要他能够证明，他便被视为主宰者。如果他不能提供证据，其支配便岌岌可危。“神圣恩宠”（Gottesgnadentum）是一个卡理斯玛性质的概念，凡其存在之处，都产生决定性后果。旱涝灾害、战场失利或其他不幸都会令人怀疑一位中国君主是否仍然承蒙天恩，其王位因此受到威胁。如有灾殃横祸发生，他公开检讨悔过：他面临着退位甚或舍身的风险。人们对所有先知都怀有期待，期望先知用奇迹证实自己的能力（茨维考［Zwickau］

人也曾对路德［Luther］怀此期待）。

当大部分基本性质为**合法型**的支配关系稳定时，如果人们对此支配关系的正当性的信仰也有助于该支配关系的稳定，那么，这些合法型支配关系的持续存在便有赖于混合型支配的基础。传统习惯和“声望”（卡理斯玛）与——最终也成为习惯的——对形式合法性之意义的信仰日渐接近：三者之一如因以下情况被动摇，如对被支配者提出的要求不符合传统，或因为不同寻常且毁人声望的厄运，又或者行为损害惯常的形式正确性，人们对正当性的信仰便会发生相同程度的动摇。在**所有**这些支配关系中，被支配者**持续**地真正服从支配者，这主要取决于：事实上存在着行政班子，以及行政班子事实上采取旨在维护秩序并（直接或间接）强制人们臣服于支配关系的**持续**行动。班子的行动要确保支配的实现，这就是“组织”（Organisation）一词的含义。由此而言，行政班子本身对支配者保持忠诚尤其重要，为此，行政班子与主宰者——在思想与物质方面——达成一致利益，就起着决定性作用。总体而言，以下语句可描述主导支配者与行政班子之间的关系：通常，主宰者将行政班子中每个成员分离孤立，使之分别与自己达成一致，有基于此，支配者相对于每个反对者而言就成为较占优势的一方，但如果反对者——像自古至今的行政班子偶尔为之的那样——联手合围，支配者面对所有反对者，无论如何都是弱势一方。然而，如果要借助防范性的或自觉的反抗活动，致使支配者对集群行动施加的影响落空，即：使其威权失灵，行政班子中的各派就须周密筹划，达成默契，也需要形成自己一派的班子。

4. 卡理斯玛型支配是一种**非日常化**的、纯粹个人性质的社会关系。这种支配关系在持续存在的过程中，最迟在卡理斯玛领袖个人退位后，会表现出**日常化**（veralltäglichen）的趋势——在第二种情况中，程式化趋势表现为：卡理斯玛型支配关系不同时彻底消失，而是以某种方式继续存在，即主宰者的威权传渡给后人。日常化的途径有以下几种：

（1）将秩序变为传统。卡理斯玛领袖或具有卡理斯玛资质的行政班子创设或者遵照判例（Präjudizien）和先例（Präzedenzien），取代卡理斯玛式持续新创法律和政令的做法。

（2）卡理斯玛型行政班子的过渡：由门徒或追随者构成的卡理斯玛式行政班子接管内部支配权，或因特权而占有支配权（采邑、俸禄），从而转变为合法型班子或等级制行政班子。

（3）重构卡理斯玛本身的意义。这里的核心问题在于，如何解决因思想原因和（常常主要为）物质原因而产生的找寻**后继者**的燃眉之急。

此问题可以通过不同方式解决：特别是在迟迟不能出现一位其卡理斯玛特质已经证实的新支配者或具有卡理斯玛资质的新支配者情况下，所有形式的重大利益却又关系到支配集群的持续存在时，人们就不会静待支配者的出现，而是会采取积极行动推出一位主宰者。

A. 寻找卡理斯玛资质的特征。相当纯粹的类型是寻找新达赖喇嘛。卡理斯玛的纯属个人的非客观化性质由此转变为可以按照规则确认的品质。

B. 借助神谕、抽签或其他任命方法。对具备卡理斯玛资质者的信仰由此转变为对相关方法的信仰。

C. 任命具备卡理斯玛资质者。

a）由卡理斯玛领袖本身任命：指定继承人，不论先知还是战争首领在确立继承者时，这都是很常见的形式。由此，对卡理斯玛自有正当性的信仰转变为信仰通过合法的和神意的指定而正当获取支配权的做法。

b）由具备卡理斯玛资质的门徒或追随者任命，并由宗教共同体或军事共同体予以承认。此任命方式的核心不可被理解为“选举”权或“预选”权。该方式与“选举”权或“预选”权的现代概念相去甚远。就原初的理念而言，此方式的核心并非对可供自由选拔的候选者进行“表决”，而是确定和承认“正确的”、具备卡理斯玛资质并可被任命为继承人的支配者。所以，“错误的”选择是要受到惩罚的不义之举。此任命方式原初的假设为：必须有达成一致的可能，否则就是错误和弱点。

于是，在任何情况下，信仰不再针对纯粹作为具有社会属性个人的个人本身，而是针对经过“正确”“有效”任命（以及有时被扶上位）的支配者个人，或是针对凭借某种物质财富而被推上权位的支配者个人。

c）基于“**世袭卡理斯玛**”（Erbcharisma）任命。该方式内含着以下深层观念：卡理斯玛资质是血统中固有的。

与此相关的思想首先是支配的“继承权”思想。这种思想仅在中世纪的西方占据过主导地位。通常，世袭卡理斯玛只存在于部落中，最新的卡理斯玛领袖必须通过特殊的方式确定，即通过上述A–C中的一种规则和方法确定。如果存在着涉及个人的固定规则，规则也不尽统一。皇位的“长嗣继承权”只在中世纪的西方和日本得到明确贯彻，大大提高了那里的支配稳定性，因为其他所有继承形式都可能引发内部争斗。

由此，信仰不再是对纯粹具有社会属性的个人本身的信仰，而是对王朝“正当”继承者的信仰：卡理斯玛那种纯粹应运而生、非客观化的性质在很大程度上转变为传统，“神圣恩宠”的概念也完全改变了原意（= 完全拥有自己权利的支配者，而不是基于被支配者承认的、**个人的**卡理斯玛）。于是，这就**完全**不以支配者所需要的个人品质为转移了。

d）通过礼制将卡理斯玛客观化（Versachlichung）：相信卡理斯玛是可以通过涂圣油礼、行按手礼或其他礼拜式转移或生成的神秘品质。

这种信仰不再是信仰卡理斯玛领袖个人——支配要求完全不取决于领袖个人的品质（这在天主教执行“不可磨灭的性质”［character indelebilis］原则中表现得最为清晰）——而是对相关圣礼行为产生效果的信仰。

e）卡理斯玛式正当性原则的首要意义是从威权（autoritär）角度得到解释的，但也可以从反威权的角度重新去解释它。卡理斯玛支配事实上发挥效力，其基础在于，被支配者承认具体的**个人**具备卡理斯玛资格，承认其卡理斯玛资格已得到证实。从对卡理斯玛原本的解释来看，支配权主张者（Prätendent）因为具备资格，所以是正当的，**应当**获得承认。这样的关系也容易被解释为另一重意思：被支配者一方自愿给予承认，这构成卡理斯玛正当性的前提和基础（民主正当性）。于是，承认就成为“选举”，基于自身的卡理斯玛而获得正当性的支配者变为掌权者，决定是否施予被支配者以恩宠，并通过选任被赋予权力。不论追随者指定支配者，还是（军事或宗教）共同体的口头表决或是公民投票推出支配者，这些情况在历史上都常常带有表决选举的性质，因此，按照这种性质的卡理斯玛主张被推举出的支配者就变为由被支配者纯粹根据自己喜好选出的**官员**。

卡理斯玛的基本原则也是这样发展的：共同体（防卫共同体或宗教团体）的卡理斯玛式法律指令必须得到宣布，并由共同体予以**承认**，于是，已经存在的可能性很容易变为——**合法型**——观念，前者是指：各种相互对立的指令彼此竞争，此时，可以通过卡理斯玛式手段，归根结底是通过共同体公开承认**正确**指令的方式，来作出裁决。合法型观念则是：被支配者通过意志表达来自由决定哪部法律应当发挥效力（geltensollend），为此，正当手段（多数原则）是计算表决票。

当选的**领袖**与当选的官员之间只存在意义上的区别，这里说的意义是被选者本人赋予自身行为的意义，以及**能够**——根据其个人的品质——在面对班子和被支配者时赋予自身行为的意义：官员完全由支配者——在这里就是指的选民——委托；领袖在行事时只承担自我责任，这意味着，只要领袖将选民的信任利用得当，便将完全按照自己的判断行事（**领袖制民主**），而不像官员那样按照选民（在强制委任［imperatives Mandat］中）表达的意志或基于揣度民意行事。

注　释

1　在作者遗稿中发现的这篇论文由玛丽安妮·韦伯（Marianne Weber）发表在《普鲁士年鉴》上，CLXXXVII 卷，1922 年，1–12 页，副标题为：一项社会学研究。（*Preußische Jahrbücher*, Bd. CLXXXVII, 1922, S. 1–12, Untertitel: Eine soziologische Studie.）

社会科学与经济科学“价值无涉”的意义[1]

（1917）

除非另有说明或者不言而喻，下文指的“价值判断”，应当就是对那些受我们行动的影响而被理解为恶劣的或值得赞同的现象做出“**实践性**”判断（“*praktische*” Bewertungen）。以这种方式对某一门科学的“中立”问题进行价值判断，亦即评价其逻辑原则的效力和意义，这与对待另一个完全不同的问题时的方式毫不相同，那个将要简单讨论的问题是：人在**大学课程**中是否**应当**“坦白”，他在根据某种伦理的、文化理想的甚或世界观的标准进行实践性价值判断（praktische Wertungen）。对这个问题是无法进行科学讨论的。因为，它本身就完全需要接受实践性价值判断，所以是个无法解决的问题。对此问题存在着各种支持态度，这里仅以两个极端为例：要么是立场（a），一方面是纯粹的逻辑推论和纯粹的经验事实，另一方面是以实践的、伦理的或者世界观的标准进行的价值判断，虽然两者的区别理应存在，不过，尽管如此（甚或恰恰因此），也还是要把这两个范畴的问题都搬上讲台；要么是立场（b），即使那种区别在逻辑上**并非**一贯可行，但还是提倡要让一切实践性的价值问题尽可能退出讲台。

我认为，立场（b）是不可接受的。特别是在我看来，通常在“党派政治”特性和其他特性之间分别做出实践性价值判断，对于我们的学科来说尤其行不通，它只适合掩盖对听众发表意见时的实际影响。尤其是还有这样的观点：既然“冷静”必须是讲台的特点，如果有谁要在讲台上发表价值判断，由此导致“激烈”讨论的危险，就应当被排斥在外，这种官僚式的意见，任何一个有独立见解的教师都必定会予以驳斥。一些学者相信，经验讨论**无法**拒绝实践性价值判断，而他们当中最富激情者，却最有可能被人忍受，比如特赖奇克（Treitschke），类似的还有蒙森（Mommsen）。因为，正是由于他们这种强烈的激情，使得听众至少能够**从自己那个方面**去估计教师那些判断的主观性，以确定它的影响在什么情况下可能会发生模糊变化，从而对他们本身来说，就可以坚持拒绝教师的激情。这样，就可以保持那些真实的气质对年轻人灵魂的作用，我认为，那种气质才是追随者们可能想要的讲台上的实践性价值判断，同时又不至于让听众迷失在不同范围的彼此混淆之中，如果在发现经验事实和要求对重大人生问题发表实践意见这两个方面都采取同样冰冷的淡漠态度，就必定会出现那种混淆。

在我看来，并且按照可能的追随者抱有的主观立场看来，立场（a）是可以接受的，但那是因为、而且仅仅是因为，**不论**在任何具体情况下，即使在面临自己的授课令人觉得毫无刺激性的危险时，大学教师都能绝对承担这样的责任，即让听众、主要是让**自己本人**坚决做到头脑清明：要分清楚**什么**是纯粹的逻辑推论或者纯粹的经验事实发现，**什么**是实践性价值判断。毫无疑问，我会直接把它看作一条知识诚实的戒律（ein Gebot der intellektuellen Rechtschaffenheit），如果人们承认两个范围势同陌路的话；在此情况下，这样做就绝对是最低限度的要求。

相反的问题在于：讲台上的人**究竟**应否（在同样的意外条件下）做出实践性价值判断，这本身就是一个实践性的大学政策问题，因而最终只能从职责的立场出发来判定，而个人则希望根据**自己的**价值判断指派给大学职责。如今，一些人凭借自己大学教师资格的**威力**，要求大学并由此要求自己本身成为这样的普遍性角色：宣传政治的、伦理的、美学的或者其他的看法以塑造人。但这与另一些人是背道而驰的，他们赞同的是必须相信这样一个事实（及其结果）：只有借助具备**专业**资格的人进行的**专业**教育，今天的大学教室才能发挥真正有价值的作用，因此，应当培养出的特殊优良品质，就只能是"知识诚实"。人们可以站在终极立场上支持第二种观点，但也可以根据同样多的不同终极立场支持第一种观点。尤其是（我个人采取的）关于"专业"训练之重要性的第二种立场，既可以产生于高度热忱的评价，反过来说，也可以产生于完全适度的评价。例如，从内在的意义上说，谁都不希望人人都成为尽可能纯粹的"专业人员"。恰恰相反，由于人们最终都会做出极为高度的个性化生活选择，所以不愿看到它被扔进与专业训练同样的锅里，**以免**听众由于讲台上的诱导而丢了自己的良知——尽管那种训练不仅想在一般的思想训练，而且也想间接地在年轻人的自我约束和道德态度的重要性方面得到高度评价。

冯·施莫勒（von Schmoller）教授对于讲台上的价值判断有一个善意的先入之见，在我个人看来，宛如他和他的朋友们曾经参与创造的那个伟大时代的回声，是完全可以理解的。但是我还认为：即使是他，也仍然无法逃避这样一种事态：对于年轻一代来说，纯粹的事实状况在一个重要方面已经发生了显著变化。四十年前，我们学科的学者圈子里还有一个广为流行的信念：在对实践性政策进行价值判断的领域，最终唯一可能站得住脚的意见，必定是**伦理上**正确的意见。（无疑，施莫勒本人始终只是有节制地赞成这个立场。）今天很容易就能断定，即使讲台价值判断的支持者，情况也不复如此了。不复如此的还有伦理上的要求，其（相对）朴素的正义假设，不仅形式上成了最终依据，而且结论上也（相对）单一，尤其是（相对）非个人的，因为它显然是特别**超**个人的，部分确实如此，部分则显得如此，这在今天已无法要求讲台上的价值判断具有合法性。相反（由于不可阻挡的发展），这在今天已经成为一团五颜六色的"文化价值判断"，事实上，就是一种对文化的**主观**要求，或者完全开诚布公地说：教师的所谓"个人权利"。人们也许对这种立场颇为愤慨，但可能完全无法反驳，因为它同样也包含着"实践的价值判断"：在各种预言中，唯有这种意义上的"个性化"色彩的**教授预言**是完全不堪忍受的。如果说，大批由官方认可的先知，不是在街头、教堂或其他公共场合，或者也不是私下里在自称是个人选择的秘密宗教集会上布道，而是在国家赋予特权的教室里，在这个所谓客观的、不受控制的、不容讨论的，尤其是连矛盾之处也受到精心庇护的寂静场合，"以科学之名"就世界观问题作出权威性的讲台裁决，这可真是闻所未闻的情形。冯·施莫勒一度极力赞同的一项悠久准则说：教室里的过程始终应当避免交付公开讨论。虽然现在有一种观点可能会认为，甚至在经验科学领域，这项准则大概也会偶尔带来弊端，但人们依然公开认为，而我也同样认为：在某种程度上说，"课程"**应当**不同于"演讲"，而由于公开性——比如新闻公开性——的干预，大学授课时没有偏见的严格要求、实事求是、冷静客观的教学目的，就很可能受到损害。但是无论如何，不受控制的特权，看来仅仅适用于纯粹**专业性的**教授资格。不过，对于个人的预言来说，却无法授予专业资格，因而也无法授予那种特权。尤其重要的是，决不能利用学生面临的**窘境**（即学生们为了人生的进步而必须进入某个学校，必须听老师的课），以便使学生在收获所需要的东西——对知识的理解力和思维能力的觉醒与训练——之外，还能保证安全地向他们灌输自己的所谓“世界观”，尽管它偶尔非常引人入胜，但往往也确实无关紧要。

和其他任何人一样，为了宣传自己的实践理想，教授通常还能利用其他的机会，如果没有，他也能够以适当的方式轻易创造出这种机会，每一次开诚布公的尝试都能证明这种经验。但是，教授不应该提出要求说，他**作为教授**，可以在背囊里携带着政治家（或者文化改革者）的权杖，就像他随心所欲利用讲台释放政治家（或政治文化）情绪那样。他可以（而且应该）在出版物、公共集会、社团和文章里，以任何其他公民都可利用的形式，去做他的上帝或魔鬼所要求的事情。但是，今天的学生在教师的**讲台**授课中所应学到的东西是：(1) 朴实无华地完成既定任务的能力；——（2）首先是承认事实，哪怕是让个人不舒服的事实，并将对事实的确认和价值判断的态度区别开来；——（3）使个人服从事业，因而尤其是把宣泄个人趣味和展示其他情绪的需求压制下去。我认为，与四十年前相比，这一点在今天要远为迫切，彼时，这种形式的问题还根本不存在。有人断定，如果“个性”不是在任何场合都能为人所见的话，它几乎必定会丧失殆尽，在这个意义上，它可以并且应当是“统一体”——但这与

事实不符。任何**职业性**任务（*berufliche* Aufgabe），都会要求把**事业**（*Sache*）作为一项权利，并要按照它们自身的规律去完成。承担任何职业性任务的人，都应当克制自己，排除那些并非严格地从属于**事业**的东西，其中大多数都是：自己的爱与恨。如果认为，展示强大的个性需要在任何场合从一开始就去追求只是独有的全部"个性特色"，这同样**与事实不符**。特别是，如今正在成长起来的一代人，尤其希望重新习惯于这种思想：人们不能刻意想要"获得一种个性"，而达此目的的（也许是！）唯一途径，就是全心全意地献身于"事业"，无论这事业是什么，也无论由此产生的"当下要求"在具体情况下会是什么。把实事求是的专业研讨混同于个人事务，这等于是背道而驰。如果不能以这种特殊方式做到"天职"所需要的自我节制，那就意味着剥掉了它至今尚存并发挥作用的唯一意义。但是，无论流行的"个性崇拜"是否力求在王位、公职和讲台上肆意挥洒，它在外表上几乎总是给人以深刻的印象，但就最为内在的意义而言，却到处都同样地微不足道，而且到处都在对事业造成危害。我现在希望的是不必特别指出即可明了：本文针对自己的对手要做出的阐述是，他们对待个性崇拜的**这种**方式，仅仅因为其"个性"，就可以确凿认定将会一事无成。看来，这在一定程度上是由于他们以不同的眼光对待讲台任务，一定程度上则是由于我虽然尊重但并不分享的那种教育理想。然而，这里要考虑的是，他们不仅希望，并且也确实在利用自己的权威带来的合法性，这必定会严重**影响**本来就已不可避免地强烈发展出了敏感性（Prädisposition）的一代人。

最后，某些所谓讲台（政治）价值判断的反对者，常常严重误解排除"价值判断"这一准则，并据此贬低在教室**之外**完全公开的场合举行的文化与社会政策讨论，他们这样做肯定没有丝毫的正当性，对此几乎不用作出特别说明。在我们的专业中，不容置疑地存在着这种虚假的价值无涉倾向，并得到了强大的利益集团那种顽固而自觉的党派偏见的支持，这种稳定的因素很容易理解，从而可以解释为什么有相当数量内心独立不羁的学者现在主张到讲台上进行价值判断，因为他们也自信地参与制造了那种纯粹虚假的“价值无涉”的保护色。我个人相信，尽管如此，还是（按照我的看法）应该正确行事，如果一名学者把他支持的实践性价值判断的影响限制在教室之外的适当场合，而人们意识到他在教室里只是严格履行“他的职责”，那前者就仍然有它的分量。不过就此而论，所有这一切，本身也同样是实践性价值判断问题，因而也难以解决。

但是，在我看来，只有在作出同样的保证让**所有**党派的价值判断都有机会获得讲台效力时，这种在讲台上发表价值判断的权利，才能成为一项**原则**要求。[2]但是，在我们这里，虽然强调在讲台上发表价值判断的权利，同时却又坚持相悖的原则，反对人们均等地支持为各种（甚至可以想象的“最极端的”）倾向进行辩护。例如，施莫勒尽管没有狂热到不公正地无视“马克思主义者和曼彻斯特学派”的**科学**成就，但他从个人立场来说自然还是坚持不懈地宣称，这些圈子没有资格拥有大学教席。唯有在这一点上，我个人决不能赞同我们这位可敬的大师。显而易见，一个人不应当既要求允许在讲台上进行价值判断，同时却又——如果应当得出这个结论的话——暗示，大学是一种国家机关，要培养出自觉“忠于国家”的公职人员。如此一来，大学就不再是某种“专业学校”（这在许多大学教师看来就是一种退化），而会成为神学院——只是不能赋予它那种宗教尊严而已。当然，现在有人希望发现某些纯粹从“逻辑”上推断出来的边界。我们一位出类拔萃的法学家曾附带谈到，他明确**反对**将社会主义者排除在讲台之外：至少他无法接受一名“无政府主义者”成为法学教师，因为后者确实完全否认法律的效力——而且他认为这个论点显而易见是有说服力的。我的看法却恰好相反。可以相当有把握地说，一个无政府主义者是能够成为优秀的法律内行的。而且如果他是，那就可以说，他的客观信念——如果是真诚的——恰恰就是立足于那个阿基米德点（der archimedische Punkt，它**超出了**我们认为不言而喻的惯例和前提条件），使他能够认识到一般法律学说的基本观点中那些被所有过于不假思索的人所忽略掉的疑难问题。因为最彻底的怀疑乃是认识之父。就像医生并无责任去“证明”在任何情况下延长生命总是值得追求的一样，法学家也并无责任“证明”任何文化财富的价值，尽管它们的存在与“法律”的存在密切相关。如果用他们的方法，两者同样都无法承担责任。但是，如果人们打算把讲台变成实践性价值讨论的场所，那么允许从各种立场出发对那些原则性的基础问题进行不受妨碍的自由讨论，显然就是一种责任了。这能够做得到吗？在今天，恰恰是最关键和最重要的实践与政治的价值问题，由于政治局势的性质反而被**排除**在德国大学讲台之外。有人会认为，国家利益毫无例外地优先于它的**所有**具体制度，那么对他来说，就会面临一个重要的核心问题：关于德国君主地位的决定性观念，是否与国家的全球利益以及承载这些利益的手段——战争与外交——互相兼容？现在趋向于对此问题作出否定回答并且只要这两个领域尚未出现非常深刻的变化就总是不相信它们会有持久成就的人，并不总是最糟糕的爱国者，也决不是君主制的反对者。但是，大家知道，这些事关民族生死存亡的问题，在德国的讲台却上无法得到充分自由的讨论。[3]但是，有鉴于这一事实，即大学讲台一直不允许自由讨论关于实践与政治问题的价值判断，那么在我看来，与科学代言人的尊严相符的唯一做法就是：对于友好地允许他们处理的那些价值难题，同样**保持沉默**。——

但是，无论任何情况下，是否允许、必须、应该在**授课**时发表实践性价值判断，这个问题都是无法解决的，因为都要以价值判断为前提，而且无论如何不能与纯**逻辑**的讨论所起的作用混为一谈，因为它在对社会学和国民经济学一类的经验科学进行价值判断。否则，就必定会损害对真正的逻辑事实进行讨论时的公正性，而裁定逻辑事实也完全无助于澄清上述问题，它只是为了满足一个纯逻辑上的要求：大学教师要清楚并且明确区分异质的问题域。

至于在经验论断和实践性价值判断之间做出区分是否“困难”，我不想进一步讨论了。这的确是个困难。我们所有人，包括为这一要求公开背书的人，也会和其他人一样一再违背这个要求。但至少，所谓**伦理**国民经济学的支持者能够知道，道德律令即便不能付诸实施，但也仍被认为具有“强制性”。一个人的反省（Gewissenserforschung）或许可以表明，履行这样的假设因此是特别困难的，这主要是因为我们不愿**拒绝**如此令人关切的价值判断领域，尤其是它在激发“个人特色”的情况下。当然，任何一个大学教师都会观察到：当他开始个人“坦白”时，学生就会面露喜色、专心致志，同样，这种预期也会极大影响学生的听课人数。众所周知，大学的频繁竞争往往会推出一些很微不足道的先知，但他们却能让教室座无虚席，他们的推荐意见往往能比非常博学而又**实事求是**的学者获得更大的优先权，——除非他们的预言在政治上和惯例上过于偏离当时被尊为规范的价值判断。物质利益集团那些**伪装**价值无涉的先知，只有挟政治权力之威，才确实能够占尽先机。我认为这一切都是令人不快的，因而我也愿意声明：要求排除实践性价值判断并非“狭隘”，它不会使大学授课变得“平淡无味”。经验性专业领域的大学授课，是否首先必须力求使人“感兴趣”，对这一问题我先搁置不论，但是，就我自己而言，我担心，无论如何，借助太多个人特色的兴趣而取得的刺激，长期来看，都会使大学生对于朴实无华、实事求是的研究丧失鉴别力。

我不想继续讨论下去了，而是要明确承认：人们正是打着排除一切实践性价值判断的**幌子**，用那个“让事实说话”的著名模式，而极为强烈地唤起这种价值判断的提示。我们的议会中和选举时那些质量很高的辞令，就是使用这种方法才产生作用的——而这对它们的目的来说也完全正当。因此，正是从要求做出上述区分的观点来看，讲台上的这种做法才是一切滥用行为中最应当予以谴责的，对此已经无须多费口舌了。但是，以不诚实的行为唤起一种假象，即可以用戒律（Gebot）的要求冒充现实，这并不意味着对戒律本身的任何批判。而这样的行为恰恰就意味着：**如果**教师相信他不应该拒绝作出实践性价值判断，他就要向学生和**他自己**绝对清晰地作出这种判断。

归根结底，必须竭力反对的是这样一种并不少见的看法：通过权衡各种彼此对立的价值判断并在它们之间作出“政治家式的”妥协，就可以踏上通往科学“客观性”的道路。与“最极端的”价值判断一样，“中间路线”不仅**根本无法**借助经验学科的手段得到科学证明，而且，在**价值**判断领域，无疑也是最不**规范**的。发出那种声音的不应该是讲台——而应该是政治纲领、官署和议会。科学，无论是规范的还是经验的，都能为政治实干家和争吵不休的党派提供**一种**不可估量的益处，也就是告诉他们，（1）对于那些实践性问题，这样那样不同的“最终”态度都是**可以想象的**；——（2）在不同的态度之间进行选择时，你就要考虑到这样那样的事实。——由此，我们便有了我们的“任务”（Sache）。

对“价值判断”（Werturteil）一词已产生了极为多样的误解，尤其是因此而导致了大量术语上全无成效的争论，很显然，它们都无法解决这个任务。正如一开始就非常明确说过的那样，我们的学科所讨论的，是那些根据伦理的或文化的观察视角以及其他理由处理社会事实的**实践性**价值判断实际上是否可取。尽管我已就此说过很多[4]，但还是出现了以下这种十分严肃的“异议”：科学（1）是“有价值的”，意指它对逻辑和事实得出的评价是**正确的**，（2）是“有价值的”，意指它希望获得在科学关切意义上的**重大**结果，而且，对素材的选择就包含了“价值判断”在内。同样经常出现而且几乎不可捉摸的严重误解是：就像有人断言的那样，经验科学不能把人的“主观”价值判断作为**对象**（而社会学以及国民经济学中的全部边际效用学说正是基于相反的前提）。不过，这里涉及的还仅仅是极为平常的要求：研究者和演绎者在“发表价值判断”的意见时应当无条件地做出以下**区分**，因为他现在处理的是两个完全异质的问题：对经验事实的确认（包括他所确定的、来自他考察的经验者发出的“价值判断”态度），和他的实践性价值判断，亦即就这些事实（包括成为考察对象的经验者意外作出的“价值判断”）在令人愉快或不愉快的意义上进行“鉴定”。一位作者在一篇不然会很有价值的文章中引导说：研究者确实也可以把他自己的价值判断当作“事实”，并从中得出结论。此处的含意无可争辩是正确的，但所选用的表达方式却同样令人迷惑。人们自然能在讨论之前就某种实践性的措施取得一致：例如从有产者的口袋里掏钱来支付扩军费用，以此作为讨论的“先决条件”，而唯有这种手段才是应该提交讨论的。这往往是非常合乎目的的。但是，这样共同假设的实践性意图却不能称作“事实”，而是“先验的既定目的”。稍后关于“手段”的讨论将会表明，它也有事实上的双重性，尽管那是如此具体而无须讨论的“预设目的”：现在就点燃一支雪茄。当然，这样的情况很少需要去讨论手段。几乎在**任何**一般性表述意图的情况下，比如在上述示例中，人们几乎都会经验到：对手段的讨论不仅能表现出一个人对假定确凿的目的会产生完全不同的理解，而且特别可能的结果是——追求完全相同目的的终极理由是极为不同的，这将影响到关于手段的讨论。不过对此可以搁置不论。因为，人们会从某种共同期望的目的出发，而只讨论**可能**达到该目的的手段，这样进行的**可能**就是一场纯经验的讨论——没有人会对此提出疑问。但这样一来，整个讨论所围绕的恰恰就是在选择目的，而不是选择针对既定目的的“手段”，就是说，个人作出“价值判断”的依据，在什么意义上恰恰可能**无法**被承认为“事实”，而是成了科学**批判**的目标。如果没有抓住这一点，那么所有进一步的讨论都将徒劳无功。——

实践性价值判断，尤其是伦理性价值判断，可以在多大程度上要求得到自己的规范性尊严，从而具有不同的性质——这个问题根本不值得讨论，比如以下面的问题为例：金发女郎是否比褐发女郎更惹人喜爱，或者诸如此类的主观鉴赏判断。这是价值哲学的问题，而不是经验科学的方法论问题。对后者来说，唯一重要的仅仅在于：一方面是实践性律令作为规范的效力，另一方面则是经验事实表述的真理效力，这是两个处于绝对异质层面的疑难问题，如果忽视这一点并且试图把两个领域强行混为一谈，它们**各自的**特殊尊严都将毁于一旦。我认为，这在很大程度上是个常见现象，**施莫勒**教授尤其如此[5]。正是出于对我们大师的敬重，所以才不允许我忽略他那些我相信无法赞同的观点。

首先我想反对的看法是：每当“价值无涉”的支持者在作出价值判断时，其历史判断和个人判断的意见都会出现犹豫不决的情况，这个纯粹的事实即可证明，它们必然仅仅是“主观的”，例如在伦理问题上。的确，对经验事实的确认通常都有很多争议，比如说，是否应把某人看作恶棍这个问题，往往能比（即便在专家中）解释一件残缺不全的碑文取得实质上更为普遍的一致意见。按照施莫勒的假定，所有的教派和人等，对于实践性价值判断的主要观点，都在形成惯例般的全体一致，这与我的相反印象是截然对立的。不过在我看来，这个问题无关宏旨。因为，无论如何都要否定的是：对于某些由惯例创造出来的那种实际上理所当然、无疑也非常流行的意见，从科学角度来看是可以心安理得的。我认为，科学的特殊功能正好相反：**问题**就在于惯例是否理所当然。而施莫勒和他的同仁本身，其时就是这样认为的。此外，人们研究某些**实际**存在的伦理信念或宗教信念对于经济生活的**因果**作用，并在某些情况下给予高度评价，这根本没有产生如此结果：他们因此也**分享**了那些在因果上或许产生了很大作用的信念，甚至未必会认为它们是“有价值的”，相反，肯定一种伦理的或宗教的现象有很高价值，根本不等于说，这种价值的实现所带来的或者将会带来的非凡结果，也会得到同样的肯定性价值评价。对事实的确认完全无法解决这个问题，个人一定会按照自己的宗教价值判断或者其他实践性价值判断，对此作出极为不同的评价。凡此种种，都是根本毋庸置疑的问题。相比之下，我在极力强调的一个怀疑是：一门事关伦理的“现实主义”科学，亦即揭示一个群体通行的伦理信念对他们日常生活条件的真实影响，以及后者反过来对前者的影响，这本身就会产生出一门在任何时候都可以说是**应当**有效的“伦理学”。同样，对中国人的天文学想象进行“现实主义”叙事，说明中国人是出于何种实践性动机以及他们如何从事天文学研究，他们得到了什么成果以及为什么得到那种成果，在任何时候也都无法达到一个目的，即证明中国人的天文学具有正确性。罗马的测量师或者佛罗伦萨的银行家（后者甚至能够分得巨大财富的遗产）用他们的方法常常算出与三角学和乘法表不符的得数，确认这一点也不可能触发对后者效力的讨论。从个别的、社会的、历史的局限性出发，对某一价值判断立场进行经验—心理的和历史的研究，也确实不会得到任何其他结果，除非那是进行**理解性说明**。这一点并非无足轻重。可想而知，这不仅是因为能带来个人的（但非科学的）意外成就，还可以使个人更易于“公正”对待真实的或表面的反对意见。而且，在科学上同样极为重要的是，（1）旨在于对人的行动进行经验性因果考察，以便了解其**实际的**最终**动机**，（2）在讨论某种（实际上或表面上）相左的价值判断时，也有助于澄清双方实际的价值判断立场。因为，**价值**讨论的真正意义在于：澄清什么才是对手（甚至人们自己）实际所指的价值，亦即双方任何一方实际上而非表面上所看重的价值，尤其是能够就这种价值表明态度。认为从经验探讨的角度要求采取“价值无涉”的立场，在价值判断的讨论中将毫无结果，也毫无意义，这就不着边际了，因为认识它的意义，恰恰是所有这类有益探讨的先决条件。简单地说，就是要理解各种原则上不可调和地**偏离**先前的终极性价值判断的可能性。然而，“理解一切”并不意味着“原谅一切”，单纯对他人立场本身的理解，总的来说也不会走上一条同声相应之路。但这至少可以使人同样容易并且往往会以更大的概率认识到：人们为什么以及在什么地方**无法**取得一致。然而，正是这种认识，才**是**真理性的认识，才使**它**有助于“价值判断的讨论”。如果人们反其道而行之，并且恰恰因为反其道而行之，那就完全不可能获得任何一种规范性的伦理学，或者总的来说不可能受到任何一种“律令”的束缚。更确切地说，人人都知道，至少在表面上看，这种伦理目的更容易受到这类讨论的“相对化”作用的妨碍。这当然不是说：人们为此之故应当避免这样的讨论。问题恰恰相反。因为，对相左的价值判断做出的心理“理解”，它所摆脱的“伦理”信念（“ethische” Überzeugung），与那些被科学认识所摧毁的宗教见解具有同样的**价值**，这种情况确实也同样常见。如果施莫勒最终假定，经验学科“价值无涉”的支持者可能仅仅承认“形式上”的伦理真理（显然是在实践理性批判的意义上），那还是可以对此进行一些讨论的，尽管这并不属于无条件承担的任务。

这里首先就要拒绝施莫勒固守的一个见解，即伦理律令（ethische Imperative）等同于“文化价值”，即便是最高的文化价值。因为，这里可以提供一种观点，“既定的”文化价值，大体上与所有伦理学都处于不可避免且无法调和的冲突之中。反之亦然，一种拒绝所有文化价值的伦理学，也可能没有内在的矛盾。但无论如何，这两个价值领域并不是同一回事。同时，如果认为像康德伦理学那样的“形式”定理不包含任何实质内容，那也是一个严重的（当然是流行的）误解。诚然，可能会存在一种规范性伦理学，这是没有问题的，尽管从它自身出发不可能对一些实践性难题给出明确的指示（我相信，它们是以非常特殊的方式从属于某种制度，因而恰恰就是一些“社会政策”难题），此外，伦理学并不是世界上唯一“有效的”，与它并存的还有其他价值领域，而这些价值在某些情况下只能由那些承担了伦理“责任”的人来付诸实现。这尤其适用于政治行动的领域。依我之见，试图否认恰恰是这个领域所包含的与伦理观的紧张关系，倒是一种懦弱的表现。然而，被认为是“私人道德”与“政治道德”通常存在的那种对立，也绝不是仅为该领域所特有。——我们来看看上述伦理学的一些“界限”。

“公正性”的假设会带来什么结论，这个问题是**无法由任何**伦理学予以清晰裁定的。这里有一个例子，几乎完全符合施莫勒当初所表达的看法：成就越多是否就责任越大，或者反过来说，成就越大是否就该要求越多，是否应该——比如以公正的名义（必要的“鞭策”等其他观察视角暂时不予考虑）——给予天纵之才更多的机会，或者相反，是否应该（像巴贝夫那样）通过严格的预防措施来弥补天资分布失衡造成的不公正，从而确保那些仅仅由于天赋就能产生令人幸福的声望感的人物根本无法利用世界上较好的机会——这从“伦理”前提出发是无法解决的。然而，绝大多数社会政策问题的**伦理**疑难之处，都属于这种类型。

但是，即便在个人行动的领域，也照例存在着一些伦理上极为特殊的基本难题（Grundprobleme），对此，伦理学若从自身的前提条件出发，就无法得出结论。这里尤其包括一个基本问题（Grundfrage）：按照基督教伦理学家所表述的准则：“基督行公正，上帝管结果”，那么伦理行动的内在价值（即人们习惯说的“纯粹意志”或“思想意识”）是否应该足以证明这种行动的正当性？或者，由于行动都与伦理上无理性的世界纠缠不清，对于可能的或者大概可以预见的行动结果，是否还要考虑它的责任？在社会领域，所有激进的政治革命态度，尤其是所谓的“工团主义”，都从第一个假设出发，而所有“现实政治”都从第二个假设出发。两者都会以践行伦理准则作为自己的使命。但是，这些准则彼此却处于永恒的矛盾之中，而凭借纯粹以自身为基础的伦理学手段是根本无法解决的。

这两种伦理准则都有严格的“形式”特点，在这一点上都与“实践理性批判”的著名公理相近。由于后者的特点，人们经常都愿意相信，它所包括的内容并不是指引人们对行动进行价值判断。但一如前述，情况决非如此。我们有意举出一个尽可能远离一切“政治”的例子，它或许能够说明，经常被谈论的伦理学那种“仅仅形式的”特点究竟是什么意义。如果一个人在谈及他与一个女子的性爱关系时说：“我们双方的关系最初只是一种激情，现在则是一种价值了。”——那么康德伦理学冷冰冰的实事求是精神会这样来遣词造句说出这个话的前半部分——“我们双方对于彼此来说最初都**只是工具**”——并由此要求把这个完整句当作上述著名原则的特例，而奇怪的是，人们却很乐意把它看作纯粹是在当时历史条件下表达的“个人主义”，但实际上，它是对无限多样的伦理状况作出的极富创造性的表述，只不过对此必须准确理解。使用否定性措辞并且排除了所有关于在伦理上拒绝把他人“仅仅当作手段”、其肯定性对立面将是什么的所有陈述，那么显而易见就包括，（1）承认在伦理学之外还有独立的价值领域，——（2）划清伦理学领域与这些领域的界限，——最后，（3）确定某种行动尽管在致力于伦理学之外的价值、却仍然能够并在哪种意义上坚持不同的伦理尊严。事实上，那些允许或规定把他人“仅仅当作手段”

对待的价值领域，和伦理学是完全异质的。这里不可能对此作进一步的阐述，但无论如何它已表明，那个最高度抽象的伦理语句（jenes ethischen Satzes），其"形式"特点本身并非不关心行动的**内容**。——这时，难题就更加复杂了。从某种立场来看，使用"只是一种激情"的措词表达出的否定性评价本身，不妨认为那是在亵渎人生最真挚、最本色的内在之物，在亵渎那条唯一的甚至庄严的道路——它无论如何都在摆脱非个人或超个人因而敌视生活的"价值"机器、摆脱日常生活那种毫无生气的束缚、摆脱那种很不现实而又是"既定的"自命不凡。无论如何，可以考虑构想这样一种见解，虽然非常鄙视把对"价值"一说的体验加以具体化，但仍然能构建一个领域，它对一切虔诚的生活和善良，对一切伦理的和美学的法则，以及对一切文化的重要性和人格的价值判断，都会一视同仁地抱有冷漠和敌意，但仍然并且正因为如此，它会要求自身在"内在"一词最极端的意义上保持尊严。无论我们怎么看待这种要求，至少，它都是无法用任何"科学"手段来证明或"反驳"的。

正如晚年穆勒（der alte Mill）所注意到的那样，对于这类情况的任何经验观察都将导致承认，唯一匹配的形而上学就是绝对的多神论。一种并非经验的、而是进行意义诠释的考察，亦即一种真正的价值哲学，如果要超越这种情况向前推进，那就不能不承认：一个无论多么井然有序的"价值观"概念模式，也无法在一个最关键的要点上处理事态：它所涉及的从来不是、也决不会是在各种价值观之间进行选择，而是——例如——"上帝"和"魔鬼"之间不可调和的殊死斗争。两者之间根本不存在相对化和妥协。请注意：这是从**意义**上说的不存在。因为，正如每个人的生活经历一样，这在事实上、从而在外部现实上都处处可见。现实中人几乎任何一次重要的意见表达，其间确实都会交织着各个价值领域。从“日常生活”一词最根本的意义上说，它的扁平化（das Verflachende）恰恰就在于：平静度日的人们，部分出于心理原因、部分是出于实用主义考虑而没有意识到，尤其是完全不**打算**意识到那些价值观混在一起的致命之处——他们避免在“上帝”和“魔鬼”之间作出选择，避免由自己最终决定：在相互冲突的价值观之中，究竟是由前者还是后者来支配？对于人类的全部安逸来说，知识之树的果实，既令人厌烦但又不可避免，它无非就是：必须了解并看到这种对立，任何具有重大意义的单独行动，以及最终作为一个整体的生活，如果不像自然事件那样发生，而是应当有意识地进行操作，那么它们就是一系列的最终决定。一如柏拉图所说，灵魂就是通过这些决定而**选择**了自己的命运：——它的行动与存在的意义。价值冲突代言人的意图，总是会经常遭遇最严重的误解，其中就包括将这种立场诠释为“相对主义”，——也就是诠释为一种人生哲学，理由是各个价值领域之间的关系是根本对立的，而且（以前后一致的形式）只有在形成一种极为与众不同的（“有机”）形而上学的基础上才是有意义的与可行的。——

如果再回到我们的特例上来，我认为，那就显而易见不可能再去怀疑：一旦要从实践—政策的（尤其是从经济与社会政策的）价值判断领域得出有价值的行动指南，那就只能是（1）不可避免的手段，（2）不可避免的意外后果，（3）若干**可能的**价值判断以**实际**结果为条件的相互竞争，这些就是一门**经验**学科用自己的手段所能阐明的。此外，**哲学**学科也可以用自己的思想手段去发现价值判断的“意义”，以及它们最终是有意义的结构和**有意义的**结果，指出在大体是可能的全部各种“终极”价值观之中它们所处的“位置”，并确定它们有意义的效力范围。但这就是非常简单的问题了：一个目的应在多大程度上为不可避免的手段进行辩护，另外，应在多大程度上忍受不想看到的额外后果，尤其是，第3点，如何调停众多期望的或应当的目的之间那些处于具体矛盾中的冲突，这就是不折不扣的选择或妥协的问题了。这里可能无法提供任何形式的（理性或经验的）科学处理方法以便做出决定。**我们**严格的经验科学最不宜妄称它可以使个人回避这样的选择，也不应该唤起它能够这样做的印象。——

然而，毕竟还是要明确指出：**对于我们的学科**来说，承认**这种**事态，与前面极为言简意赅地阐明价值理论时表达的态度，两者是毫不相干的。因为，除了教会的教义所规定的价值序列以外，毕竟没有任何一种逻辑上站得住脚的立场能够否定这一点。我必须拭目以待，看看是否确实有人断言这样的问题：一个具体事实到底是这样还是那样？为什么上述具体事态会成为这样而非那样？随着一个既定的事态后面是否总会按照规则实际出现另一个事态，以及它出现的概率有多大？从意义上说，这与以下问题**没有**根本的不同：人在一个具体情境中实际上应该做什么？从什么观察视角来看，那种境况才能显得令人满意或不满意？是否存在着一种（不论什么形式）可将这些观察视角归纳起来以进行一般表述的定理（公理）（Sätze [Axiome]）？——此外：一方面的问题是，一种具体给定的现实情境（或者一般地说，某种无论怎样都得到了充分规定的类型）是不是**会有**其他方向发展（确切地说，通常都是典型的发展）的概率，以及这种概率有多大？另一方面的问题则是，是否应该**推动**某种情境向某一方向发展，而不论它自己是否有这种概率，也不论它是否会恰好走向反面或者任何其他方向？最后，一方面的问题是：确定的某些人在具体情况下或者不确定的很多人在相似情况下**会有**多大概率（或者本身就能肯定）以什么样的方式形成何种观点？另一方面的问题则是：所产生的这种概率或肯定性观点是否**正确**？——这些关联在一起的任何一对问题，起码在意义上说，难道只有最低程度的关联吗？它们真的像一再断言的那样是“彼此不可分离”的吗？后面这种断言与科学思维的要求难道**不是**背道而驰吗？是否会有人反其道而行之，承认这两类问题的绝对异质性，但仍然坚持要求：在同一本书、在同一页甚至在同一个句子本身的主句和从句中，对上述两类异质难题的一个方面发表意见，又对另一类也发表意见，——这就是他的任务了。能够对他抱有的期望也不过是，他不会就这种难题的绝对异质性去存心（甚或有意刺激性地）**迷惑**读者。依我个人之见，世界上没有哪种手段会过于“迂腐”，除非它无法避免制造混乱。

对实践性价值判断的讨论（甚至**参与者**本身的讨论）可能只有如下的意义：

（a）把那种从内在角度说是“一以贯之”，但产生了彼此对立观点的最终价值公理凸显出来。人往往不仅对他的对手，甚至对自己也会产生错觉。本质上说，这个过程就是从个别的价值判断和对其意义的分析出发而不断攀升的操作，直到形成更加原则性的价值判断意见。这种操作并不使用经验科学的方法，不产生任何对事实的认识。它发挥着和逻辑一样的“效力”。

（b）为**价值判断**意见演绎“结论”，如果并且只把这种终极价值公理作为对实际事态进行实践性价值判断的基础，接踵而至的就是这样。它纯粹是因为论证才有了意义，相反的则是根据经验的确认，尽最大可能去阐明那些总的来说为了实践性价值判断而**可能**被考虑到的关于经验事态的决疑论。

（c）确认针对某个难题得出的某种实践性价值判断意见付诸实施后的**实际**结果，它必定是：（1）由于受某种不可避免的**手段**束缚，——（2）由于某些不可避免但又并非直接期望的意外后果。另外，这种纯粹经验的确认还能得出如下结论：（1）绝对不可能贯彻任何价值上的假设，即使相去甚远、在大体上也不可能，因为找不到贯彻的途径；——（2）无论是期望还是以大致接近的方式去贯彻，都是或大或小的不可能之事，无论是出于相同原因还是存在着出现意外后果的概率，都将直接或间接地使这种贯彻归于徒劳；——（3）有关的实践性假设代言人并未顾及容忍这类手段或这类意外后果的必要性，因而在目的、手段和意外后果之间作出价值判断决定，就成了他自己的一个新难题，从而丧失了对他人的强制力。——最后可以谈到的是

（d）一些新的价值公理以及从中推论出来的假设，将会取而代之，这是实践性假设的代言人并未注意到的，因此就无法表明需要采取的态度，尽管贯彻他的独特假设会与他人在原则上或者由于实践性结果而产生冲突，就是说：在意义上或在实践中相冲突。前一种情况涉及进一步讨论 a 这个类型的难题，后一种情况则涉及 c 的类型。

这些类型的价值判断讨论远非“毫无意义”，恰恰相反，如果准确理解了它们的目的，并且在我看来，也只有如此，它们才有相当巨大的意义。

但是，在正当场合与正当意义上对实践性价值判断进行讨论的**益处**，是决不会由于上述直接“结果”而枯竭的。相反，如果引导得当，还会极为持久地推动经验研究，因为它给这种研究提供了**设定问题**的

途径。

但是，经验学科设定的难题，经验科学本身会以“价值无涉”的方式予以回答。这些难题并不是“价值难题”。然而，在我们的学科领域内，它们却始终受到现实“与”价值关系的影响。对于“价值关系”这个说法的重要性，我必定会联系到我以前的意见，尤其是海因里希·李凯尔特的著名研究。不过要在这里重述是做不到的。因此，需要提醒注意的只是，“价值关系”一说仅仅意味着对那种特殊的科学“关切”进行哲学诠释，而这种关切的支配作用就在于选择与塑造经验研究的对象。

在经验研究的范围内，借助纯粹的逻辑事实，是无论如何都不可能赋予“实践性价值判断”以正当性的。但是，那种逻辑事实与历史经验一起表明，文化关切，亦即**价值**关切，却给纯粹经验科学的工作指引了**方向**。现在很清楚的是，价值关切可以通过价值讨论来阐明它的决疑论问题。对于科学工作者，尤其对于历史学者来说，这可以大大减轻甚至消除他们真正的经验研究中极其重要的准备工作，即“**价值诠释**”的任务。因为，在价值判断与价值关联，以及价值判断与价值诠释（亦即发展出针对某一既定现象可能是有意义的意见）之间，常常无法作出清楚的区别，这在评估历史的逻辑本质时尤其会产生歧义，因此，我建议读者参阅本文集第244页及以下*的评论（但要顺便说一下，它们无论如何不能被看作是定论）。

我不再重复讨论这些方法论的基本问题了，而是代之以更加深入地讨论一些对我们的学科具有实践重要性的个别要点。

---

* 指本章所依据底本的第244页，对应本书应为第106页及以下。

有一个仍然很流行的信念是，必须，或者确实可能，要根据“发展趋势”得出指令以进行实践性价值判断。但是，甚至从非常明确的“发展趋势”之中，也只是在涉及按照既定态度大概是最合适的手段而不是涉及那个态度本身时，才有可能获得如何行动的明确律令。毫无疑问，这里是从可以想象的最宽泛角度理解“手段”概念的。如果认为国家的权力利益是终极目的，那么根据既定的形势，就不仅会把专制主义的，还会把激进民主的国家宪法看作是（相对）更合适的手段，最可笑的是，还会把评估国家作为手段采取的目的机制时发生的变化，看作它“终极”态度本身发生的变化。但是显而易见，一如前述，对于个人来说总是会面临一个反复出现的问题：他已经存在着一种对于明确的发展趋势的认识，而他的追求是否要利用在他看来也许在道德上或其他方面可疑的新手段作为先决条件，是否容忍他所断然拒绝的意外后果，是否会使他的工作在预计获得成功的机会方面必定像“堂·吉诃德”那样徒劳无益，有鉴于此，他是否应该放弃对那些实践性价值判断可行性的期望。——但是，这种对“发展趋势”或多或少已经难以改变的认识，在此完全没有特殊地位。**任何**一个新的事实，都可能产生同样的结果，即在目的与不可避免的手段、预期的目的与不可避免的意外后果之间进行平衡。然而，是否应该进行这样的平衡并由此应该得出何种实践性推论，不仅不是经验科学的问题，而且一如上述，总的来说也**不是任何**性质的科学问题。例如，即便能够向坚定的工团主义者详尽证明，他的行动不仅是“无益的”社会行动，就是说，他不能像他承诺的那样成功改变无产阶级的外在地位，还会由于必然引起的“反动”情绪而恶化他们的地位，即便如此，对于工团主义者来说——如果他承认自始至终都在信奉他的观点——那也**完全无法**证明什么。这并非因为他精神错乱，而是因为从他的立场出发，他可能是“正确的”——我们立刻就会谈到这一点。总的来说，人们都会足够强烈地倾向于在内心适应那些可望的结果或者当下的结果，不言而喻，这不仅在他们致力于实现最终理想时所使用的手段和达到的程度方面是如此，而且在放弃理想本身时也是如此。在德国，人们相信可以用“现实政治”（Realpolitik）的名义装饰这种做法。但无论如何都很难理解的是，为什么经验科学的代言人会感到应该支持科学要求，同时却转而为建构时下的“发展趋势”摇旗呐喊，以“适应”一种最终只是在个别情形下由个人解决，也就是同样要由个人良知来决定的**价值判断**问题，据称这还是得到了“科学”权威庇护的一项原则。

有成果的政治总是一门“可能的艺术”，如果恰当理解的话，此说是准确的。但同样准确的是，只有通过把握那种看上去的不可能，才会由此抵达可能，这一点也十分常见。以往儒家的道德，是一种真正一以贯之“适应”可能之事的伦理，但它毕竟没有塑造我们的文化特质，后者尽管存在种种的差异，但估计或多或少都得到了我们大家（主观上）的肯定。一如前述，除了“成果价值”，行动还有“信念价值”，我知道，大概至少，这个民族不会系统地以科学之名戒除这一看法。但是无论如何，误判这种事态会妨碍对现实的理解。不妨仍以前述工团主义者作为范例：仅仅靠“成果价值”达到“批判”目的，就必定——如果一以贯之的话——要把“信念价值”作为准绳，这种做法在逻辑上毫无意义。真正一以贯之的工团主义者会**只给**自己保留一种对他来说绝对有价值而且神圣的信念，如果有可能，也会去唤起他人。他那些从一开始就注定是没有成果的外在行动，归根结底还是出于这样的目的，即在他内心的论坛上让自己确信，这种信念是真正的，就是说，有力量在行动中“经受考验”，而不是纯粹的夸夸其谈。实际上，在这方面（也许）能提供的，是采取这种行动的手段，**舍此无他**。除此之外，如果他是一以贯之的话，他的王国就会像任何信念伦理的王国一样，无法属于这个世界。“科学”只是要确定：他对自己内心理想的这种见解，是唯一合乎逻辑的，是无法用外在的“事实”去反驳的。我愿意相信，工团主义的支持者和反对者都会因此而受益，这也正是他们有权利向科学提出的要求。“一方面——另一方面”用七条理由“支持”和六条理由“反对”某一事件（比如总罢工），以及利用古代财政学和现代中国呈文的方式对它们彼此权衡，依我之见，这是适得其反，**不会**在任何性质的科学意义上有所收获。确切地说，以尽可能理性的和内在一以贯之的形式归纳出工团主义者的立场，确定它在经验上的产生条件、机会以及合乎经验的实践性结果，那么**价值无涉**的科学任务其实就完成了。如果没有非常确定的形而上学前提，那就无法——在这里的情况下就是由**无论什么**性质的科学——来证明一个人应该或不应该成为工团主义者。一位军官最后宁肯与阵地同归于尽也不愿投降，这个具体情况，从结果来看，**可能**在**任何**方面都是绝对无益的。但是，不论有无益处而采取行动，这种信念究竟是否存在，却并非无关紧要。无论如何，这与一以贯之的工团主义者一样，都不是“无意义的”。如果教授想在安逸的讲台上居高临下推荐这种加图主义（Catonismus），看起来当然会显得极不得体。但是，这毕竟也不是要求他去赞同背道而驰，并要求他履行义务让理想适应那些当时正相反的发展趋势与形势所给定的机会。

我们再次使用了“适应”一说，在这里的既定情况下，这样的表达方式完全不会造成误解。但是很显然，它自身是有双重含义的：使最终表明的手段适应既定的形势（狭义的"现实政治"），或者在对总的来说可能是最终态度本身进行选择时，适应既定形势中在当时是真实的或表面的即时机会（Augenblickschancen）（这就是27年来［译者按：1890年以来］我们的政策取得了如此骄人成就的那种"现实政治"）。但是，从数量上说，这并没有穷尽其中可能sss的重要性。因此，在我们所有关于"价值判断"难题和其他问题的讨论中，我认为最好还是完全淘汰这个时常被滥用的概念。因为，作为用于科学**论证**的说法，它的意思完全含糊不清，它不仅一再被用于进行"说明"（例如某个时期某些人的群体在经验上是存在的某些伦理观），而且一再被用于"进行价值判断"（例如把那种实际存在的伦理观看作客观上"适宜的"，**因而**在客观上是"正确"、有价值的）。在这些方面，它什么都没做到，因为它本身就总是需要诠释。它的产地是生物学。如果真的从生物学意义去理解，人的群体是利用环境所提供的、相对可确定的机会，通过大量繁殖而保存自己的心理物理遗传特征，那么，根据出生统计形成的广为人知的经验，那些经济上富足、生活上受到理性调整的社会阶层，就是"最不适应的"。在生物学的意义上——但也在其他许多可以想象的确实是纯经验的重要性上说，摩门教徒移民到来之前就生活在盐湖周围的少数印第安人，与后来人口密集的摩门教定居点一样是"适应"周围条件的，无论那是好是坏。因此，从经验上说，这个概念不会让我们的理解得到哪怕极其微小的增进，但我们却容易误以为它有这样的作用。正如已经在这里着重指出的那样，**只有**对于在**任何**方面都绝对相同的两个组织，人们才可以说，一种具体的个体差异**在经验上**使两个组织中的一个"更适应"继续生存，并在这个意义上决定了它在既定条件下“更适应”。不过，在价值判断方面，一个人却可以站在这样的立场上：摩门教徒给那里带来并发展起来的巨大物质成就以及其他成就和特质，都证明了他们相比印第安人的优越性；但其他人可能会无条件反对那些至少负有共同责任的摩门教伦理手段和意外后果，即使根本没有印第安人的存在也会偏爱那里的大草原，自然也完全会偏爱印第安人在大草原上的浪漫生活，世界上**无论什么**性质的科学，都不可能要求他改弦易辙。因为，我们这里处理的是无法解决的目的、手段和意外后果之间的**平衡**。

只有按照绝对明确的既定目的而提出什么是适当手段时，才是处理真正能从经验上解决的问题。定理：x 是实现 y 的唯一手段，实际上这是纯粹颠倒了以下定理：y 是 x 的结果。但无论如何，主要的是，“适应”这个概念（以及所有其他相关概念）对于作为终极基础的价值判断并没有给出起码的解决办法，在我看来，不如说是遮蔽了价值判断，就像新近为人津津乐道但又基本上含糊不清的那个“人类经济学”（Menschenökonomie）概念。在“文化”领域，“适应”这个概念就意味着，要么全部，要么全不，端赖一个人想怎么使用了。因为，整个文化生活都无法将**斗争**排除在外。人可以改变它的手段、它的目标，甚至它的基本方向和它的载体，但却无法消除它本身。它可能不是为了外部事物而在敌人之间发生的外在斗争，而是为了内部利益在彼此相爱的人们之间发生的内部斗争，因此它不是外在的强制，而是内在的控制（这恰恰是以情爱的或仁慈的奉献形式），或者最终，它就是个人在灵魂深处自己与自己的内在斗争——它随时都会出现，而且往往更为重要的是，它越少受到注意，其过程就越是会表现为一种迟钝或黯淡的形式，或者充满幻想的自我欺骗形式，或者以“选择”

的方式发生。“和平”就意味着斗争形式、斗争对象、斗争内容的变动，或者最后，选择机会的变动，而不意味着其他。这样的变动是否以及何时经得起伦理的或者其他价值判断的检验，显然完全无法泛泛而谈。这里只有一个结论是毫无疑问的：无论社会关系的秩序是什么性质，只要希望毫无例外地**进行价值判断**，那么归根结底都要审视，它们给**哪一类人**提供了通过外在的或内在的（动机—）选择途径而上升到统治地位的最佳机会。因为，毕竟，这里既没有真正能够穷尽的经验研究，也没有必不可少的事实基础，以帮助人们得出价值判断，不论那是刻意在主观上做出的，还是要求具有客观效力的价值判断。至少，诸多使用一清二楚的“**进步**”概念以确认历史发展的学院中人应当记住这一点。这将指引我们进一步考察这个重要概念。

如果把“进步”（Fortschritt）概念与任何一种被孤立考察的具体发展过程的“进展”（Fortschreiten）相提并论，当然就可以绝对价值无涉地使用它。但是，在相当多的情况下，实际的事态要远为复杂。我们这里考察几个来自异质领域并使价值问题深陷其中的情况。

我们的灵魂活动内容在那些无理性的、直觉的和情绪的领域内，其**可能的**行为方式会有量的增长和——通常都是密切相关的——质的多样化，都能以价值无涉的方式称其为灵魂“差异”的进步（Fortschritt der seelischen “Differenzierung”）。但是立刻，这就涉及了价值概念：某个具体的“灵魂”或者——早已是一个并非确凿无疑的结构的——某个“时代”在“跨度”或“能量”方面的拓展（齐美尔的《叔本华和尼采》[*Schopenhauer und Nietzsche*]一书就是这样）。

当然，毫无疑问，事实上也存在着这种“差异的进展”（Fortschreiten der Differenzierung）。要有所保留的是，它不像人们相信它的在场那样是一直实际存在着的。当代人越来越**重视**情感的细微差别，这不仅是由于各个生活领域越来越高的理性化和理智化程度，还由于个人对自己所有的生活表现赋予了越来越多的主观重要性（对他人往往极为冷漠），这很容易令人误以为越来越有差异。这可能意味着或者促进着差异。但是，假象易使人受骗，并且我承认，这种受骗的实际范围估计可能相当大。无论如何，这种事态是存在的。现在可否把这种进展中的差异叫作“进步”，这是术语上的权宜问题。然而，是否应该在“内在财富”的增长这个意义上将其作为“进步”**进行价值判断**，则是任何经验学科都无法做出定论的。因为，它根本就无法解决这样的问题：由于某些新的“张力”和“难题”而总会有可能新发展出来或者新意识到的高雅情感，是否应当承认其“价值”。想对差异这一事实表明价值判断的姿态，经验科学的确无法禁止人们这样做，但要为此采取某种立场，那么，当代的一些现象就必然会向他提出问题：就目前这个毕竟还远不是理智化幻觉的时代，“换取”这种立场的过程需要付出什么代价？例如总的来说不可忽略的是，今日德国真正的时髦价值观，追求“体验”，在极大程度上可能是力量衰竭、内心不堪承受“日常生活”的结果，个人感到越来越需要让他的“体验”有一种知名度，这或许可以看作是距离感的丧失，也是格调感和尊严感的丧失。无论如何，在对主观体验进行价值判断的领域，“差异的进步”目前也就**只是**等同于理智化意义上不断滋生的“价值观”，亦即增进越来越**自觉的**体验或者越来越大的表现能力和沟通能力。

在**艺术**领域谈到“进步”概念（从**价值判断**的意义上说）的适用性，情况就要复杂一些。有时它会引起激烈争论，至于有无道理，则端赖想要给出的意义了。还没有任何已知进行**价值判断**的艺术研究会安于“艺术”和“非艺术”的排他性对立，此外也不会在艺术尝试与艺术实现（Versuch und Erfüllung）之间、在各种艺术实现的价值（Wert verschiedener Erfüllungen）之间做出区别，也不会在完整的实现和在某一点或一些点，甚至在一些要点上本身有失败而又并非全无价值的艺术实现之间的区别，而且它不仅对具体的创作愿望是如此，对整个时代的艺术愿望也是如此。把“进步”概念应用于这种事实，由于通常都与纯技术难题相关，所起到的作用是很平常的。但是，它本身并非毫无意义。对于纯经验的艺术**史**和经验艺术**社会学**来说，问题又不一样了。就前者而言，把美学角度的价值判断作为艺术品有意义的艺术实现，这种意义上的艺术“进步”当然是不存在的；因为，使用经验研究手段无法提供这样的价值判断，这完全不是它的任务。相反，经验的艺术史只能使用技术的、理性的、因而是毫不含糊的“进步”概念，同时必须较为详尽地谈论它，对于经验的艺术史来说，它的可用性就在于：完全满足于确认一种技术**手段**，对它的运用则是为了某种既定目的而达到明确的艺术愿望。人们很容易低估这种非常谦逊的考察对艺术史的影响，或者在某种时髦的、毫无创见、人为虚构的意义上曲解“鉴赏”，因为他们声称，在揭开艺术家画室的帘幕，仔细察看他的外在表现手段和他的“手法”之后，就是“理解”了艺术家。唯有得到正确理解的“技术”进步，才确实属于艺术史的领地，因为正是它以及它对艺术愿望的影响，包含了在艺术发展的进程中可以纯从经验上确认的内容：这里没有美学的价值判断。我们不妨引用一些范例，就“技术”一词的真实意义来说明它对实际的文化史的重要性。

哥特式风格出现时，首要的是从技术上成功解决了一定方式的空间——穹顶——这一纯建筑难题的结果：这是寻求技术上的最佳效果为跨穹顶的外向推力建造拱座的问题，至于此处涉及的一些细节，这里就不再讨论了。总之，它解决了非常具体的建筑难题。认识到在一个并非正方形的空间可能以一定方式建造穹顶，这唤起了先前以及或许始终不会出名的建筑师的激昂热情，多亏了他们，才有了新型建筑风格的发展。他们的技术理性主义成了完全畅通无阻得到贯彻的新原则。以此为契机，他们的艺术愿望实现了以往难以想象的艺术使命，随后便把雕塑拉进了原本是建筑学新式空间—平面造型的轨道，即唤起了新型的"立体感"。这种最初以技术为前提的变革，与某些在相当大的程度上受社会和宗教史制约的感情内容之间的冲突，就为哥特时代的艺术创作正在处理的难题提供了所需素材的主要成分。当艺术史和艺术社会学的研究揭示了新风格的事实、技术、社会、心理条件时，它也就完成了自身的纯经验任务。但是，它并不在与罗马风格或者（就它自身这方面而言，它也非常有力地关注拱形结构的技术难题，此外还有受社会学条件制约的建筑学职责范围的变化等）文艺复兴风格取向的关系中，去"评价"哥特式风格，而且只要它依然是经验的艺术史，它也不对个别作品进行美学"评价"。更确切地说：它所**关切**的艺术作品及其与美学相关的那些个别特征，即它的**对象**，对它来说就是 heteronom（他治的）*：与它完全相反，它们的超验性就在于，用它的手段完全无法确定美学价值。

音乐史方面也与此类似。就立场（"价值关联"！）的核心难题而言，**现代欧洲人的关切**则是：为什么几乎到处都有普及性发达的复调音乐，却只在欧洲，且只在某个时期发展出了和声音乐，同时，在所

* 这是原文，怀疑是误排版，疑为 heterogenen，即异质的。

有其他地方，音乐的理性化都走上了另外的、亦即多数都是恰恰背道而驰的方向：音程的发展是借助于间隔的划分（Distanzteilung）（大多是四度音）而不是和声的划分（harmonische Teilung）（五度音）。这里难题的重点在于，三度音的形成作为三和弦的一个环节在和声中的含义，进一步说，这是和声的半音音阶问题，此外还有现代音乐的节奏（重音和轻音节拍）取代了纯粹由节拍器产生的节拍，而没有这类节奏，现代器乐就是不可想象的。这里再次从根本上涉及了纯粹是技术理性的"进步"难题。因为，例如新近发现的欧里庇得斯残篇中激昂的 Dochmien* 表明，古代的半音（甚至据称是等音）音乐，远远就早于和声音乐而成为众所周知的"激情"表达手段了。文艺复兴时期伟大的音乐实验者，在暴风雨般追求理性发现时所创造并且同样可以表现"激情"的音乐形式——半音音阶，与古代音乐的区别并不在于艺术家的表达**愿望**，而在于技术性的表达**手段**。不过，这种技术是崭新的，它使半音音阶成为我们和声中的音程，而没有成为希腊式旋律的二分之一和四分之一间隔。之所以能够如此，还是那个原因：事先解决了技术—理性的难题。这首先就是创造了理性记谱法（没有它，现代作曲也同样只是可能的想象），而在这之前，还发明了某些从和声学角度诠释音乐音程所急需的乐器，尤其是创造了理性的复调声乐。中世纪早期，在北欧地区传教的僧侣们已经取得了大部分这样的成就，但他们并没有预感到这些所作所为的日后影响，他们为了自己的目的使流行的复调音乐理性化，而不是像拜占庭的僧侣那样听任他们的音乐由希腊人训练的抒情诗人（*melopoios*）来左右。西方基

* 古希腊悲剧中的一种格律形式，标志着情感效应。

督教会外部和内部状况那种绝对具体的社会与宗教历史条件下的典型性，才使得仅为西方修道院所特有的理性主义，产生了这些本质上是“技术”性质的音乐疑难问题。另一方面，舞蹈节拍的接纳和理性化，是把奏鸣曲融入音乐形式的开端，其条件则是文艺复兴时期的某些社会生活方式。最后，钢琴的发展是现代音乐发展的最重要技术载体之一，它在市民阶层中的传播，就是源于北欧文化那种特殊的室内活动特点。凡此种种，都是音乐**技术**手段的“进步”，并对音乐史产生了非常强烈的影响。经验音乐史的发展，能够也必定会成为历史发展的组成部分，而无须从自身这方面对音乐艺术作品进行**美学上的**价值判断。按照美学的价值判断，技术“进步”所实现的，最初往往都是极不完善的成就。这里**关切**的方向，即历史地给予说明的**对象**，却通过其美学重要性而他治地（heteronom）赋予了音乐史。

关于绘画的发展这一领域，沃尔夫林（Wölfflin）在《古典艺术》（*Klassische Kunst*）中提出问题时的高雅谦逊态度，则是非凡的经验研究中一个十分杰出的范例。

由此，现在就可以看出价值领域和经验领域完全分离的特性：使用无论多么“进步”的**技术**，也几乎无法说明艺术品的**美学**价值。即便艺术品使用了非常“原始”的技术，例如毫无透视知识的绘画，从美学上说，与理性技术基础上创作的最完美作品也绝对能各有千秋，但条件是艺术家的愿望要满足于这样的造型，即它要适应这种“原始”技术。创造新的技术手段首先就意味着越来越多的差异，并且仅仅在升值的意义上才为艺术越来越“值钱”提供了**可能性**。事实上，并不罕见的相反效果则是，这导致了“审美感”的贫乏。但是，从经验—**因果**角度来看，一般都可以确定，“技术”（就这个词的最高意义而言）的变化，却是最重要的艺术发展因素。

不仅艺术史学家，还有一般而言的历史学家，如今都会反唇相讥说：他们既不允许进行政治、文化、伦理、美学价值判断的权利被剥夺，也无法在没有这项权利的情况下完成工作。方法论既无力量也不打算向任何人指出他应在一部文学作品中有意表明什么。它这方面的权利仅仅在于确定：某些问题彼此具有异质的意义，把它们**混为一谈**的后果，就是导致讨论中的各执一词；无论是运用经验科学手段还是逻辑手段的讨论，都是有意义的，但要不是如此，那就不可能有意义。这里也许可以补充一个暂时不做论证的一般观察：对历史研究的细心考察极易表明，一旦历史学家开始进行"价值判断"时，就总是会无所顾忌地打断经验—历史的因果链条，结果则是几乎无一例外地损害科学成果。这样一来，他就处于危险中了，例如，将那些或许受到了异质性理想影响的行动者"说成是"犯了"错误"或者"堕落"了，结果是，他错过了对他非常重要的责任："理解"。有两类不同的原因可以说明这种误解。首先，仍然就艺术来说，对于艺术现实，一方面是纯粹美学的价值判断研究，另一方面则是纯粹经验的和因果归因的研究，但此外还有第三方面：进行价值**诠释**，本文已在别处（见上文）谈及它的本质，这里不再赘述。毫无疑问，它的固有价值对于任何历史学家来说都是必不可少的。对此同样毫无疑问的是，艺术史叙事的普通**读者**，甚至——并且恰恰——也会期望看到这样的节目（Darbietung）。只不过，就其逻辑结构来看，它与经验考察并非同一回事。

但是此外，无论谁想在艺术史上有所成就，即便是纯粹经验性的成就，都需要具备能力去"理解"艺术生产，如果没有美学洞察力，亦即没有价值判断**能力**，这就是不可想象的。当然，相应地，政治史学家、文学史学家、宗教或哲学史学家也是如此。不过显而易见，此说也完全没有涉及历史研究的逻辑本质。

这个话题不妨稍后再谈。这里应当探讨的问题仅仅是：关于艺术史，**除了**美学的价值判断以外，人们还可以在什么意义上谈论“进步”。不难看出：这个概念的意义所在，指的就是针对艺术意图而言的技术与理性的**手段**，实际上，这可能恰恰具有经验—艺术史的重要性。现在是我们在“理性”进步这个概念特有的领域、按照经验和非经验特点来探索的时候了。因为，以上不过是针对非常普遍的实况谈到的一个特例。

以我之见，文德尔班界定他的《哲学史》（*Geschichte der Philosphie*）主题（即“**欧洲**人用科学的概念纪录……他们世界观的过程”）时所采取的方式，就决定了他在运用与文化价值有关的特殊“进步”概念（见此书第15—16页上得出的结论）将获得非同凡响的实效，一方面，这对任何哲学“历史科学”而言都是绝非不言而喻的，但另一方面，如果以相当类似的有关文化价值为基础，它就不仅适用于哲学历史科学，而且总的来说——与文德尔班（同上书，第7页第1节第2段）相左——还适用于任何一门“历史科学”。然而，以下论述中，将仅仅谈及在我们社会学和经济学学科中扮演了角色的理性“进步”概念。我们欧美的社会与经济生活，有一种特殊方式和一种特殊意义上的“理性化”。说明这种理性化并建构相应的概念，是我们这些学科的主要任务之一。现在，这里再次出现了以艺术史为例时谈到过但仍然悬而未决的难题：我们在把一系列事件称为“理性的进步”时，究竟想要表明什么？

这里同样可以反复看到“进步”概念的意义混合：纯粹差异化的“进展”，手段进展中的技术理性，以及升**值**（*Werts*teigung）。首先，

主观上的“理性”行为（Sichverhalten）并不等同于理性的“正确”行动，亦即并不等同于按照科学知识运用正确手段的客观行动。相反，它本身仅仅意味着：针对既定目的，**主观的**意图是有计划地以**采取**正确手段为取向。由此可见，进展中的行动在主观上的理性化，客观上未必就是向一种理性上“正确”行动的“进步”。例如，巫术像物理学那样系统地“理性化”就是如此。按照它最初的意图，它的理性疗法就意味着几乎完全摒弃那些经过纯经验方式检验、可以治愈经验症状的草药和汤药，尽管它们有助于驱逐（想象中）“真正”（魔法般邪恶）的病“因”。在形式上说，它与现代疗法的许多重大进步有着完全类似的理性结构。但是，我们在经验上却无法把这种神秘的方术疗法**评价**为朝着“正确”行动的“进步”。另一方面，在运用“正确”手段的方向上取得的任何“进步”，都绝对无法借助于前一种意义，也就是在主观理性的意义上所说的“进展”。主观上有进展的理性行动导致客观上“更合乎目的”的行动，这只是具有若干可能性和（不同大小）概率的可预期事件之一。但是，在具体情况下，如果定理是正确的：措施 x 是达到结果 y 的（我们愿意假定是唯一的）手段——这是个经验问题，并且是 y 为 x 的结果这个因果命题的简单翻转（而现在根据这个定理同样可以从经验上确认），人们有意识地以结果 y 为取向而采取有针对性的行动，**那么**，这种行动就是遵循了“技术上**正确的**”方向。如果人的行为（无论何种方式）迄今都是以技术“正确”为取向，从这个意义上说，那就存在着“**技术进步**”。至于情况是否如此，事实上，**这**就要求助于经验学科所利用的科学经验手段了，亦即从经验上予以确认——始终毫无疑问的是，这里有一个前提条件：确定了的目的具有绝对的清晰性。

请记住，就这个意义而言：只要有一个明确给定的目的，就可以清晰确定关于手段的“技术”正确性和“技术”进步的概念（在这里，从最广泛的意义上说，总而言之，“技术”就是指的一切范围内的理性行为：在政治、社会、教育、宣传上对人的处理和支配）。**如果**把某个明确状况下的具体形态作为出发点，特意论及上述领域（这里涉及的仅仅是近在我们眼前的事物）——同样也包括商业技术领域和法律技术领域——那些特殊的日常“技术”，这才可以大体明确地谈论“进步”。所谓大体，意思是说：正如每个行家都知道的那样，因为每个技术理性的原则都会陷入彼此的冲突，虽然可以根据各自具体关切的立场在它们之间寻求平衡，但却不可能找到“客观”的平衡。假设有了既定的需求，并且进一步假设，所有这些需求本身以及对它们在主观上相互冲突的评估（subjektive Rangeinschätzung）都应当**摆脱**批判，最后，假定还有一种牢固的既定经济制度（这里再次需要有所保留，例如对于满足需求的持久性、安全性和多样性的关切可能并已经陷入冲突）——亦即“手段的创造”（Mittelbeschaffung）有了**既定的**可能性，如果满足需求达到了这种相对而言的最佳状态，那就可以说是“经济”进步了。但是，**唯有**在这些前提条件和保留态度下才行。

现在就尝试从这里得出明确的因而是纯**经济的**价值判断的可能性。其中最独特的就是利夫曼（Liefman）教授在教学中援引的范例，即当价格跌到成本之下时，为维护生产者的利润而有意识地销毁消费品。客观地说，这在“国民经济学上是正确的”。这种情况以及——对于这里重要的是——每一种类似的说明，都把一系列前提条件视为不言而喻，但是未必：第一，个人利益不仅事实上往往会延续到死亡之后，而且**应当**永远如此延续。如果没有从“实然”到“应然”的这种转变（Uebertragung aus dem“Sein” in das“Sollen”），此处讨论的所谓纯经济的价值判断就无法明确可行。因为，没有这样的转变，人们就无法像谈论长生不老之人的利益一样谈论“生产者”和“消费者”的利益。个人对**继承人**利益的考虑，就不再是个纯粹的**经济**事件。更确切地说，在这里，将那些活生生的人取而代之的，是使用“资本”进行“经营”（Betrieben）并且希望为经营而存在的既得利益者。这对理论目的来说是个有用的虚构。但是，即便这种虚构本身，也并不适用于工人（Arbeiter）的状况，尤其是无子女的工人。第二，它无视“阶级状况”的事实，在市场原则的支配下，这种状况不是不顾、而恰恰是**由于**——从当时可能的盈利观点来看——资本和劳动力在各个行业部门的“最优”分配所致，这才可能（不是必定）绝对恶化某些消费者阶层的商品供应。因为，那种盈利的最佳“分配”决定了投资的稳定性，正是在这方面，它要依赖于阶级之间的力量格局，其结果就是，在具体情况下可能（不是必定）削弱那些阶层在价格战中的地位。第三，它无视各个不同政治统一体的成员之间可能是经久不衰无法调和的利益对立，采取一种超党派的“自由贸易论点”，一旦人们认为手里**应当**存在这种假设，它就立刻会从极为有用的启发手段变成决非不言而喻的“价值判断”。但是，如果为了避免这种冲突而假设世界经济是个政治上的统一体（这在理论上必定是绝对允许的），并且为了——大概就像这里提示的那样——处在既定关系中的（生产者和消费者）那种既定的持久盈利最大化的利益，从而对销毁可用商品的做法发出挑战，那么，虽然这种批判有着根深蒂固的可能性，但也不过是转移了打击范围。因为，这种批判也就等于是转而反对市场供应所指示的总体原则**本身**，即用货币来表现的、参与个体经济交换的盈利最大化。一种并非由市场方式组织的商品供应，不会找理由通过市场原则顾及已经存在的个体经济利益格局，因而也就没有必要让那些现有的可用商品摆脱消费。

如果：（1）仅仅以人的（被认为）不间断需求作为（被认为）不间断盈利关切的最终目标，——（2）仅仅通过完全自由的市场交换满足需求的私人资本主义占据支配地位，以及：——（3）预先设定一种没有利益考虑的国家权力把纯粹的法律保障作为既定的条件，只有这样，利夫曼教授的观点在理论上才是正确的，且当然也不言而喻是正确的。因为，价值判断涉及商品分配中最佳解决技术上单一难题的理性手段。但是，可以用于理论目的的纯经济学有益虚构，却无法成为对真实的事实进行实践性价值判断的基础。问题仍然在于，经济学理论可以说明的，绝对不外乎是：为了达到既定的技术目的 x，措施 y 就是唯一合适的，或者与 y_1、y_2 一并都是合适的手段，在后一种情况下，y、y_1、y_2 之间以及它们的作用方式或者——如有必要——理性化方面的差异，都是利用和达到目的 x 所要忍受的“意外后果”，即 z、z_1、z_2。所有这些都是因果定理的简单翻转，都在与“价值判断”相关的范围之内，只是设想中的这些行动的理性程度不同而已。如果经济目的和社会结构条件已经是明确既定的，要做的仅仅是在诸多经济**手段**中进行选择，并且，如果这些手段唯有在安全性、快捷性和量化高产性方面各有不同，但在其他可能具有重大意义的方面，对人的利益具有完全相同的作用，这时，并且只有在这时，价值判断才不会模棱两可。只有在这时，一种手段才能实际上是无条件地被**评价**为“技术上最正确的”，并且这样的价值判断才不会模棱两可。在任何其他情况下，亦即任何其他并非纯技术的情况下，都会听到模棱两可的价值判断，而做出这样的价值判断，就不再是纯粹的经济学可以决定的了。

但是，通过在纯经济学领域内确认**技术的**价值判断具有清晰性，当然**无法**获得终极性“价值判断”的清晰性。更确切地说，这时就会开始出现无边无际的一团乱麻，要想摆脱这种讨论，便只有回归终极性公理，以应对可能的价值判断的多样化。因为，现在只需提到一点，站在“行动”后面的是：人。对人来说，超出一定的界限去提高行动**本身**的主观合理性与**客观—技术**的“正确性”，按照某种确实很普遍的观点来看，就会危害商品的重大意义（例如伦理或宗教的重要性）。比如佛教的（最高）伦理之所以拒绝任何有目的的行动，正因为那是有目的的行动而使人不得解脱，这就很难使我们接受。但是，要在对待一道错误的算术题或一个错误的医疗诊断那种意义上去“反驳”，却是绝对不可能的。不过，即使不援引如此极端的例子，也很容易看到，甚至毫无疑问是“技术上正确的”经济理性化，**仅仅**凭借这种性质，也无法在**价值判断**的论坛上获得正当性。这一点无例外地适用于一切理性化，包括银行业务那种表面上的纯技术领域。反对这种理性化的人完全不一定是蠢人。确切地说，无论在什么地方，如果人们还想做出价值判断，就必须考虑技术理性化对改变全部外在和内在生活条件的影响。在我们的学科中，**正当的**进步概念到处都无一例外地依附于“技术”因素，一如前述，这里也应当意味着：那就是为达到明确的**既定**目的所使用的“手段”。它本身决不会上升到“终极”**价值判断**的领域。

综上所述，我认为，这种运用“进步”的表达方式本身，即使从经验上说毫无疑问但是在有限适用的范围内，也仍然是**极不适当的**。

但是，没有人可以禁止这样的表达方式，况且，人们毕竟还会避免可能的误解。

本文结束之前，还需要讨论最后一组难题，就是理性在经验学科范围内的地位。

如果规范性的效力（das normativ Gültige）成了**经验**研究的对象，它作为对象也就失去了规范的性质：它将被看作“应然的”，而不是“有效的”。比如说，如果统计学要确定某个专业计算范围内“计算错误”的次数时，虽然确实具有科学意义，但乘法表的原理对它来说就有了两种极为不同意义的“效力”。一直以来，它的规范性效力当然绝对是它**本身**进行计算操作的先决条件。但是现在，当“正确”运用乘法表的程度被当作问题研究的**对象**时，从纯粹逻辑的角度来看，那就完全不同了。那个通过教育而**习惯于**按照实际准则处理事态、把计算当作统计学审核目标的人，这时就应当根据事实上的应用频率来确认乘法表的应用，而某些精神错乱现象也就完全可以成为统计学确认的对象。在乘法表的应用成为“对象”的情况下，它的规范“效力”，即它的“正确性”，就完全不是讨论目标了，逻辑上也根本无关紧要了。对于研究人员的计算，统计专家必定会服从“按照乘法表”进行核算的惯例。但是，他也同样必须应用“错误的”计算法，因为它在价值判断上是规范的，例如被某种人的群体看作是“正确的”，于是他就不得不经常按照实际上是那个群体的立场，“正确”应用统计学进行研究。对于一切经验的、社会学的或历史的研究来说，把我们的乘法表作为这类研究的**对象**时，都会被认为是某个人群中的**惯例**，而且或多或少都是接近于为人遵从的实践性行为准则，舍此无它。就我们所知，对毕达哥拉斯音乐理论的任何阐述，都必须首先承认一个“错误的”计算：12 个五度音 = 7 个八度音。有关逻辑的任何历史科学，也同样必须承认（对于我们来说是）矛盾重重的逻辑建构史的存在——如果谁要像一位十分出类拔萃的中世纪逻辑史学家曾经做过的那样，对这种“荒谬”勃然大怒，虽然可以为人理解，但却根本不再是科学成就了。

传统上认为具有规范性效力的真理，包括全部精神产物，甚至包括逻辑的和数学的思维，一旦成为经验**存在**而不是在（**规范性**）正确**意义**上成为反思研究的**对象**，就都会出现这种变化，且完全不受制于这一事实：逻辑的与数学的真理，其规范性效力同时也超验于一切经验科学。——就上述功能而言，这种真理的逻辑结构并不那么简单，它会出现在对精神联系进行的经验研究中，并且需要再次谨慎区分两者：它作为研究对象的地位和它的超验地位。任何有关精神联系或社会联系的科学，都是涉及人类行为（在此情况下，任何精神思维与任何心理特征都包括在这个概念中）的科学。它们要“理解”这种行为并据此“解释性说明”（erklärend deuten）它的过程。这里还无法详尽讨论“理解”这个令人为难的概念。我们对这种联系的关切，唯有一种特殊的方式：“理性”解释。显而易见，我们可以毫不费力地“理解”一个思想家在“解决”某个“难题”，因为我们本身认为他在规范上是“正确的”，例如某人在进行“正确的”计算，他为了一个预定目的而运用了——在我们看来——“正确的”手段。因此，我们对于这些事件的理解就会特别清晰，**因为**它直接涉及客观“效力”成为现实。尽管如此，也必须谨防认为，从逻辑上说，这种情况下，规范上的正确性会出现与所有科学研究具有相同结构的一般超验地位。相反，它作为“理解”的手段，其功能恰恰相同于逻辑上无理性的情感—

情绪联系那样的纯心理“移情”，涉及的是理解性认识（verstehende Erkenntnis）。一方面是研究者和学者们这样那样思维的**传统**习惯，另一方面则是必要情况下他们对相悖的，并且按照传统习惯是规范上“错误的”思考进行理解性“移情”的能力，这才是理解性认识的手段，而不是规范上的正确性。就“错误的”思考而言，原则上说，“谬误”也完全能像“正确的”一样容易理解，从而确凿表明，这里考虑的**并不是**作为规范上“正确的”效用**本身**，而只是把它作为一种特别易于理解的**传统**类型。现在，对于规范的正确性在社会学认识范围内的角色，就导向了最终的确认。

显而易见，为了能够理解“错误的”计算或逻辑发现，以及理解可能业已发现并阐述的那些实际结果的影响，人们不仅要借助那些不言而喻是“正确的”计算，或者说，借助“正确的”逻辑思维加以检验，而且必须凭借“正确的”计算手段，或者说凭借“正确的”逻辑以强调指出**一些要点**，证明有代表性的作者认为是规范上“正确的”东西，恰恰**悖离**了经过检验的计算或逻辑建构。仅仅出于实践—教育学的目的，例如文德尔班在他的《哲学史》导论中提出的那种目的（竖立“勿入歧途”的“警示牌”），这并非必需，而只是符合历史研究预期的意外结果。之所以并非必需，原因在于，对待任何属于逻辑的、数学的或其他科学认识对象的历史疑难问题，都会不可避免地**仅仅**以我们承认有效的“真理价值”作为唯一可能的、基于最终价值关联的选择标准，并且也是以此作为“进步”的方向。（甚至即便如此，如果这就是实际情况，也仍然要重视恰恰是文德尔班一再注意到的事态：这种意义上的“进步”，通常都不是走的直接路线，而是——用经济学的表达方式来说——通过“富有成效的生产路线”以打破“谬误”：盘根错节的难题。）其所以如此，是因为（并且同样只是就此而论）在被当作精神对象研究的思想建构这个方面，与作者本身必定会认为“正确的”方面相悖离，而通常在他看来，这些方面都是特别“典型的”，亦即按照他的看法，它们要么具有直接的价值关联，要么从其他价值关联的观察视角来看，这些事态具有因果上的**重大意义**。当然，一般情况下，思想的真理价值越是成为历史叙事的主导价值，某些“科学”（例如哲学或者理论国民经济学）的历史就尤其会出现这种情况。但这决非必然是唯一的情况。特别是，无论何处，如果主观上——就意图而言——的理性行动构成了叙事对象，如果“思维错误”或“计算错误”可能构成行动过程的**因果**成分，便会出现一种至少是相似的事态。例如，为了“理解”如何领导战争，人们必定会不可避免地——虽然未必很明确并以详细的方式——为双方都设想一位理想的统帅，他们了解双方军事力量工具的全局和部署，以及由此产生的全部可能性，毫不含糊的具体目标则是：摧毁敌方的军事力量，他们在这个认识基础上不出差错，而且逻辑上会“完美无瑕地”采取行动。因为，只有这样，可能才会清晰地确认，真实的统帅既无那种认识又不能免于错误，以及他们总的来说也并不是纯粹理性的思维机器，以及这种事态对局面会造成什么因果影响。因此，在这里，理性的构想也有价值，就是用作正确的因果“归因”的手段。“纯”经济学理论创造那种乌托邦式严格无误的理性行动构想，也具有完全同样的意义。

出于对经验过程进行因果**归因**这一目的，我们确实需要理性的、根据情况而定的经验—技术构想或者逻辑构想，以此回答这样的问题：一种事态如果具有绝对理性的经验与逻辑“正确性”和“无矛盾性”，就外部的关联而言，可能会如何描述给人（或已经给人）**造成**

印象的行动或思想建构（例如一种哲学体系）。但是，从逻辑上来看，这种理性上“正确的”乌托邦构想，不过是“理想类型”的种种可能形态之一（这是我——可用任何其他表达方式修饰这个术语——所指称的概念建构）。不仅如此，因为，已如前述，我们还可以设想这样一种情况：恰恰是代表性形式的**错误**推论方法，或者某种典型的、目的**有害**的行为，可能更有利于成为理想类型。而且，尤其是，在行为的全部范围（“无理性”范围）内，并不是逻辑理性的最大值，而仅仅是孤立抽象出来的清晰性，才最适于帮助做到这一点。实际上，研究者们会极其频繁地使用规范上“正确”构想的理想类型。不过，从**逻辑**上看却恰恰是：这种规范上“正确”的类型，并非实质。例如，为了刻画某一时代的人们以特殊方式表现的典型意向，研究者不仅可以构想一个与他个人的伦理规范相吻合并就这个意义而言是客观上“正确的”，也可以构想一个与他的伦理规范完全相悖的意向类型，由此进行比较，或者最后，他可以构想一个意向类型，但他个人完全不要求做出任何形式的肯定性或否定性评价。对于这个目的而言，规范上的“正确”并没有任何垄断之意。因为不论理性的理想类型是什么内容：无论它是否代表伦理学的、法律教义学的、美学的和宗教的信念规范，或者技术的、经济的、法律政策的、社会政策的以及文化政策的准则，或者以尽可能理性的形式做出的任何一种“价值判断”。在经验研究范围内的这种构想，始终都只有**如下**目的：把它与经验现实进行“比较”，发现它与经验现实的反差、距离或者相对的近似性，**以尽量可清晰理解的概念**描述经验现实，并可以理解和说明因果归因。理性的法律教义学概念建构，就为经验的法制史这一学科提供了这些功能，而理性的预算理论则为分析盈利经济中的个体经济实际行为提供了这些功能。当然，刚刚谈到的两种教义学科，此外也有“艺术理论”那样卓越的规范—实践目的。而且，除此之外，这两门学科因其教义科学的性质，也同样不是我们这里所说意义上的数学、逻辑、规范伦理学、美学那样的经验学科，在其他方面，由于其他原因，两者也与这些学科完全不同，就像后者彼此间截然不同一样。

最后，显而易见的是，从逻辑上说，经济学理论也不同于法律教义学，是完全另外意义上的一门教义学。与经济现实相比，它的概念尤其不同于法律教义学的那些概念，后者处理的是经验的法制史与法律社会学对象的现实。但是，正如教义学的法律概念作为“理想类型”能够也必须用于经验的法制史和法律社会学一样，以同样的方式把“理想类型”用于认识现代和过去的社会现实，乃是纯经济学理论完全**独有的**意义。不过，它提出了一些在现实中几乎不可能完全满足但又以不同强度接近现实的先决条件，并且问道：人如果严格理性地采取社会行动，将如何在这些前提条件下形成。特别是，它还假定了发挥支配作用的是纯经济利益，就是说，排除了强权政治及其他非经济取向对行动的影响。

但是现在，这里也出现了“盘根错节的难题”这一典型过程。因为，这个意义上的“国家无涉”“道德无涉”“个人主义的”纯理论，作为条理性的辅助手段，过去是、将来也是必不可少的，激进的自由贸易学派把它理解为详尽反映了“自然的”，亦即没有被人类蠢行扭曲的现实，但又更进一步，在这个基础上把它看作“应当”：看作在价值范围内有效的理想，而不是看作有益于对自在之物（Seienden）进行经验研究的理想类型。随着经济政策与社会政策的变化，在价值领域对国家的评价所出现的逆转，立刻又蔓延到了存在领域

（Seinssphäre），不仅拒绝把纯经济学理论作为理想的表达方式（它或许从未要求这种理想是有效的），也拒绝把它作为通向现实研究的方法论途径。各种方式的“哲学”思考要求取代理性的实效，由于把“心理上的”自在之物等同于伦理上有效的东西，价值判断领域和经验研究之间的清晰区别也就行不通了。作为学术发展的载体，历史的、社会学的和社会政策领域的杰出成就得到了普遍的公认，但同样，在不偏不倚的评论者看来，总的来说，作为把问题混为一谈的必然后果，理论研究和严格的经济科学研究数十年来的全面衰落，也是显而易见的。纯理论的反对者提出的两个主要命题，其中之一是：理性的构想这种“纯粹的虚构”，并没有告诉我们现实的真相。如能正确地理解的话，那么这个论断还是不错的。因为，理论构想只是服务于决不可能由现实本身提供的对于现实的认识，由于其他并未包括在预设中的环境和一系列动机的参与，这种认识即便到了最令人满意的程度，也只是接近构想的过程而已。当然，尽管如此，也几乎无法反对纯理论的可用性和必要性。他们的第二个命题是：无论如何，一种关于经济**政策**的价值无涉理论，是不可能成为科学的。这当然是个根本性的错误，之所以错误，恰恰就在于，前述意义上的“价值无涉”，正是一切纯科学地对待政策，尤其是社会政策和经济政策的前提。阐明下面这种类型的定理，不言而喻是可能的，在科学上也是有益而必要的：为了达到（经济政策的）目的 x，y 是唯一的手段，或者，在 b_1、b_2、b_3 的条件下，y_1、y_2、y_3 是仅有的或最有成效的手段，这一点大概无须重复了。这里唯需着重提醒的是一个难题，即能否表明所追求的目标具有绝对的**清晰性**。如果做到了这一步，它所处理的就是因果命题的简单翻转了，也就是纯粹的“技术”问题。但是，正因为如此，在所有这些情形中，科学也都没有被迫把技术上的目的论定理当作单纯的因果定理，没有采取这样的形式：y 始终会产生结果 x，或者在 b_1、b_2、b_3 的条件下，y_1、y_2、y_3 始终会产生结果 x。因为这说的恰好是同一件事，“执业医师”可以轻而易举从中得到“处方”。但是，经济的科学理论，除了一方面要确定纯粹的理想类型形式，另一方面确定这种经济上的**个别**因果联系（因为在“x”足够清晰时，以及因和果、手段和目的的归因足够严格时，才应当无例外地处理这种联系）之外，还有其他一些任务。它还应当根据经济原因这一共同制约方式去考察全部社会现象：此即经济史的与经济社会的解释。另一方面，它还要根据不同方式和不同发展阶段的社会现象，考察经济过程与经济形态所受到的制约：此即经济史与经济社会学的任务。不言而喻，属于这种社会现象的，首先就是政治行动和政治产物，尤其是：国家以及国家所保障的法律。但同样不言而喻的是，其中并非只是政治产物，而且还有——在与科学关切**充分相关的程度上**——影响经济的全部产物。对于所有这些难题，“经济政策”这个表达方式天然地就极不适宜。因此，它的登台亮相投入使用，就只有考虑到既定的实践重要性才能得到说明，表面上看，这反映了大学作为国家公务员培养机构的特征，实际上，则是由于特别强大的统治工具——国家——对经济的强烈影响。几乎无需重新确认的是，在所有这些研究中，如果可以足够清晰地给出所处理的结果，对“因与果”的陈述在任何时候都能翻转为这种“手段与目的”的陈述。当然，在这里也一样，价值判断领域和经验认识领域之间的逻辑关系并不会因此而生变。现在，我应当在即将结束本文时，就这种关联再稍作说明。

最近几十年的发展，尤其是我们今天所见证的那些史无前例的事件，都极大地提高了**国家**的声望。在所有社会共同体中，现在唯有它被赋予了事关生死和自由的“正当”权力，国家机构借此用来：战时抵御外敌，平时和战时还要镇压内部反抗。它在和平时期是最大的工商企业主，最强有力的公民庇护人，但在战争时期又是最不受约束的载体，可以支配一切它能获得的经济物资（Wirtschaftsgüter）。它的现代理性经营形式在许多领域都有可能获得成就，且毫无疑问不可能由任何不同的社会化联合行动来实现，哪怕只是近似地实现也不可能。几乎不可避免就要呼之欲出的结论是：特别是针对活跃在“政策”领域的价值判断来说，它必定就是终极“价值”，所有的社会行动最终都要依照它的存在利益来衡量。这是完全不可容忍的，是在用价值判断领域的规范重新解释存在领域的事实，尽管那种价值判断的结论并没有清晰性，而这在讨论（“维护”或者“支持”“国家”的）“手段”时就会立刻表现出来。针对那种声望，在纯粹事实的领域内，我们首先就要确认：有些事情，国家**不能**做。甚至在被认为是它自己的领地内，即军事领域内，情况也是如此。多民族国家的军队在当前战争中凸显出一些现象，对此进行的观察即可说明：个人以自由意志献身于国家所支持的事业，是国家无法强制执行的，这对于军事上的成功并非无关紧要。在经济领域则仅需指出：当经济从战争形态和战时原则转入和平时期并成为**持久**现象时，很快就可能有如下结果——恰恰是扩张型国家理想的代表人物，将会败坏这种计划。不过，对此，这里将不再赘言。但是，在**价值判断**领域，有一种立场是很有意义并值得赞赏的，它希望看到，出于这样的关切，即作为针对反抗的可用性强制手段，国家权力不妨以可以想象的外在表现迅速增长，但另一方面，它也否认国家还有任何**自身**价值，由此表明国家权力仅仅是实现所有其他价值的技术辅助手段，只有置身这些领地中它才享有尊严，而且，只要它证明没有试图放弃它的行动使命，它就可以保持这种尊严。

当然，总的来说，这里既不应当阐发，也完全不想维护任何可能的价值判断立场。相反，这里只应提醒一点：如果说一个职业“思想家”还有什么特别明确的责任，那就是：面对时下流行的理想，即便是最崇高的理想，都要意识到个人的才具，保持头脑冷静，必要时就“逆潮流而动”（gegen den Strom zu schwimmen）。“1914 年的德国观念”是文人墨客的产物。“未来的社会主义”则是一句废话，是利益集团把进一步官僚化和行会行政目的合成一体的那种经济理性化。经济政策主管部门那些狂热的爱国者们，针对一些纯技术措施，并没有实事求是地讨论它们的实效性，即非常需要理智的财政政策会在多大程度上受到制约，而是不仅求助于德国哲学，还去求助于宗教进行辩护，就像现在屡见不鲜的那样，如此，它不是别的，无非就是顾盼自雄的文人墨客令人作呕的精神错乱而已。现实中的“1918 德国观念”将如何形成，归国战士们会自有说法，至于它可能或者应当如何，现在也许无人能有先见之明。但是，它对将要出现的未来却至关重要。——

注　释

1　这是 1913 年在“社会政策协会”一次内部讨论中的报告，作为手稿已经修改并刊印。仅为该协会关切的所有内容都已尽量删除，同时扩充了一般的方法论思考。在提交给那次讨论会的其他报告中，施普朗格尔（Spranger）教授的报告已在有关立法、行政和国际经济的《施莫勒年鉴》上发表。我认为，我所尊敬的那位哲学家，其研究之浅薄是令人惊讶的，因为它缺乏清晰性。但是由于篇幅的关系，我避免与他进行任何论战，只是表明自己的观点。

2 荷兰人的原则是绝对不能令人满意的：甚至神学院也要免除信仰强制，但在下述情况下却拥有创办大学的自由，即资金要有保障，遵守教席职位的资格要求，捐助者享有庇护教席以提供捐助的私人权利。因为，这只给有钱人和那些本来就已大权在握的权威组织提供了便利：众所周知，能够如此便宜行事的，只有教会那个圈子。

3 这决非德国的特征。几乎每个国家都存在或公开或隐蔽的事实限制。只是因此而对价值难题的排斥方式各有不同。

4 我必须提到我在先前文章中的看法（偶尔会有个别表述不够充分，但这不影响基本观点），并且希望指出，在一个重要的问题域确实存在某些“不可忍受”的终极价值判断，尤见 G. 拉德布鲁赫的《法学导论》（*Einführung in die Rechtswissenschaft*），第 2 版，1913 年。我在某些方面与他的观点不同，但对于这里讨论的问题没有什么重要性。

5 见他在《政治科学简明词典》（*H. -W. B. d. Staatswissenschaft*）中的短文《国民经济学》。

社会学基本概念*

（1921）

引　言

以定义概念的方法开始，这并非可有可无，虽然不可避免会给人留下抽象而脱离现实的印象，但无论采取什么方式，都不至于断言这是一种新方法。相反，它只是要求——这也是它的期望——形成更实用、更具体的措辞方式，以表明任何经验社会学在论及类似的事物时究竟所言何指（虽然毫无疑问这也许会显得有些学究气）。在使用表面上是陌生或新颖措辞的地方，情况确实如此。与《逻各斯》第四期（1913年，第253页及以下）的论文相比，这里使用的术语就需要尽可能地简约，因而要作出相当大的改动以便更容易理解。当然，尽最

* 本篇译文参考《马克斯·韦伯全集》（*Max Weber Gesamtausgabe*, J. C. B. Mohr [Paul Siebeck]）I/23卷《经济与社会：社会学．1919—1920年的未竟稿》（*Wirtschaft und Gesellschaft. Soziologie. Unvollendet 1919-1920*）做了补充。此卷于1919—1920年交付印刷，其中大部分稿件都经过马克斯·韦伯的亲笔修改。——中文编者注

大可能精确定义概念的需要，无法总是与绝对通俗化的需要协调一致，如果必要时就不得不作出让步。

关于“理解”（“Verstehen”），请参阅卡尔·雅斯贝尔斯（Karl Jaspers）的《普通心理病理学》（以及海因里希·李凯尔特《自然科学概念形成的界限》第2版中的若干评论，尤其是齐美尔在《历史哲学的难题》中的某些论述）。出于方法论的考虑，一如过去我常做的那样，我在这里无疑也要向读者提到弗里德里希·戈特尔《词语的统治》这一事件，诚然，该书的行文有些晦涩难懂，思维也并非始终都完全通畅；实事求是地说，这里尤其要提到斐迪南·滕尼斯的杰作《共同体与社会》，还有鲁道夫·施塔姆勒那部严重误人视听的《从唯物史观看经济与法律》一书，对此可以参阅笔者发表在《社会科学文献》第24期（1907）上的评论，其中包含了下面将要反复谈到的一些原理。与齐美尔（在《社会学》和《货币哲学》中）采取的方法不同，我对期望的“意义”和客观上有效的“意义”尽可能作出了区分，但他不仅未能对两者加以区分，而且常常完全有意识地把它们混为一谈。

一、社会学概念与社会行动的“意义”

社会学（这个词的用法高度模糊，但就这里所理解的意义而言）应当是指：解释性地理解社会行动并对其进程与结果进行因果说明的科学。这里所说的“行动”（Handeln），应当是指被一个人赋予了主观**意义**的他的行为（Verhalten，不管那是外在的还是内在的作为[Tun]、是放弃的还是默认的）。而“社会”行动应当是指，该行动所期望的意义还顾及到了**他人**的行为，并据此作为行动进程的取向。

Ⅰ. 方法论基础

1. 这里说的“意义”，要么是（a），即事实上的 α，在既定历史情况下某个行动者给出的实际意义，或者是 β，即针对某一既定大规模的行动者而从中归纳出来的平均或相近的意义；要么是（b），即从概念上构想的行动者**纯粹**类型或者**被认为**的行动者类型在主观上**期望**的意义。它决不是指的客观上“正确的”意义，或者形而上学所探索的“真实”意义。因此，诸如社会学、历史学等关于行动的经验科学，与法学、逻辑学、伦理学、美学等教义学科就产生了区别，后者总想为它们的研究对象探查清楚某些“真实”和“有效”的意义。

2. 附着了意义的行动（das sinnhaften Handeln），与纯粹是（我们这里想说的是）反应性的、主观期望的意义上（subjektiv gemeinter Sinn）的行动，是无法划出界线的，两者的自身行为（Sichverhalten）都是动态的。任何具有社会学重要性的自身行为，其相当可观的一部分——特别是纯粹传统性的行动（见下文）——都是介乎两者之间的。附着了意义的行动，即可以理解的行动，在某些心理物理过程中是根本不存在的，在另一些过程中也只有专家们才能辨别得出；许多神秘的、因而使用词语无法进行适当交流的过程，是那些并不敏于这类体验的人完全无法理解的。相比之下，无论什么人，有能力实施相同的行动，并不是进行理解的必要条件：“理解恺撒无须先成为恺撒。”虽然完整的“再经验”对于理解的清晰性（die Evidenz des Verstehens）很重要，但这并不是进行意义解释的绝对前提。一个过程的可理解和不可理解的构成成分，往往会混杂在一起并息息相关。

3. 如同一切科学观察一样，一切解释都在力求清晰（Evidenz）*。清晰的理解可能在于：它是理性的（能够进一步划分出逻辑或数学的特性）；或者，是设身处地的再经验（einfühlend nacherlebend）：具有情感上或者艺术上的鉴赏性质。对行动领域，尤其是对它所期望的意义关联（Sinnzusammenhang），有着完全透彻而**理智的**理解（*das intellektuell* Verstandene），这显然就是理性的。完整地再经验了行动发生时的**情感关联**（*Gefühlszusammenhang*），这显然就是设身处地（einfühlend）。在这里，例如：对数学表述或逻辑表述中内含的彼此关系那种稳定的（stehenden）意义关联作出理性的理解（Rational verständlich），就可以最大限度直接明确地从理智上获得附着了意义的理解。如果有人说出了 2×2=4 这个定理，或者以推理或论证方法应用了勾股定理，或者按照公认的思维方式“正确地”得出了一个逻辑推理，那么，我们就会十分明确地理解其中表示的意义。如果他采取的方法是根据“公认”有效的“经验事实”、以适当“手段”达到既定目标（根据我们的经验），从而明确实现了行动的结果，情况也是这样。对这种理性取向的有目的行动进行的任何解释，就理解该行动采用的**手段**而言，清晰程度都会达到最大化。根据一种并不相似、但是对于我们的需要而言，说明却足够清晰，我们也能够理解即便我们自己也很容易犯的那类“错误”（包括“对问题的混淆”在内），或者通过设身

---

* 德文单词“Evidenz”的词义为“明显”“显而易见”或者“一览表”，韦伯这里指的并非观察过程，而是观察结果的质量，观察者据此可以在证实一个既定陈述时感到理由确凿。可见，“清晰”则是不那么合乎词典含义的译法，因为很遗憾，在这种情况下，中文没有精确的对应词，所以就根据特定的上下文关系译为“清晰”。其实，韦伯如果想要说明“清晰”或“清晰性”等意思，他是绝对有词可用的，如“klar”或“Klarheit”，但在这个语境下将“Evidenz”译为“清晰”，译者认为也许更能反映韦伯的本意，请读者明鉴。

处地也可以发觉那些错误何以产生。另一方面，在人的行动上表现出的许多终极“目的”和“价值观”，根据经验的指示却往往**无法**得到完全清晰的理解，尽管有时我们能够理智地去把握它们，但它们越是从根本上背离我们的终极价值判断，我们就越是难以通过设身处地的想象进行**再经验式的**理解。我们将不得不根据具体情况，仅仅**从理智上**加以解释，或者在有些情况下如果连这一点也办不到时，就干脆把它们作为既成事实接受下来，然后，我们会试图寻找机会理解受它们驱动的行动，以近似于再经验的方式对该行动的过程进行可能的理智解释，以及可能的设身处地。例如，那些对许多宗教品行和慈善热忱并不敏感的人们，就理应如此。那些厌恶极端理性主义狂热（“人权”）的人们，也同样如此。——对于那些无理性的实际冲动（忧虑、愤怒、野心、羡慕、妒忌、爱情、热忱、傲慢、复仇欲、虔敬、倾心和各种各样的欲望）以及由此产生的反应（看似有目的的理性行动），我们越是敏于其影响，就越是能够明显地从情感上进行再经验，即使我们本身绝对达不到这些情感的可能程度，也仍然会理解附着了意义的设身处地，并从理智上评估它们对行动方向和手段的影响。

为了**类型**建构的科学研究，最方便的做法就是，把自身行为中所有那些受情绪左右的无理性意义关联对行动的影响，都视为对构想中的纯粹目的理性（zweckrational）过程的“偏离”，一视同仁地进行探索和再现。例如，在说明“股市恐慌”时，最方便的做法就是首先确定：如果**没有**受到无理性冲动的影响，那**将**出现什么样的行动；这样就有可能把无理性成分视为出现了“干扰”。同样，在说明一次政治或军事行动时，方便的做法首先是要确定：了解参与者的所有情况和全部意图，并且按照我们的经验来看，其手段的选择具有严格的目的理性，那么行动**将**会如何。只有这样，才有可能对无理性因素所决定的异常情况作出因果追溯。在这些情况下，构想一种严格目的理性的行动，也就有助于为社会学提供一种具有清晰的可理解性和——坚持理性的话就会具有——唯一性的**类型**（“理想类型”），从而理解那些受到了种种无理性因素（比如冲动、错误）影响的实际行动，将其视为在“干扰”预期进程中本应是纯粹理性的行为。

就此而言并且仅仅是出于方法论便利的原因，“理解”社会学的方法才是“理性主义的”。但是，这个程序当然不能被理解为社会学的一种理性主义先入之见，而只能被理解为方法论手段，并且毫无疑问，这不是相信理性因素在生活中占据着实际优势。因为，在现实中，对**实际**行动的目的理性考虑究竟有多大优势，甚或它究竟存不存在，无论如何都是个说不清楚的问题。（然而，不可否认，理性主义的解释如果用得不是地方，那就是一种危险。可惜，全部经验都已经证明了这种危险的存在。）

4. 一切有关行动的科学，都会考虑到人的行动在诱因、结果以及有利或不利条件的作用下缺少意义的进程和现象。“缺少意义”并不等于“无生命”或者“非人类”。对每一件人工制品，比如一台机器，都只能从制造和应用该制品的人类行动（可能会出于非常多样的目的）所具有的既定（或期望的）意义上去解释和理解；如果不去追溯，这个制品就会始终极为费解。因此，易于理解之处，就是它作为“手段”或者“目的”，与人的**行动**有什么关系，而行动者或行动者们对此已有设想，并且据以作为行动的取向。**只有**在这个范畴内，才能获得对该对象的“理解”。另一方面，无论有生命或无生命、人或非人的进程或状态，如果没有**期望的**意义内容，就是说，**没有**进入“手段”或“目的"与行动之间的关系，而只是行为的诱因，表现为有利或不利的条件，它们就是缺少意义的。[荷德边界附近埃姆斯河口的]道拉湾在12世纪初的泛滥，之所以（或许！）具有"历史"重要性，是因为它刺激了某种程度的移民潮，从而产生了显著的历史效应。人终有一死，总的来说就是从婴儿时的无以自助到老年时的无以自助之间一种有机的生命循环，它自然会由于人的行动以这个事态为取向时采取的多样化方式而具有极大的社会学效应。某些心理或精神物理现象（诸如疲劳、上瘾、记性等；但是同样，还有在某些苦行条件下形成的某些欣快[Euphorien]状态，以及反应方式在节奏、风格和唯一性等方面的典型差异），则是再次形成了另一个并非易于理解的经验陈述范畴。但是归根结底，对于这种事态与对待其他令人费解的行动是一样的：需要时就把它们作为"数据"接受下来，以便进行易于理解的研究。

现有的可能性是，未来的研究将在特别有**意义**的行为中发现一些**无法**理解的规律性，尽管迄今为止这方面还是乏善可陈。比如，生物学的遗传（"种族"）差异，如果并且只要提供了有说服力的统计学证据，证明那种特性影响了具有社会学重要意义的自身行为，特别是证明那种特性还关系到社会行动的**意义**，社会学就会完全同样地认为那是既成事实，一如营养需求或衰老的作用等生理学事实对行动的影响那样。当然，承认它们的因果重要性，丝毫也不会改变社会学（总之就是有关行动的科学）的任务：解释那些根据附着了意义的取向而采取的行动，以此理解行动。这样，就要把只是在某些点上**无法**理解的事实导入易于理解、可以解释的动机关联（Motivationszusammenhänge），例如，某些行动目标的频率或某种典型的理性程度与头骨标志、肤色或任何其他生物遗传特征之间存在着典型的关联），一如目前谈到的情况（见上文）所示。

5. 理解可以指的是：（1）对行动（包括言语表达）的自我期望的意义进行**实际**理解（*das aktuelle* Verstehen）。例如，我们在听到或读到 2×2=4 这个定理时，就能实际理解它的意义（这是对思想进行理性的实际理解），或者通过面部表情、感叹或者无理性的动作而看到了愤怒情绪的爆发（这是对冲动的无理性实际理解），或者看到一个伐木工或某个抓住门把手想要关门的人、一个举枪瞄准一只动物的人的行为（这是对行动进行理性的实际理解）。——但是，理解也可能是指：（2）**说明性**理解（*erklärendes* Verstehen）。一个人在说出或写下 2×2=4 这个定理时，我们就可以从**动机**方面"理解"其中的意义，这关系到他为什么恰好在此时此地这么**做**，如果我们知道他正在清理一笔账目，或者正在做一道科学论证题，或者正在致力于一道技术计算或者一个其他行动，其中关系到我们在"听见"那个定理时所易于理解的**意义**，我们就能得到易于理解的意义**关联**（Sinn*zusammenhang*，即对动机进行的理性理解）。因此，不仅是实际理解，还有对动机的理解，如果我们知道那位伐木工是为了换取工资，或是为了他的康复之需（理性的），或是"为了发泄一通怒火"（无理性的），如果我们知道一个举枪瞄准目标的人是在奉命采取行动执行处决或者抗击敌人（理性的），抑或他是在实施复仇（情绪化的、因而在这个意义上说是无理性的），情况就是如此。最后，如果我们知道一场勃然大怒乃是由于嫉妒、伤害或者侮辱（为冲动所决定，因而都是无理性的动机），我们就会从动机上理解这种愤怒。这一切都是易于理解的**意义关联**，而对它的理解，就可以看作是对实际行为过程的一种**说明**。因此，对于研究行动之意义的科学来说，"说明"就意味着识别意义**关联**，包括易于理解的实际行动中在主观上自我期望的意义（关于“说明”的因果重要性，见下文第 6 点）。在所有这些情况下，即使是情绪化的过程，我们也都希望主观意义得以实现，那指的就是作为“自我期望的”意义的意义关联（这就超出了习以为常的语言惯用法，而通常所理解的“期望”，仅仅指的是打算采取有目的的理性行动）。

6. 在所有这些情况中，“理解”指的都是：解释性地识别意义或意义关联，包括：（1）个别性的实际期望（就历史研究来说），或者（2）一般的或大概的期望（就社会学的大众研究来说），或者（3）某种普遍现象的**纯粹**类型（理想类型），即科学上的（“理想类型式”）建构。纯经济学理论提出的概念和“规律”就是这种理想类型的建构。它们提供的是一种确凿规范的且**将要**发生的人类行动，**条件是**，它是严格的目的理性的，不受错误和冲动因素的干扰，并且进一步**假定**，它完全明确地仅仅以某个目的（即经济目的）为取向。这种真实的行动只有在罕见的情况下（比如交易所那里）才会出现，而且，即使在理想类型所建构的那种情况下，也只能以近似的方式出现。

确切地说，任何解释都会力求清晰（见上文第 3 点）。但是，一种解释即使达到了附着了意义也非常清晰的程度，这种清晰性也无法宣称：解释是具有因果**效力**的解释。就此而论，它始终只是一种特别清晰的因果**假设**。（1）即使是行动者本身，往往也会足够直接地事先掩盖“动机”和“压抑”（亦即暂时不会承认的动机），那是使行动有成效的真正关联因素，因此，主观上最诚实的自我分析，也只有一种相对的价值。在此情况下，社会学的任务就是去调查、解释和确定其中的关联因素，**尽管**那实际上并不是、或者多数时候不完全是**有意**

识的具体“期望”：这是意义解释面临的两可情况。（2）在我们看来似乎是“相同”或“近似”的外在行动进程，也许有着极为不同的意义关联，或者行动者有这样那样的根据，而我们“理解”的却极为不同，那些往往附着了意义而完全对立的行动，也就是相反的情况，在我们看来却都是“相同”的情况（齐美尔在《历史哲学问题》中给出了一些范例）。（3）任何既定情况下的行动者，往往都会受到对立和相互冲突的驱动，对这一切我们都能“理解”。所有经验都在表明，很多情况下，在相对强烈但却不同的“动机冲突”中，我们彼此要对行动作出**相同**而易于理解的意义评估，也几乎是不大可能的，而且通常根本没把握。只有动机冲突的实际结果才能提供某种说明。要使易于理解的意义解释获得成功检验，那就像任何假设一样，实际进程的结果都是不可或缺的。可惜，只有在能够进心理学实验的少数特殊情况下，这种检验才有可能达到相对精确的程度。即使那些（同样有限的）可以借助统计学描述而明确量化的群众现象，也只能得到一些近似值，而且还极为多样。在其他情况下，则只有这样的可能性，即对尽可能多样的历史或当代生活进程加以比较，它们除了相同之处以外，在**一个**决定性的关节点上又是不同的：它们与正在被研究的“动机”或“诱因”有着不同的实际重要性，这才是比较社会学的一项重要任务。不幸的是，这里能够得到的往往只是并不确定的“思想实验”（gedanklichen Experiments）手段，它的做法是在**想象**的堡垒中排除动机链条上的某些构成成分，然后构想出**因此**而有极大可能性的进程，从而得出某种因果追溯。

例如，所谓“格雷欣法则”（Greshamsche Gesetaz），就是要对既定条件下人的行动、在理想类型的前提条件下则是对纯粹目的理性的行动，作出理性、清晰的解释。至于**实际上**能做到多大程度的匹配，可能只有（归根结底，原则上说不管用什么“统计学”表达方式）加以经验验证了，这要看现行币制中有多少贬了值的货币单位实际退出了流通：这样的实际说明才能得到很高程度的有效性。事实上，认识的过程**首先**就是展示经验观察，然后才形成解释；而缺少这种富有成效的解释，我们理解因果关系的需要显然就得不到满足。另一方面，如果没有这样的证据，那么经过思维推断的自身行为，其过程——正如我们愿意假设的那样——不管在什么程度上会实际出现，一个无论本身多么清晰的“法则”，对于认识实际行动来说也都是毫无价值的构想。在这个例子中，意义的适当性（Sinnadäquanz）和经验验证具有完全令人满意的一致性，而且还有无数事例足以使人认为验证是确凿可靠的。爱德华·迈尔则是提出了一个得到生动支持的假设，即通过对典型过程（希腊神谕宣示所和先知们对待波斯人的行为）进行附着了意义的推断，对马拉松、萨拉米斯、普拉蒂亚等战役同希腊（因而总起来说也是同西方）文化特质的发展做出因果解释，这一点只能通过波斯人（像在耶路撒冷、埃及和小亚细亚那样）获得胜利时的行为这样的事例来进行验证，但即使这样的验证，在很多方面也必定还是不能令人满意。如此，这种假设就不得不求助于高度理性的清晰性作为后盾。但在很多情况下，像这种看上去可能非常清晰的历史追溯，甚至都不可能进行这种验证。最后，这样的追溯必定仍是“假设”而已。

7.“动机”就是一种意义关联，这在行动者本人或观察者看来，则更是附着了意义行为的“原因”。按照我们的习惯思维和情感模式，一种连贯性的行为，如果其构成成分具有典型的（更常见的说法是“正确的”）意义关联，那就应当是“意义上适当的”。与此相比，对于一系列"因果上适当的"过程，就应当称为**经验**常规，因为，它们很有可能总是按照同样的方式实际发生。（从字面上理解的话，根据我们通用的计算或思维**规范**去判断一个算术题是否得出了**正确**答案，就是**意义上**适当的。**因果上**适当的，就是从统计学的角度来说，看那些已被证明的经验常规——按照我们今天看来通行的规范——会有多大概率是"正确的"或者"错误的"，这同样包括那些典型的"计算错误"或者典型的"盘根错节的难题"。）因此，因果说明也就意味着，要确定一种无论用什么方式都可以进行评估的过程——它也许只是在很少见的理想情况下才能用数字加以表述，但**从常规上说**又总是合乎概率，即可以观察到的（内在或外在的）——将会有某个另外的过程接踵而至（或者伴随着同时出现）。

对一个具体行动做出**正确的**因果**解释**，那就意味着：需要等到**合乎实际地**认识了它的显性过程与动机、同时对它们的相互关联又能作出附着了意义的**理解**之后。对**典型**行动（易于理解的行动类型）作出正确的因果解释，就意味着：那个被称为典型行动的过程（在某种程度上）不仅看起来是意义适当的，同时（在某种程度上）又能确定它是因果上适当的。如果缺少意义的适当性，我们所论及的过程（不管是外在的还是心理的过程），如果缺少充分的意义，那么概率无论有多大，也无论它在数字上会多么精确，也仍然只是一种**不可理解**（或者只是无法完整理解）的**统计学**概率。另一方面，这意味着，从社会学认识本身来看，即使最清晰的意义适当性，也仅在那个范围内是正确的**因果**陈述，可以作为证据来说明（某种方式的）**可能性**是存在的，即行动在实际出现的过程中**通常**会采取明确的频率或近似值（平均值或者"纯粹"情况），因而是意义适当的。只有那些与社会行动**易**

于理解的自我期望的意义相对应的统计学常规性，才是（就这里使用的词义而言）易于理解的行动类型，也就是“社会学的常规”。只有理性构想一种附着了意义并易于理解的行动，而且在现实中至少能以某种近似的方式观察到，社会学的类型才会真正出现。这决不是说，可以推断出来的意义适当性，与事实上以可能频率出现的相应行动过程始终都是平行的。至于情况是否如此，无论如何都只有外在经验才能证明。——对于**无**意义过程的**统计**（比如死亡率统计、疲劳现象统计、机器功率统计、降雨量统计等等）和附着了意义的统计有着完全同样的含义。但唯有针对后者（不言而喻，与这**两种**内容都有关的情况也很常见，比如收成）的统计，才是**社会学**的统计（比如犯罪率统计、职业分类统计、价格统计、农作物面积统计等等）。

8. 有些过程和常规性，因为无法理解而不是这里使用的词义上所指的社会学事实或者社会学常规，毫无疑问也是同样**重要的**。即使对于这里使用的词义所指的社会学而言，也是如此（这包括对“**理解**社会学”的限制，它不应也不能强加给任何人）。诚然，这种让步在方法论上是完全不可避免的，它所涉及的只是可以理解的行动的另外一些地方：它们同样是行动的“条件”“诱因”“阻碍”“促进因素”。

9. 以附着了意义且易于理解为取向，在这个意义上所采取的行动，对我们来说，始终只是作为一个或多个**个人**的行为而存在的。

对于其他的认识目的来说，例如把单个的个人视为“细胞”的社会化，或者生物化学反应的复合体，或者把他的“精神”生活看作各种不同要素（不论品质如何）构成的组合体，可能都是有益的或必要的。毫无疑问，这将得到一些（对因果常规的）宝贵认识。但是，这些要素在行为中表现出什么常规，我们却无法**理解**。在精神要素方面的确如此，而且，从自然科学角度去精确把握，就**更不容易**理解。这永远不是对自我期望的意义的求解之途。但是，对于社会学（就这里使用的词义以及对于历史学）来说，它要把握的对象恰恰就是行动的**意义**关联。比如细胞那样的生理学单位或者其他任何心理要素，其行为（至少原则上说）都是可以观察的，并且可以尝试从这种观察当中得出一些常规（“规律”），进而可以尝试借助它们对个别现象进行因果“说明”，也就是将其纳入常规之中。然而，对行动加以解释，不仅要考虑这些事实与常规，而且也只能就这个意义来考虑其他的（例如物理学、天文学、地质学、气象学、地理学、植物学、动物学、生理学、解剖学、缺少意义的心理病理学或者自然科学条件下的技术）实况。

反之，另一方面，出于其他（例如法学）的认识目的或者出于实践的目的，把一些社会的产物（如“国家”“协会”“公司”“基金会”）严格视为一些个体的人（例如看作权利和义务的载体或者是重要**法律**行动的载体），可能是便利的，甚或是完全不可避免的。然而，按照社会学所理解的对行动的解释，这些产物就不过是一些**具体**个人采取特定行动的过程和关联，因为对我们来说，它们仅仅是易于理解的载体，承载了以附着的意义为取向的行动。尽管如此，社会学家也不可能为了自己的目的而**忽视**这些产生于其他思考方法的集体性思想画面。因为，对行动的解释与这些集体概念还有以下三种关系：（1）总的来说，为了获得易于理解的**术语**，往往不得不使用一些十分近似（经常还是完全相同）的集体概念。例如，不仅法律用语，也是日常用语所指的“国家”，就既是个法律**概念**，也是法律规则希望能适用的社会行动事实。然而，对于社会学来说，“国家”这一事实未必只是，或者未必完全是在**法律上**具有重大意义的要素。而且，对于社会学来说，无论如何都根本不存在“能动的”集体人格这种事情。相反，如果在此谈论“国家”“民族”“公司”“家族”“军团”或者某些类似的“形态”，指的就**仅仅**是某些具体个人实际的或可能的社会行动过程，借用法律概念则是因为它的精确性和它得到公认的一般用法，但要赋予某种完全不同的含义。（2）对行动的解释必须考虑到一个基本的重要事实：在现实中人（不唯法官或官员，即使“普通人”也是同样）的头脑中，那些属于常识性思维或者法律思维（及其他专业思维）的集合体，**被认为**部分是实然（Seiendem），部分则是应当有效（Geltensollendem），因此，行动者在一定程度上就会以此为**取向**，而这对于现实中人的行动过程则具有强大的、往往是绝对支配性的因果重要性。那些关于**应当**有效（或**无**效）的想法，情况更其如此（因此，一个现代“国家”以如下方式存在，就不是个无足轻重的部分：——它是人与人之间特定的共同行动的综合体，**因为**某些人采取行动时会以这样的**想法**为取向——**国家**存在着，或者国家**应当**存在，因而作为制度的**国家**，采取以法律为取向的方式就是**有效的**。后面还会讨论）。在日常语言中，国家**不仅**指的是法律上应当有效，而且还指它的真实发生，社会学术语要（痛苦地）完全取消这类惯用概念并用全新的词语取而代之，尽管极为迂腐和不着边际，本来也还是可能的，但至少就上面所说的重要事态而言，要想这样做当然就绝无可能了。（3）所谓“有机”社会学（经典范例是**舍夫勒**［Schäffle］的杰作《社会躯体的构造与生活》［*Bau und Leben des Sozialen Körpers*］）的方法，试图以“整体”（例如“国民经济”）作为出发点去说明社会性的共同行动，在这个范围内解释个人行为以及类似行为，犹如生理学看待一个人体“器官”在一个生物体“全局”中的地位（亦即从后者的“存续”观点来看)。(请对照一下一位著名生理学家授课时的名言：“第10节：脾脏。关于脾脏，我们还一无所知。先生们，关于脾脏就讲这么多！”当然，他对脾脏实际上所知甚多：位置、大小、形状等等；但是他不能说明其功能，而他把这个“不能”叫作“一无所知”。)其他学科要在多大程度上必须(迫不得已)确定“**部分**”和“**整体**”的**功能**分析方法，这里不予讨论，但是众所周知，对生物体的生物化学和生物物理研究，原则上是不会以此为满足的。对于进行解释的社会学而言，可能要用这样的表达方式：(1)它有助于进行实用性说明和临时定位的目的(在这些方面，它不仅有益，而且必不可少——但同时也毫无疑问，如果高估它的认识价值并且陷入虚假的概念实在论，那就是极为有害的——确实)。(2)只有它可以帮助我们看清某些情况下的社会行动，这对进行解释性理解以说明那种相互关联来说很**重要**。但这仅仅是此处所指社会学研究(就易于理解的词义来说)的**开端**。对于“社会产物”(这里与“有机体”恰恰相反)的情况，我们**并不仅仅**是确定功能上的相互关联和常规(“规律”)，尤其是**还能**做到自然科学(在为事件和产物创立因果常规并由此“说明”具体事件这个意义上)永远也做不到的事情：“**理解**”当事**个人**的行为。我们**并不能**“理解”细胞的行为，只能去把握相应的功能关系，然后可以根此过程确定**常规**。与观察性说明相比，解释性说明当然会更有成效，然而代价却是，它所获得的成果会有更多的假设和片面性。不过，**这**正是社会学认识的特殊性所在。

动物的行为对我们来说在多大程度上附着了意义且“易于理解”或者相反，都有极不确定的含义，而且是极成问题的，同时，在多大程度上可以从理论上说有一种人与(家养和野生)动物之间关系的社会学（很多动物都能“理解”命令、愤怒、喜爱、敌意并能对其作出反应，且在很多情况下显然决不只是纯粹的本能和机械反应，在某种情况下，那是自觉的、附着了意义的，并且受到了经验的影响），在这里也始终是完全无法解释的。在一定程度上说，我们并没有多大能力去想象原始人的感情。我们也没有**可靠的**手段来确定动物的主观心态，部分是因为完全没有、部分则是因为非常欠缺这样的手段：众所周知，动物心理学问题无论多么饶有趣味，都是一些非常棘手的问题。特别是，各种方式的动物社会也是众所周知的：单配和多配“家庭”、畜群、兽群，最后还有功能上的“国家”。（然而，这种动物社会中的功能差异，绝不完全是各个种群的器官或形态发展差异问题。因此，白蚁当中的功能差异及其社会活动的产物，比蜜蜂和蚂蚁的差异都要大得多。）不言而喻，这里都是纯粹的功能观察：探明相关动物社会的存续方式，即营养、防御、繁殖以及重建方式，这样，至少在目前，往往就能确定不同类型个体（“蜂王”“蜂后”“工蜂”“兵蜂”“雄蜂”“雌蜂”“代蜂后”等等）的决定性功能，研究者们肯定也会以此为满足。除此以外，在很长时间内所能做的，也不过是去推测或者尝试着确定一方面是遗传、另一方面是环境能够在多大程度上参与了这些“社会”结构的发展。（这在魏斯曼［Weismann］与葛特［Gotte］之间的争论中表现得尤其突出。前者的“自然繁殖万能论”［Die Allmacht der Naturzuchtung］主要就是建立在完全非经验的推论基础上的。）不过，严肃的研究自然都会完全一致同意，功能认识的这种局限性完全是我们目前的无知所致，而且希望只是暂时**满足**于此。（例如关于白蚁研究的现状，见**埃舍里希**［Karl Escherich］1909年的白蚁研究论文。）人们大概想要看到的，不仅是能相当容易地理解单独的差异化类型在功能上的“存续重要性”，而且还想了解，没有接受遗传而是后天获得的特性，或者相反的情况，即接受了遗传的特性（然后：用何种方式解释这种接受），这种差异化如何才能得到说明，此外还想知道：（1）是什么因素**决定了**仍然中性的、并无差异的原初个体开始了差异化；（2）是什么因素**导致**差异化个体形成了这样（一般水平）的行为，而这实际上有益于差异化群体的存续利益。无论这些研究工作想在哪里取得进展，都要通过实验手段对**单独**个体进行化学刺激或其生理上的事实情况（营养状态、寄生性阉割等等）来证明（或推测）。有多大概率可以通过实验手段以证明存在着“心理上的”和“附着了意义的”取向，今天甚至连专家也不敢抱有这种很成问题的希望。在附着了意义的理解这个基础上对社会性动物个体形成一种可控的精神画面，哪怕作为一种理想的目标，似乎也只有在很狭窄的范围内才是可行的。无论如何，几乎无法期望从那里获得对人的社会行动的“理解”，恰恰相反，在那里的工作只能是借助与人类的类比，而且必须如此工作。也许能够期望的是，这种类比有朝一日会帮助我们提出问题：在人类社会差异化的早期阶段，就纯粹机械—**本能**的范围而言，如何评估与个人附着了意义并且易于理解、进而与**自觉**理性的创造的关系。不言而喻，理解性社会学本身必须清楚：即使在人类的早期阶段，前一种成分也是非常引人注目的，甚至到了后来的发展阶段，也必须始终意识到它们的共同作用（更确切地说：是具有决定性重要意义的共同作用）。所有的“传统”行动（见本章第二小节）以及卡理斯玛的诸多方面则尤其如此，这是心理“感染”的萌芽，因而也体现了社会学意义的“发展刺激”，但这只有从生物学角度才是可以理解的，无法或只能碎片式地进行理解性解释并对动机加以说明，这些过程都非常近乎难以觉察的过渡。然而，所有这一切都不能让理解性社会学免于承担这项任务：即使意识到它所宥于的狭窄局限，它也要全神贯注去承担，进一步说，这是唯有它才**能够**承担的任务。

奥特马尔·**施潘**（Othmar Spann）的各种研究工作，往往充满了启发性的观念，尽管他也为了偶尔的误人视听，尤其是为了那些建立在纯粹价值判断基础上的争论而愧疚，因为那在经验研究中是没有地位的，但是，他突出强调了从功能角度**提出问题**（这就是他所说的"普遍适用的方法"）对社会学的重要性，这毫无疑问是正确的，任何抱有严肃态度的人都不会否认。确实，我们必须首先知道：从"存续"（但进而言之尤其是从文化特质！）的观点以及从某种定向塑造社会行动类型的观点来看，哪种行动在功能上才是重要的？然后才能去问：这种行动是如何产生的？决定了该行动的动机是什么？人们必须首先知道，一个"国王"、一个"官员"、一个"经营者"、一个"老皮条"、一个"巫师"是**干什么的**——哪种典型的"行动"（而且只有人类才能打上这个范畴的标记）对于一项分析是**重要的**并且要予以考虑，然后才有可能进行这种分析（这就是李凯尔特的"价值关联"[Wertbezogenheit]想要说的意思）。但正是这种分析本身，才能够、也应该对不同类型个体人类（而且**仅仅**是人类）的行动达成社会学理解。如果把"个人主义的"**方法**解释为（**任何**可能意义上的）个人主义**价值观**，这无论如何都是一种极大的误解。避免这种错误非常重要，而同样重要的还有避免一个想法：把概念的建构总要假设某种（相对的）理性主义特征这一不可避免的倾向，误认为就是相信理性动机占**支配地位**，甚或是积极的"理性主义"**价值观**。即使是一种社会主义经济，从社会学角度来看也同样是"个人主义的"，就是说，对

单个人——在那里出现的公务员类型——的**行动**也可以做出解释性**理解**，像边际效应理论（或者“更好的”、但在**这一点**上是相近的方法）说的交换制度下的情况。具有决定性意义的经验社会学研究总是这样开始提出问题的：是什么动机在**过去**决定了、**现在**仍然决定着这个“共同体”的单个公务员员和参与者如此行事、从而使**它**得以**产生**并**继续**存在的？任何功能性（从“整体”开始的）概念建构，都不过是为这种研究做的**初步**准备，如果运用得当，益处和不可或缺的作用自然是无可争辩的。

10. 人们习惯于把可以理解的社会学的某些原理称之为“法则”，比如“格雷欣法则”——它们都是通过对某些确凿存在的事实进行观察而得到证实的典型**可能性**，那将出现**预期的**社会行动过程，而就典型动机和典型意义来说，这些行动都是**易于理解**的。以纯粹目的理性的动机为基础观察到的典型过程（或者出于权宜之计的考虑而条理性构想的类型），根据经验定理，手段和目的的关系显然就是一清二楚的（特别是在手段“不可避免”时），这就达到了最高程度的易于理解和明确无误。在这种情况下就有理由断言：**如果**行动**将是**严格目的理性的，就**必定**会出现**这样而不是其他的**行动（因为“技术”上的原因已经明确规定了当事人和参与者的目的，没有其他手段能够使他们达到这些目的）。这就恰好证明了，把任何“心理学”看作易于理解的社会学的根本基础是多么大谬不然。当然了，今天人们所理解的“心理学”，已经是另外一回事了。完全是出于某些方法论目的，去证明以自然科学手法区分某些“生理”和“心理”现象是言之有理的，就**这种**意义而言，它与关于行动的学科是形同陌路的。**仅仅**使用自然科学手段去探索自然科学方法论意义上的“心理”现象，亦即**不是**——那完全是另一回事——根据解释性心理科学就自我期望的意义探索人的行为，无论它在方法论上可能会如何表现，其成果就具体的重要性而言，当然也会完全像其他任何科学一样，对社会学发现都具有特殊的重要性，而且在很大程度上一直如此。但是，与其他学科相比，一般来说，社会学与它并**没有**更密切的关系。错误就在于"心理的"这个概念：凡不是"生理的"存在，就是"心理的"存在。但是，某个人做了一道数学题，其**意义**并不是"心理的"。同样，一个人的理性考虑：根据某种既定关切而采取某个行动是将会还是不会促进某些预期结果，以及根据相应结论做出的决定，对我们来说，丝毫也不会由于经过了"心理学"考虑而变得更易于理解。但是，社会学（也包括国民经济学）的大多数法则，恰恰都是基于这样一些理性的前提条件。另一方面，在从社会学角度说明行动的**无理性**时，那种**理解性**心理学无疑能够做出决定性的重要贡献。但这不会改变方法论的基本事态。

11. 正如已经多次假定的那样，不言而喻，社会学是在建构**类型**概念，并寻求既成事实的**一般**常规。这与历史学不同，后者是要对行动、产物与人格的**具体的文化**重要意义作出因果分析和说明。社会学要利用它的素材进行概念建构，它作为范式，同样需要根据历史观点去看待具有历史重要性的行动现实，这是非常基本的、尽管并非唯一的做法。建构社会学概念并寻求其常规，尤其还要根据这样的观察视角：能否有助于对那些具有文化重要性的现象进行历史的因果追溯。正如任何一般性科学一样，社会学概念的抽象性质就在于，和历史的具体现实相比，它肯定会缺少内容。为弥补这种不足，它所能够提供的，则是更高的概念**唯一性**。获得这种更高唯一性的途径，就是尽最大可能，努力使社会学概念的建构实现最佳的**意义**适当性。到目前为止主要考虑的是，那些理性（价值理性或目的理性）的概念与常规，就能够特别完整地实现这一点。但是，社会学还试图用理论概念和**意义**适当的概念去把各种无理性（神秘主义的、先知预言的、圣灵式的[pneumatisch]以及情绪化的）现象。在**所有**情况下，无论理性的还是无理性的概念，都会与现实相距甚远，但又是服务于认识现实，其形式是：通过说明一个历史现象在多大程度上接近于一个或多个概念以对其进行分类。例如，同一个历史现象，在某个方面可能是“封建制的”，在另一个方面可能是“世袭制的”，在这个方面是“官僚制的”，在那个方面又是“卡理斯玛的”。为了使措辞的含义明确无误，社会学就必须以某种方式为这些产物设计出“纯粹”（“**理想**”）类型，并确实表现出了一以贯之的统一性，具有尽可能完整的**意义**适当性，但是，正因为如此，这种绝对理想的**纯粹**形式或许就很难出现在现实中，就像在绝对真空的先决条件下计算出来的物理反应。只有根据**纯粹**（“理想”）类型，社会学的决疑论才是可能的。另外，不言而喻，为求便利起见，社会学也会不时应用具有经验—统计特征的**一般**类型，这并不特别需要做出方法论的说明。然而，一旦谈到的是“**典型**”情况，即使存疑，那也始终指的是“**理想**”类型，它**可能**是理性的或者无理性的，多数时候（例如在国民经济学理论中就始终）是理性的，但始终都是**意义**适当的构想。

人们必须清楚，在社会学领域，**仅仅**在涉及始终是同质但**程度**有别的某种附着了意义的行动时，才能多少是明确地建构“平均值”或者“平均值类型”。这个确有其事。但在大多数情况下，历史学或社会学所认为的重要行动，其动机受到的影响却是**异质的**，因此根本不可能谈论真正意义上的“平均值”。例如，任何经济学理论所构想的社会行动理想类型，在这个意义上说就是不现实的，因为它们——在这种情况下——总是在问：**如果**是在理想的、同时又是纯粹经济取向的目的理性这样的情况下**将会**发生什么行动，然后，就要考虑那些纯粹受到传统约束、受情绪、错误等等非经济目的影响的行动，或至少会考虑到它们的某些**共同**决定，（1）**因为**这样才能理解具体情况下事实上的经济目的理性与什么因素在**共同**决定某些行动，或者进行平均值的考察；（2）但同时：正因为真实过程和理想类型之间存在**距离**，才更易于认识行动的实际动机。对一贯受到神秘主义制约的拒世论人生态度（例如在政治和经济方面）进行的理想类型构想，也与此完全匹配。理想类型的构想越是清晰和精确，就是说：在这个意义上，与世界越陌生，也就越能在术语和分类方面做出贡献并有启迪作用。在对具体历史事件进行具体的因果追溯时，历史研究也会以同样做法处理自己的任务，例如，为了说明 1866 年战争，首先就要（在想象中）假定毛奇与贝内德克*（正如他们**必定**会完全那么做的一样）互相之间已经完全知己知彼，并在目的理性的理想情况下**将会**分别采取什么部署，然后才有可能对实际的部署加以比较，并对所观察到的（不论那是由于情报错误、战略错误、逻辑错误、个人禀性或者战略以外的考虑所决定的）偏差做出因果**说明**。这里同样是（潜在地）采用了一种理想类型式的目的理性的构想。

但是，无论从外在还是内在角度说，社会学构想的概念都是一些

* 毛奇（Moltke，1800—1891），普鲁士帝国与德意志帝国参谋总长，1866 年普奥七周战争爆发，毛奇指挥普军大获全胜。贝内德克（Benedek，1804—1881），奥地利陆军元帅，1861—1866 年任驻意大利奥军司令官，1866 年在七周战争中的克尼格雷兹战役中指挥奥军对普军作战，失败后引咎退休。

理想类型概念。在大多数情况下，**实际**行动都是发生在其“自我期望的意义”处于模糊的半意识或者无意识的状态中，行动者更有可能是不确定地“感觉”到了，而不是知道了或“清楚地了解”自己正在干什么，他的行动多数都是受本能的驱使或者习惯使然。只是在偶尔的，并且涉及大量同一行动的情况下，往往也只有少数个人对于行动的（无论理性的还是无理性的）意义产生明确的意识。在现实中，真正实际的，亦即完全自觉和明确的附着了意义的行动，始终都只是一种边际情况（Grenzfall）。在分析事实情况的时候，任何历史学和社会学的研究都必须考虑到这种**现实**。但是，这并不妨碍社会学通过对可能的“自我期望的意义”进行分类以建构它的**概念**，就是说，仿佛行动实际上是在自觉的意义取向上发生的一样。如果是在面对现实，就要研究如何处理它和概念之间的距离，必须考虑并确定其程度和种类。

正是从方法论角度，人们往往不仅需要在不清晰和清晰的术语之间，还要在不现实的与“理想类型”的术语之间进行选择。但在这些情况下，对于科学目的来说，后者是更为可取的。

II. 社会行动的概念

1. 社会行动（包括放弃或默许的行动）可能会以他人过去、当前或预期未来的表现为取向（报复过去遭到的攻击、抵抗当前遭到的攻击或者对未来的攻击采取防御措施）。这个“他人”可能是单个的个人和熟人，也可能是数目不定的很多人和完全不认识的人。（例如，“货币”就是行动者接受支付的一种兑换手段，因为他是以此作为行动取向的：为数众多但又素昧平生的个人将会在未来某个场合的兑换中乐于接受它。）

2. 并非任何行动——即使是外在行动——都是这里所确定的词义上的“社会”行动。如果外在行动仅仅以对客体行为的期待为取向，那就不是社会行动。内在的自身行为如果是以他人的行为为取向，它们才是社会行动。比如，宗教行为如果只是沉思默想、独自祈祷，那就不是社会行动。个人的经济活动只有在同时顾及到第三方的行为时，也才是社会行动。因为，非常泛泛地并就形式来说：这是假定第三方将会尊重自己对经济货物的实际控制。从实质方面来说：这是自身的消费也同时考虑到了第三方的未来需求，并且这种考虑还影响到了自身的“节俭”方式。或者他的生产活动是以第三方的未来需求为依据，等等。

3. 并非任何的人际交往都具有社会性质，而是只有当自己的行为似乎是有意义的并以他人的行为为取向时，才是这样的行为。例如两个骑自行车的人相撞，完全可以比作一个自然事件。但是，如果他们试图避免碰撞，或者在相撞之后谩骂、殴打或友好协商，这就是“社会行动”。

4. 社会行动并不等于（a）许多人采取的**类似**行动，也不等于（b）任何受到了他人行动**影响**的行为。（a）如果开始下雨时一个人和大街上的许多人同时打开了雨伞，那么（一般来说）就不是以彼此为取向的行动，而是大家以同样方式做出的反应，即人人都需要免受雨淋。（b）众所周知，强烈影响个人行动的仅仅是这一纯粹的事实：他是宥于一个局部空间中的群众之一员（例如勒庞的工作主题就是对“大众心理”的研究）——他的行动是**受群众左右**的行动。大批的群众，即使处于分散状态，也有可能像所有个人那样同时或者相继受到（例如新闻媒介的）影响，而这样意识到的行为，很多都是受群众左右的行为。个人感觉到他是“群众”的一部分，从而根据这个纯粹的事实做出某种方式的反应，这很可能是其他人难以做到的。因此，一个特定的事件或者人的行为，可能会招致各种方式的感受——快乐、愤怒、热诚、绝望以及各种各样的激情，但在个人独处时就根本不可能（或者很不容易）出现这样的情况，——不过与此同时（至少在很多情况下），个人的行为和他是群众中的一员这一事实之间，并不存在任何**附着了意义**的关系。如果个人行动仅仅是由于“群众”的存在这一纯粹的事实所发挥的作用，而该行动又仅仅是反应性的或者还有其他原因共同导致的过程，并不**涉及**附着了意义的行动，那就不是这里确定的词义所说的“社会行动”。当然，这中间的区别也是极为模糊的。例如，不仅是煽动家，还有他的大批听众本身，可能都会赋予“群众”这一事实或大或小不同程度可以解释的意义关系（Sinnbeziehung）。此外，如果纯粹是“模仿”他人的行动（塔尔德*很恰当地强调了这一现象的重要性），如果仅仅是反应性的，并非针对他人而附着了意义的行动，在概念上也并不是**特别的**社会行动。然而，这里的界限也是非常模糊的，往往不大可能加以辨别。如果看到一个人使用了从别人那里学来的显然是有用处的办法，那么仅仅这个事实也不构成我们意义上的社会行动。这种行动本身并不以他人的行为为取向，而是行动者**通过**对那些行为的观察以了解某些客观可能性，并以**这种可能性**为取向。因此，他的行动显然是**因果性**的，那是由于他人的行动，而不是因为附着了意义。相反，如果他人的行动被模仿，是由于“时髦”，是

* 塔尔德（Gabriel Tarde，1843—1902），法国社会学家和犯罪学家。韦伯这里大概是指的塔尔德最有名的著作《模仿规律》（1890）。

作为传统、楷模，或者作为等级“高贵”，或者由于类似的原因，这就有了意义关系——要么是针对被模仿者或第三者的行为，要么就是两者兼而有之——其间当然都会有些过渡阶段。这两种情况，即受群众左右的与模仿的行为，都是动态的，是社会行动的临界状况，例如经常出现的传统主义行动（见本章第二小节）也同样如此。在这些以及其他一些情况下，界线模糊的原因就在于，无论是针对他人行为时的这两种取向，还是行动者本人所给出的意义，绝不是总能清楚确定的，或者仅仅是意识到了，而且极少能完全意识到。因此，纯粹的“影响”和附着了意义的“取向”并非总能确凿区分开来。但是，在概念上则必须对它们加以区分，虽然不言而喻，仅仅是“反应性”的模仿同那些真正意义上的“社会行动”的模仿，至少具有类似的社会学效果。社会学绝不仅限于研究“社会行动”，这仅仅（就社会学在这里的工作方式而言）是它的核心事实，可以说，这对它作为一门科学来说至关重要。但这绝不说明，这个（事实）相比其他事实更有重要性。

二、社会行动的种类

如同任何行动一样，社会行动也有某种可能是：（1）**目的理性的**（zweckrational）：出于对外界对象以及对他人行为的期望；行动者会把这些期望用作“条件”或者“手段”，以实现自身的理性追求和权衡过的目标；（2）**价值理性的**（wertrational）：出于对某种自身行为绝对的内在价值的自觉信仰，无论该价值是伦理的、美学的、宗教的还是其他的什么东西，只追求这种行为本身，而不管结果如何；（3）**情绪的**，尤其是情感的：出于行动者的实际情感和情绪状态；（4）**传统**

的：出于根深蒂固的习惯。

1. 正如前述纯粹的反应性模仿（见本章第一小节）一样，严格的传统行为，完全处于人们常说的以“附着了意义”为取向的行动之边界，往往还超然于这个边界之外。因为，它往往只是在一种在约定俗成的态度引导下对习惯性刺激做出的迟钝反应。大量相沿成习的日常行动都接近这种类型，它在系统中并不仅仅属于一种边际情况，而且还因为（后面就要谈到）它可能与不同程度和意义的自觉意识密切相关：在这种情况下，这个类型就接近于第 2 项（见上述）。

2. 严格的情绪性自身行为同样也处于以自觉“附着了意义”为取向的行动之边界，往往也是超然于这个边界之外，它可能是一种对某些例外刺激做出的不羁反应。如果受情绪决定的行动以**自觉**渲泄感情的形式出现，那便是一种**升华**：这在多数（并非所有）情况下就是走上了“价值理性化”或者“目的理性化”的道路，要么就是兼而有之。

3. 以情绪为取向的行动和以价值理性为取向的行动，两者的区别就在于，后者会自觉强调终极的行动基准点，并将**一以贯之**有计划地以此为取向，直到最后。此外，两者还有一个共同之处：行动的意义并不着重于未来要获得什么成就，而是为了某种既定的行动本身。情绪化的行动，就是满足即时的报复、即时的感官愉悦、即时的献身、即时的默祷狂喜或者释放即时的情绪之需（无论那是粗暴的还是高雅的方式）。

纯粹价值理性的行动，就是毫不顾及可以预见的行动后果，去效力于由义务、荣誉、美、宗教召唤、个人忠诚或者无论什么“事业”的重要性所要求的信念。价值理性的行动（在我们所用术语的意义上）总是涉及一些“戒律”或者严格的“要求”，都是行动者坚持相信要采取的行动。只有在人的行动就是以这样的要求为取向时，我们才愿意称之为价值理性的——这种情况会存在程度迥别的差异，但绝大部分只有相当微小的差异。不过下面将会看到，它足以被当作一个特殊类型进行突出解释，虽然这里并不打算对各种行动类型进行详尽分类。

4. 如果行动是以目的、手段和附带后果为取向，同时还会理性**权衡**达到目的的手段，该目的的附带后果，以及最后，比较各种可能的目的，这就是目的理性的行动：无论如何，它**既不是**情绪的（尤其不是情感的）行动，**也不是**传统的行动。在相互竞争与冲突的目的和后果之间做出决定，可能是以**价值**理性为取向，这时的行动，就其采取的手段而言，就是目的理性的。或者，在相互竞争与冲突的目的之间作出决定，行动者可能不是以价值理性为取向，而是简单地把“戒律”和“要求”当作既定的主观性需求波动，自觉权衡轻重缓急的尺度，并以此作为行动取向，尽可能按照这个顺序（即“边际效应”原则）去满足目的。因此，价值理性的行动与目的理性的行动就可能存在着各种不同的关系。然而，从目的理性的观点来看，价值理性总是**无理性**的，实际上，越是把作为行动取向的价值观提高到绝对价值观的地位，相应的行动就越是无理性，因为，行动者越是无条件地仅仅考虑这种**内在**价值（纯粹的情操或美、至善、绝对义务），他就越不会顾及自身行动的后果。但是，行动具有**绝对的**目的理性，基本上也仅仅是一种构想出来的模棱两可情况。

5. 行动，特别是社会行动，**仅仅**以这种**或者**那种方式为取向，是极为罕见的。同时，这些取向的种类，当然远没有穷尽对行动取向的分类，而是为了社会学目的创造出来的概念上的纯粹类型，它们与实际行动或多或少地直接近似，或者——更常见的是——混合了实际行动。只有它们的成效才能表明，它们是否能够合乎**我们的**目的。

三、社会关系

社会“关系”应当是若干人根据业已存在的意义内容在彼此间相互**调整**并以此为取向的自我行为。因此，社会关系毫无例外都是**存在**于一种**可能性**之中，即以（附着了意义的）明确方式采取社会行动的可能性，暂且不管这种可能性的基础何在。

1. 这个概念的特征应当是，**双方**的行动会有最低限度的**彼此**关系。它的内容可能会极为多样：斗争、敌对、性爱、友谊、忠诚或者经济交流；“履行”“规避”或者“破坏”一项协议；经济的、性爱的或其他形式的“竞争”；身份、民族或阶级成员（**假如**最后这种事实情况是指能够导致“社会行动”的纯粹共性——这一点稍后再谈）。因此，概念**无法**说明行动者之间是“团结一致”还是恰恰相反。

2. 这里处理的，始终是指具体情况下真实的、一般的或者构想的“纯粹”类型，针对的是参与者所**期望的**、经验上的意义内容，而决不是规范性的“正确”意义，也不是形而上学的“真实”意义。即使处理的是“国家”“教会”“协会”“婚姻”等所谓的“社会产物”，社会关系也毫无例外地仅仅**存在于**这样的可能性中，即根据那些意义内容以某种明确方式已经出现、正在出现或者将要出现的彼此调整行动的可能性。这一点要坚持不懈，以免对这些概念做出“实体论”理解（“substanzielle” Auffassung）。例如，一旦附着了意义取向的社会行动以某种方式发生的可能性不复存在，那么，从社会学角度来说的“国家”也就不复“存在”了。这种可能性也许非常之大，也可能小得微不足道。就意义和**程度**而言，它在事实上（大概）曾经存在或仍然存在，端赖相应的社会关系曾经存在或仍然存在。联系其他**更清晰**的意义去声称——例如某个“国家”——仍然或者还会继续“存在”，都是完全做不到的。

3. 这决不是说：在具体情况下，当事各方在彼此调整行动时，都赋予了社会关系**同样的**意义内容，或者在内心也与对手附着了意义的态度相匹配，从而存在着**这个**意义上的“交互性”。对于“友谊”“爱情”“忠诚”“守信”“民族共同体的情感”，此方完全可能会遭遇彼方截然不同的态度。因为，当事各方都会赋予自己的行动以不同的意义：这对于双方来说在客观上就都是“单边”社会关系。然而，也有可能出现彼此关联的情况，就像合作伙伴（尽管可能是部分或全部错误）的行动，即一方会**假定**另一方对自己（行动者）抱有某种明确的态度，并以这种期望作为自己的行动取向，这就可能并且多数时候总会给行动过程和关系的塑造带来[具有]一些后果。只有当事各方有着“匹配的”（entspricht）典型**期望**，亦即彼此都给出了相同的意义内容时，才会出现客观上的“双边”关系，例如，一个婴儿的态度至少是和他父亲的态度大体接近的，符合他父亲（个别情况、一般情况或典型情况下）的期望。各方抱有不折不扣的意义**匹配**（sinn*entsprechend*）态度，这种静态的社会关系在现实中只是一种边际情况。然而，按照我们的术语来说，只有排除了“社会关系”的存在，就是说，如果产生了这一后果，即双方的行动事实上缺失彼此的**关联**，才应当叫作双边性的缺失。在这里就像在现实中一样，通常都会有各种方式的过渡情况。

4. 一种社会关系可能会有转瞬即逝的性质，但也可能具有持久性，例如这样的情况：可能连续性**反复**出现意义匹配（例如经过考虑、因而可以期望）的行为。**只有**存在（Vorliegen）这样的可能性：——无论那有多大或多小的概率，都会出现一种意义匹配的行动，舍此**无它**——这才意味着社会关系的“**存在**”（*Bestand*），为了避免造成错误的印象，现在就要随时坚持这一点。因此，一种“友谊”或一个“国家”的存在或者曾经存在，那仅仅意味着，我们（观察者）断定，存在着或存在过这样的**可能性**：根据某些人的某种已知态度来看，将会从某种一般自我期望的意义上用明确的方式**采取行动**，舍此无他（参阅前文第 2 点结尾处）。**法律上的**考虑都会面临不可避免的选择：一个含义明确的**法条**（在法律意义上）是适用还是不适用，一种法律关系是存在还是不存在，然而，这**并不**适用于社会学的考虑。

5. 社会关系的意义内容有可能会发生变化：——例如，一种建立在团结一致基础上的政治关系就可能演变为利害冲突。在这种情况下，无论我们说那是出现了一种“新的”关系还是旧关系在继续但却得到了一种新的“意义内容”，都只是一个措辞便利或者变化的**持续**程度问题。也有可能，部分意义内容是经久不变的，部分意义内容则是动态的。

6. 一种社会关系建立的**持久性**意义内容，是能够像“箴言”一样加以表述的，参与者或是合作者会**期望**得到普遍的或附着了意义的大体内容，且有关各方（普遍地或者大体上）能以此为行动取向。从普遍性质来看，情况越是这样，参与者的行动就越是会以理性——目的理性或者价值理性——为取向。在一种性爱或者总的来说是情绪化（例如个人忠诚）的关系中，理性表述自我期望的意义内容的可能性，就远远小于例如商业合同关系中的可能性。

7. 一种社会关系的意义内容，可以通过相互间的诺言而**达成一致**。这意味着有关各方对他们的未来行为（不管那是相互间的还是针对他人）**做出了承诺**。在这种情况下，参与者——只要是出于理性考虑——通常都会（不同程度地）期待，**他人**也会以他（行动者）本人所理解的意义上的协议为行动取向。他的行动，部分是目的理性的（或多或少都是附着了意义的“诚实”，要视情况而定），并以这种期望为取向，部分则是价值理性的，把严格“履行”按照他自我期望的意义达成的协议视为一项“义务”。这一点先谈到这里。

四、社会行动的类型：习惯 / 习俗

在社会行动范畴内，可以观察到某些事实上的规律性，亦即由于怀有同类**自我期望的意义**而由一个行动者再三重复的或者（也许是同时）在众多行动者中间激发的行动进程。社会学关心的就是这些行动进程的**类型**，因此它不同于历史学，对后者来说，重要的是因果追溯，亦即追溯那些命运攸关的具体因果关联。

如果事实上存在着**规律性**调整社会行动的可能性，那就应当叫作**习惯**（*Brauch*），如果并且只要这种可能性**仅仅**在一定范围的人群中事实上被付诸应用的话。如果这种应用是长期**习以为常**的，习惯就应当叫作**习俗**（*Sitte*）。相反，如果并且只要这种经验上存在的可能性，仅仅由于抱有同类期望的行动者受到了纯粹目的理性取向的制约，那就应当是“受利益状况制约的”（“受利益制约的”）。

1. “风尚”（Mode）也属于习惯。如果（恰恰与习俗相反）相关行为的**新颖性**这一事实成了行动取向的源头，风尚就应称为习惯。它的地位与“惯例”很接近，因为（大多数）都是产生于对**等级**声望的关切。这里不拟进一步讨论了。

2. 对我们来说，与“惯例”和“法律”相反，“习俗”应是一些**没**

有任何外在约束力的规则，行动者无论是由于完全“不假思索”、是由于“方便”还是由于无论其他什么原因，事实上是在自愿遵守它，并很可能认为群体内的其他成员由于同样的原因也会遵守。因此，习俗并没有任何法律意义上的“效力”，任何人都不会“要求”谁去遵守。当然，由此向有效的**惯例**和**法律**过渡，则是绝对动态的。无论何处，凡是事实上因袭而来的，都是现存效力的鼻祖。今天的“习俗”是，我们每天早晨按照大体明确的方式进餐，但是对此并不存在任何约束（大概旅馆的房客除外），而它从前并非总是习俗。另一方面，流行的着装形式，尽管在一定程度上乃是产生于习俗，但在今天，相当大程度上已经不再仅仅是习俗，而是惯例了。

3. 社会行动进程，特别是（但不限于）经济行动进程，有许多十分引人注目的规律性，那绝不是以任何被认为“有效的”规范为取向而形成的，也不是建立在习俗基础上的，而是仅仅取决于：参与者的社会行动方式理所当然地最符合他们主观上考虑的正常**利益**，这与现有的平均值非常匹配，并以这种主观性看法和认识作为行动取向："自由"市场上定价的规律性就是如此。市场参与者会把自己的行动看作“手段”，把自身**典型的**主观性经济利益看作“目的”，同时又把对他人相应行动的典型期望看作达到该目的的“条件”。他们的行动越是**严格**目的理性的，他们就越容易对同样的情况做出相似的反应，因而就会出现态度和行动的相似性、规律性和持续性，这往往比那种以规范和义务——它们被认为对群体成员具有事实约束力——为取向的行动远更稳定。以个人和他人的纯粹既得利益为取向所产生的结果，可与那些通过强制实施规范化——且往往徒劳无功——产生的结果相媲美，尤其在经济领域，这种现象早已引起了强烈关注——这完全就是经济学作为一门科学的重要源泉之一。不过这也适用于以类似方式采取行动的所有领域。它会形成一种自觉意识并在内心摆脱了束缚，它处在一个极端上，与它相对的另一个极端，则是适应纯粹相沿成习的“习俗”形成的内在约束，委身于一种被认为是价值理性的规范。行动“理性化”过程的一个基本要件，就是有计划地调整利益状况，而不是从内心适应相沿成习的习俗。诚然，这个过程决没有道尽行动理性化的概念，因为，除此之外它还可能沿着其他各种方向发展：积极的方向是自觉的价值理性化（Wertrationalisierung），消极的方向则是不仅牺牲习俗，也牺牲情绪性的行动，最后则是赞同**无**价值信仰，赞同纯粹的目的理性，代价是放弃受价值理性约束的行动。行动理性化的概念具有**多重含义**，我们还会经常论及。（最终还是概念性的！）

4.（纯粹的）**习俗**稳定性的基础，实质上就在于，只要多数人仍然处于这样的环境，即考虑到了习俗的存在并继续遵守，那么凡是其行动不以它为取向而又“不适应”的人，就很容易陷入或大或小的不便和不利。

利益状况的稳定性也与此类似，就是说，只要不以他人的利益作为自己的行动取向——不“考虑”他人，那就会招来他们的对抗，或者最终陷入一种他并不希望和没有预见到的结果，因而就有损害自身利益的危险。

五、正当性秩序的概念

行动，尤其是社会行动，更不用说还有社会关系，使得参与者方面会以**正当性秩序**是存在的这一**想法**为取向。这种可能性如果事实上会出现，就应称为相关秩序的“效力”（Geltung）。

1. 因此，对我们来说，一种**秩序**的“效力”，应是更多地意味着社会行动进程存在着一种纯粹受习俗或利益状况决定的规律性。如果家具搬场公司定期定时发布租期届满的公告，这就是由“利益状况”所决定的规律性。如果一个推销员在每月或每周的特定日子里去造访某些顾客，这要么是遵守习以为常的习俗，要么就是利益状况的结果（谋取收入所需的巡回）。但是，一个公务员每天在固定的时间出现在办公室里，这就（同样但）不**仅仅**是习以为常的适应（习俗）了，也（同样但）不**仅仅**是受利益状况所决定，因为如果他愿意就可以照办或者视若无睹，而是（一般来说，还要）接受秩序（即公务员条例）的“效力”，将其视为戒律，一旦违逆，不仅会给他带来不利，还因为——正常情况下——与他的价值理性意义上的“责任感”（尽管它发挥作用的程度极为不同）格格不入。

2.（1）如果行动（一般地或近似地）以明确的“准则”为取向时，我们才愿意把一种社会关系的意义内容称为“秩序”。（2）如果由此**还会**至少以这些准则为事实取向（尽管它的重要性在实践中会下降），因为无论那是履行义务还是奉为典范，对行动都是有效的，这时我们才愿意称这种秩序具有“效力”。当然，事实上可以看到，以秩序为取向的行动会涉及到非常多样化的动机。不过，如果至少还有一部分行动者，**除了**其他动机之外，还把遵守秩序奉为典范或者是履行义务，因此认为它**应当**有效，这种环境因素自然也会增大——而且往往是相当高度地增大——行动以此为取向的可能性。一种仅仅由于目的理性的动机而被遵守的秩序，一般来说，远不如那些纯粹由于习俗的力量，即相应的行为由于习以为常而坚持下来的秩序稳定，后者乃是内在态度最常见的方式。但是，后者与享有典范性或约束力声望的秩序相比，我们想要说的是，与“正当性”秩序相比，也远不是那么稳定。当然，在现实中，一种秩序从纯粹传统的或纯粹目的理性的动机取向过渡到对正当性的信仰，也完全是动态的。

3. 以秩序为“取向”的效力，可能并不是（人们一般理解的）那种意义，即行动仅仅表现为遵守该秩序。即使在“规避”或者“违反”该秩序这个（人们一般理解的）意义的情况下，任何范围的现有效力（作为具有约束力的规范）仍有**发挥作用**的可能性。这首先是纯粹目的具理性的。窃贼的行动总是会确定刑法的效力，所以才会鬼祟行事。显然，正是由于在一定范围人群中的秩序被公认为是“有效的”，他才**必须**隐瞒对秩序的侵犯。然而，撇开这个边际情况不谈，对秩序的侵犯往往只是许多程度不等的局部偏离，或者是抱着不同程度的善意试图证明对它的偏离是正当的。此外，对秩序的意义也会同时存在事实上不同的态度，对于社会学来说，只要决定着事实上的行动，任何情况就都处在“有效”范围内。在同一个社会群体中可能会有诸多**互相矛盾**的秩序都被公认为有效，承认这一点并不会给社会学带来难题。因为，即使是同一个人，也会以互相矛盾的秩序作为他的行动取向。这种现象不仅会像平时常见的那样发生在不同的时间里，甚至可能会发生在相同的行动中。一个决斗者，他的行动要以荣誉守则为取向；但同时，他还要保守秘密，或者相反，去向法庭自首，这时他考虑的就是刑法了。诚然，如果规避或者违反（普遍相信的）秩序意义变成了一种**常规**，那就可以说，该秩序的“效力”已经有限了，在极端情况下则会荡然无存。因此，对于社会学来说，一种特定秩序的效力和无效之间，并不像法学那样（为了不可避免的目的）非此即彼，恰恰相反，在两极之间有一个动态的过渡；而且正如已经指出的那样，相互矛盾的秩序也会同时并存，但只要存在着这样的可能性，即行动在实际上要以它们为取向，就此范围而言，任何秩序都是“有效的”。

这种文献的专家们肯定会想到“秩序”概念在鲁道夫·施塔姆勒的大作中的角色，引言[1]中已经援引了这部著作，该书虽然和他的所有著作一样也是那么不同凡响，但却出现了根本性的错误，在这个难题上造成了灾难性的混乱。施塔姆勒不仅没有对经验效力与规范效力做出区分，而且没有认识到，社会行动本身并非**仅仅**以“秩序”为取向；不过至关重要的是，他把秩序看作是社会行动的一种“形式”，然后让它扮演一种和“内容”相似的角色，就像认识论意义上的“形式”一样，这在逻辑上是根本站不住脚的（且完全不谈其他谬论）。例如，（基本的）经济行动的事实取向本身，就是对满足需求的某些可用手段的短缺与（想象中的）需求之间关系所抱的态度，以及对相同手段做出反应的第三方对目前和未来的预期行动；但是**此外**，行动者在**选择**他的“经济”措施时，当然也会**格外**以“秩序”——亦即他所了解并认为是“有效的”那些法则与惯例——为取向，也就是说，他很清楚，一旦他开始违反这个秩序，就会招来第三方的特定反应。在这个极为简单的经验情境中，施塔姆勒再三引入了一种令人绝望的混乱状态，尤其是他坚称，从概念上说明“秩序”和实际行动之间的因果关系是不可能的。的确，法律一教义上的**规范性**秩序效力与任何经验过程之间，实际上不存在因果关系，而是只有这样一个问题：经验过程会在法律上“涉及”（得到**正确**诠释的）秩序吗？亦即秩序**应当**（在规范上）**对**经验过程有效吗？如果回答是肯定的，那么其规范性效力**应当**说什么？不过，一方是**可能性**，即对一般理解的（行动作为取向的）

秩序之效力所抱的**态度**，一方是经济行动，两者之间显而易见（可能会）存在着因果关系——这是就因果关系最一般的词义而言。但是，对社会学来说，那种取向的可能性，恰恰只“是”对“那种”有效秩序的**态度**。

六、正当性秩序的种类：惯例与法律

秩序的正当性可以得到**保障**，就在于它是：

（一）纯粹内在的，即

1. 情绪的：由于情感上的投入；

2. 价值理性的：由于对秩序的绝对效力抱有信仰，表现为义务性的终极价值观（道德的、美学的或者任何其他的）；

3. 宗教的：由于相信服从这种秩序即可得到救赎。

（二）以及（或者仅仅）由于对特定的外在结果的预期，亦即对利益状况的预期；但也由于特别**方式**的预期。

一种秩序应当称之为：

a）**惯例**，条件是它的效力有得到外在保障的可能性，在特定社会群体范围内偏离秩序将会遭到（相对）普遍和实际可感的**非难**；

b）**法律**，条件是这一可能性从外部予以保障，即安排一个人员**班子**实施物理或者心理**强制**，以保证它得到服从或惩治对它的违反。

1. 惯例应该用来指称**在一定范围的人群中**被公认为具有“效力”并得到保障的“习俗”，可以通过非难来防止对它的违反。与（这里所使用词义上的）法律不同，它无须一个人员**班子**来实施。施塔姆勒是根据绝对“自愿”的服从把惯例和法律加以区别的。然而，这并不符合一般的习惯用法，甚至也不适用于他自己所给出的例子。遵从（一般词义的）“惯例”，就是指的注入遵从日常的问候形式、公认为得体或恰当的着装风格，以及对交际形式与内容施加的各种限制，个人都能绝对真实地“感到”它们是义务性或者典范性的，舍此无它。至于以某种方式去准备饭菜，那就不过是一种纯粹的“习俗”，可以按照自己的意愿去遵守或者不遵守。违反惯例（“体面”［Standessitte］），往往会导致一个身份群体的社会性共同抵制，这是极为严厉而有效、可能比任何法律制裁更为严厉的惩罚。这里缺少的只是那种特别的、为保证人们遵守行动而专门安排的人员班子（比如法官、检察官、行政官员、行刑队等等）。然而，其间的过渡是动态的。惯例对秩序的保障是一种边际情况，由此向法律保障的过渡，就是运用一种正式的威慑以及**有组织的**共同抵制。用我们的术语来说，这是一种法律强制手段。除了**单纯的**非难以外，还可以通过其他手段维护惯例（例如家长权威可以用来驱逐一个蔑视惯例的访客），但这里对此并无兴趣。因为关键在于：**由于**存在着合乎惯例的非难，**个人**就会运用（往往不加掩饰的）强制手段，而不是运用一个特意为了制裁而安排的人员**班子**。

2. 我们所说的“法律”概念（为了其他目的时也许会另做界定），关键应当是指一个强制性**班子**的存在。当然，它完全未必类同于我们今天所熟悉的方式，尤其是，未必存在着一个“司法”机关。氏族（在血亲复仇和武力自卫的情况下）也会是这样一种班子，**如果**在任何方式的秩序中它的反应方式事实上都是有效的话。诚然，如果我们还能将其称为“法律强制”，那也完全是一种边际情况。众所周知，“国际法”常常被拒绝承认为“法律”，正是因为一种超国家的强制性暴力阙如。用这里（出于权宜之计）所选用的术语来说，假如秩序的所作所为表面上看只是期待着受害方的非难和报复，全靠惯例和利益状况加以保障，没有一个人员班子、其行动就是要**特意**让人遵守秩序，那就不能说是存在着“法律”。但是，用法律术语来说，极有可能，相反的情况才是有效的。强制的**手段**无关紧要。比如在有些宗教教派那里，如果是通过规则来处理，并由一个人员班子加以实施，那么即使“兄弟般的告诫”，也是对犯有罪错者的强制，尽管那是温和强制的手段。同样，例如［古罗马］监察官的申斥（Rüge），作为保障使行为符合“道德”规范的手段，也是如此。通过教会的惩戒手段进行精神强制，就更是如此了。当然，由僧侣的或政治的力量加以保障，或者由联合体章程、家族权威、合作社与联合会加以保障的“法律”，也都如出一辙。即使“大学生社团”（Komments）的规则，也是这样被定义为“法律”的概念而有效的。不言而喻，《德国民事诉讼法》第2节第888条列明的那些（无法执行的法律）情况同样如此。“不完善法律”和“自然债务”（“leges imperfectae” und “Naturalobligationen”）也是法律**语言**的形式，**间接**表明了强制的限度或条件。在同样的意义上说，强制实行的“交易规矩”（Verkehrssitte）也是**法律**（见《德国民法典》第157条、第242条）。

3. 未必任何一种有效的秩序都会具有普遍和抽象的性质。例如，针对某个具体案例的法律原则和法律裁决，并非始终、也并非在任何情况下都像我们今天通常看到的那样能够作出明确的区分。可以说，仅仅针对一个具体事态，就**可能**出现一种“秩序”。对此进行详细论述属于法律社会学的范畴。就当下而言，为了方便起见，除非另有说明，我们将以现代方式看待法律原则和法律裁决的关系。

4. 得到“外在”保障的秩序，也有可能同时得到“内在”的保障。法律、惯例和“伦理”之间的关系不会构成社会学的难题。对社会学来说，“伦理”标准就是一种特殊方式的价值理性**信仰**，是人的行动所遵循的规范，一如要用它去衡量“道德善行”一样，“美的”行动就要用美学标准去衡量。这种意义上的伦理规范，即使在没有任何外在保障的情况下，也很有可能对行动产生深刻的影响。这种情形常见于违反规范而又可能无损他人利益的时候。另一方面，这种规范往往还会得到宗教保障。但同时（在这里使用的的术语意义上说），它们也许会得到惯例的保障，即非难对它们的违反，随之则是共同抵制，甚或做出法律上的反应，即刑法或警察的反应，或者承担民法上的后果。任何在社会学意义上实际“有效”的伦理，都会由于这一可能性——违反它将会遭到非难——而得到大力维护，就是说，它得到了惯例的保障。另一方面，任何得到惯例或法律保障的秩序，都不会（至少不是必需）要求具有**伦理**规范的性质，而法律秩序——往往是出于纯粹的目的理性而建章立制——总的来说比惯例秩序更少这种要求。人们当中流行的效力观念（Geltungsvorstellung），**是否**应被视为属于“伦理”领域（[因此]就是“单纯的”惯例或者“单纯的”法律规范），对于经验**社会学**来说，只能决定于那个“伦理”概念在相关人群中**事实上**是否曾经或仍然有效。所以，**对此**无法泛泛而论。

七、正当性秩序

行动者之所以认为某种社会秩序具有**正当**效力，可能是：

a）根据**传统**：因为它始终是有效的；

b）根据**情绪化的**（尤其是情感的）**信仰**：因为新的神启或典范是有效的；

c）根据**价值理性的信仰**：因为它被推断为绝对有效；

d）根据成文法规：因为它们被认为是**合法的**。

这种合法性[d]之所以被（当事各方）认为是正当的，可能是因为：（1）根据当事各方就此达成的协定；（2）根据强加（基于人对人的正当有效的支配）和服从。

所有进一步的讨论（除了若干需要进步一定义的概念之外）都将在法律社会学与支配社会学中进行。这里仅作如下说明：

1. 由于传统的神圣性而具有效力，乃是最普遍和最古老的秩序。对于不可思议的灾害的恐惧，强化了一种心理障碍，就是不愿对习以为常的行动习惯做出任何改变，而维护对有效秩序之服从的各种既得利益，也有助于使它保持不坠。

2. **有意识地**创造新秩序，最初几乎完全是本于预言式的神谕，至少是本于被认可为预言式的、因而被相信是神圣的宣言，起码古希腊调停人（Aisymneten）的律令就的确如此。因此，服从便取决于对预言家的正当性的信赖。在严格的传统主义仍有效力的时代，如果没有新的秩序神启，那就不可能产生新秩序，亦即**被认为**是“新的”，除非坚称它事实上历来就有效，只不过尚未被**正确地**认识到或者一度被遮蔽，现在又被重新**发现**了。

3. 借助**自然法**所描述的价值理性效力的最纯粹类型。无论它的理想要求始终受到了多少限制，但无可置疑，它那些经过逻辑演绎的法则对行动的真实影响，却并不是完全无足轻重的，而且它本身还要同神启的、制定的和传统的法律区别开来。

4. 今天最常见的正当性形式就是对**合法性**的信仰，以及服从**形式**上无可指摘并按照惯常方式制定的法规。同时，协议产生的秩序和被强加的秩序，两者的矛盾只是相对的。因为，协议产生的秩序，其效力的基础并非一**致**同意，——而过去人们常常认为，毫无异议乃是维持实际的正当性所必需，——相反，人群中的实际服从要依赖于多数持不同意见者的默认，——情况往往就是如此——秩序实际上是强加给了少数。另一方面则是，依靠暴力或者由更加无情和更有远见的少数人把一种秩序强加于人，随着时间的流逝，原先反对该秩序的人终于认可了它的正当性，这种情况也屡见不鲜。用“表决”作为创造或改变秩序的合法手段，往往是少数的意志获得了形式上的多数，而多数予以默认，这种多数票的胜利不过是一种假象。相信协议产生的秩序具有合法性，可谓源远流长，有时在所谓的初民当中也能看得到：但这几乎总是以神谕的权威作为补充。

5. 服从一种由某人或若干人强加的秩序，只要决定性的因素不是出于纯粹的恐惧或者目的理性的动机，那就是相信无论什么意义上的正当**支配**权（legitime *Herrschaftsgewalt*）或者相信率先强加秩序者，对此将在后面分别讨论。

6. 对秩序的服从，通常，除了决定于形形色色方式的利益状况之外，只要不是全盘更新了规章，那就是决定于对传统的忠诚和对合法性的态度这两个因素的混合。当然，在多数情况下，驯服的行动者甚至不会意识到那在多大程度上是出于习俗、惯例或者法律。因此，社会学必须探明效力的**典型**种类。

八、斗争

如果行动的取向就是有目的地贯彻行动者自身的意志而不顾他方或多方的反对，这样的社会关系就应当称为**斗争**（*Kampf*）。“和平的”斗争手段应当指的是并不使用实际的物理暴力。只要形式上是和平地谋取他人也在渴望的对机会（Chancen）的控制，这样的“和平”斗争就应当称为“竞争”。只要目的和手段都是以秩序为取向，这样的竞争就应当称为“有序”竞争。人类个体或类型之间为了谋求生活的或生存的机会而彼此发生（潜在）生存斗争，但没有附着了意义的斗争意图，就应当称为“选择”：如果涉及生者追求存续的机会，它就是“社会选择”；如果涉及遗传特征存续的机会，那就是“生物选择”。

1. 从摈弃一切规则、旨在毁灭对手的流血冲突，到接受最严格惯例约束的中世纪骑士决斗（例如丰特努瓦战役之前传令官的呼叫：“英国先生们，请先开枪吧！”），从有序的竞赛（例如体育运动）到求婚者讨取一个女子欢心这种无规则的“竞争”，从以市场为取向接受约束来竞争交换的机会，再到有序的艺术竞争或者进行“竞选”，其间都有各种各样的过渡。在概念上把暴力斗争分离出来，理由是它的正常手段具有自己的特性，它的出现具有独特的社会学意义（见第二章及之后的论述*）。

2. 尽管偶然因素和运气在许多个别情况下具有决定性的重大意义，但是从长远来看，要获得斗争的胜利，就要“选择”那些具有更

---

* 此处指本章所依据底本第二章“Soziologische Grundkategorien des Wirtschaftens”——中文编者注

强大个人素质的人们，这对获得成功通常都会具有重大意义。至于那是什么素质，则端赖冲突或竞争发生时的条件：更多的或者是体能，或者是肆无忌惮的狡诈，或者是煽动技巧中的智力水平或者纯粹发声的力量和熟练程度，或者是对上司的忠诚或者阿谀大众的能力，或者是独到的创造能力，或者是社会适应能力，或者是一些非凡的品质，或者是平庸的多数所具有的那些品质：——其中决定性的斗争和竞争条件，则是所有属于该**秩序**的个人和大众所具有的素质，无论他们在斗争中的行为是出于传统、出于价值理性还是出于目的理性。**任何**秩序都在影响着社会选择的机会。并非**任何**社会选择都是我们这个意义上的"斗争"。更确切地说，"社会选择"首先仅仅意味着某些自身行为的类型，也许还有个人素质在成就某些社会**关系**中可能更具优势（比如"情人""丈夫""议员""官员""承包商""总经理""成功的商人"等等）。至于是否要通过"斗争"以实现这种社会优势，此外，能提高生物**生存的机会**还是相反，都无法对此泛泛而论。

只有在出现了真正的竞争时，我们才想谈论"斗争"。从截至目前为止的一切经验来看，只有在"选择"的意义上，斗争才是事实上不可避免的，而且只有在**生物**选择的意义上，原则上说它才不可避免。选择之所以是"永恒的"，是因为找不到任何手段把它彻底消除掉。即使是严格循规蹈矩的和平主义秩序，从某种消除选择的意义上说，它也只是在调整斗争手段、斗争目标和斗争方向。这就意味着：那是在（公开）竞争中获胜的**另外一种**斗争手段，或者，即便（仅仅按照乌托邦式的理论可能会）在想象中消除了竞争，它也始终会主导对生活与生存机会的（隐性）选择，并使用那些它所偏爱的人，不管他们是遗传还是教育的产物。从经验上说，原则上是从生物学角度说，消除斗争走到极限，就是社会选择。

3. **个人**谋求生活与生存机会的斗争，当然不同于社会**关系**中的“斗争”和“选择”。只有在引伸义上才可以使用后面这些概念。因为，仅仅在具有意义内容的人类行动中，才会**存在**“关系”。因此，各种关系之间的“选择”或“斗争”也就意味着：**随着**时间的推移，行动的某种方式将被另一种方式所取代，不管那是同一些人还是其他一些人的行动。这种情况可能会以不同的方式出现。人的行动可能会：（a）**有意识地**要去调整某些具体的或者普遍的社会关系，亦即终止与**行动**相匹配的意义内容，即干扰或阻止它们的形成或延续（战争或革命可以毁掉一个“国家”；残酷镇压可以粉碎一场“阴谋”；警察措施可以禁止“卖淫”；否定法律保护和刑罚，“高利贷”买卖就会大行其道），或者，有意识地发挥影响以奖励一个范畴的存在而不利于另一个范畴：个人或者许多个人都有可能追求这样的目标。但也可能是（b）社会行动过程及其决定性条件以种种不同方式表现出来的无意的附带结果：减少了保存或者新生某些具体的或某些明确的关系（亦即当事人的**行动**）的机会。所有自然和文化条件都会以种种方式对无论什么样的变化情况产生作用。对于社会关系的这种“选择”情况，人人都可以见仁见智——例如他可以说，列国当中的获胜者就是（从“最适者”意义上说的）“最强者”。然而必须记住，这种所谓的“选择”与社会的或生物的意义上对人类**类型**的选择毫不相干。对于任何个别情况，都要追问导致这种或那种社会行动与社会关系形式的机会发生变化的**原因**，或者打破一种社会关系或允许它相对于其他关系而继续存在的原因，而这些原因非常多样化，一言以蔽之是不合适的。这里始终存在着一种危险：对经验研究进行不加约束的**评估**，尤其是，往往由纯粹的个别因素所决定的特殊情况，却非要把这种意义上的“偶然”说成是**成功**。近些年来这种例子已经很多了。因此，一种（具体的或者质量特殊的）社会关系往往由于纯粹具体的原因而被消除，就此**泛泛而论**“适者生存”，是证明不了任何东西的。

九、共同体关系与联合体关系

如果并且只要社会行动的调节——无论是个别情况、一般情况还是纯粹类型——是基于当事各方主观**感情上的**（不管那是情绪化的还是传统的）**休戚相关性**，这种社会关系就应当称为“共同体”（Vergemeinschaftung）。

如果并且只要社会行动的调节是基于理性（价值理性或目的理性）动机下的利益**平衡**，或者基于同样动机下的利益**关联**，它就应当称为“联合体”（Vergesellschaftung）。根据共识而达成理性约定，在此基础上（但不仅如此）的联合体可能是典型的，会特别常见。这时，联合体的行动可能是理性取向的，即（a）价值理性的，相信**自己的**义务；（b）目的理性的，即预期合作者会保持诚实。

1. 这个术语会提醒人们斐迪南·滕尼斯在他的开拓性著作《共同体与社会》中所作的区分。但是，滕尼斯为了他的目的又随即赋予这种区分一种基本上是专门的内容，对我们这里的目的并无帮助。最纯粹的联合体类型是：（a）在市场上经自由协议而达成的严格目的理性的**交换**：它构成了对立而互补的利益间的现实妥协；（b）纯粹自由协议的**目的性联合**（*Zweckverein*），不论其意图还是手段，都纯粹是其成员根据约定的持续行动而对客观（经济或其他）利益的追求；（c）

价值理性动机下的**观念性联合**（Gesinnungsverein）：比如理性的教派，它们并不漠视情感和情绪的关切，但却只求报效于一项“事业”（诚然，仅仅在特殊情况下才会出现这种非常纯粹的类型）。

2. 共同体可能会建立在任何方式情绪的、情感的或传统的基础上：一种圣灵鼓舞下的弟兄会众（pneumatische Brüdergemeinde），一种性爱关系，一种个人忠诚关系，一个“民族”共同体，一支同心同德的军队。家庭共同体则是最方便的类型。不过，相当多数的社会关系，则是**部分**具有共同体性质、**部分**具有联合体的性质。即便是完全目的理性的、理智创造的、自觉的社会关系（比如顾客），也有可能唤起超越了功利目的的情感型价值观。任何超越了现实的讨价还价行动并长期持续的社会关系，都是产生于同一些人之间，而且不可能从一开始就限定了联合体的边界——像同一支军队、同一个学校班级、同一个车间或办公室这样的联合体，总是会有这方面的某种倾向，尽管程度极为不同。同样，也可以反过来说，规范意义上的共同体性质的社会关系，其中某些甚至全部行动者的行动也有可能在很大程度上以目的理性为取向。比如，一个家族的成员是否把家族看作一个真正的“共同体”（Gemeinschaft），或者是否会利用这个“共同体”，其间有着非常大的差异。这里的“共同体”概念是有意作出一般定义的，其中包含着非常异质的事实情况。

3. 在通常情况下，就预期的意义而言，共同体乃是“**斗争**”最根本的对立面。对此不容含糊其辞的是，即便在最紧密的共同体内部，针对内心顺从的一方，任何方式的事实强制都是常规性的，在这个集体内部照样会发生类型的“选择”，从而导致生活与生存机会的差异也会像无论什么地方一样继续下去。另一方面，联合体往往**只是**对立利益的妥协，这种妥协仅仅能够消除（或者试图消除）一部分导致了斗争的原因或者斗争的手段，因此，在达成了妥协的范围以外，利益的对立本身以及对机会的**竞争**仍然会一成不变。“斗争”和集体都是相对的概念；斗争会根据所使用的（暴力的或者“和平的”）手段以及它们被使用时的无情程度而有非常不同的表现。前面已经指出，任何始终明确地作用于社会行动的秩序，都会允许实际**选择**的存在，因为不同类型的人都在为生活的机会进行竞争。

4. 决不是说，只要素质、处境和行为存在着共性（Gemeinsam-*keit*），就**是**存在着共同体。例如，作为“种族”特征的那些生物遗传共性，毫无疑问绝不意味着就是共同体的特征。由于社会交往和通婚而受到的限制，人们可能会发现自己都陷入了一种相同的处境——与环境格格不入的处境。但是，即便他们对这种处境作出了相同的反应，也仍然不是共同体，如果他们对这种处境及其结果仅仅有着共同的“感觉”，那就更不是共同体了。只有当这种感觉导致了他们彼此**互为取向**（*ane*inander *orientieren*）的行为，他们之间才会出现一种社会关系，而不仅仅是他们各自与环境的关系；只有当这种社会关系被证明在感情上是休戚与共时，它才是一种“共同体”。比如在犹太人当中，除了那些以犹太复国主义为取向的圈子和其他追求犹太人利益的联合体的行动之外，只在相对而言非常低的程度上才存在着共同体，况且犹太人还常常完全否定它的存在。通过家庭和周围社会环境而在相近的传统中产生的共同语言，有助于人们的相互理解，因而在最大程度上有助于所有社会关系的形成。然而，单靠语言本身并不足以构成共同体，毋宁说，它便利了相关群体内部的交往，因而便利了联合体关系的发展。但重要的是：这是**个体**之间的关系，并不因为他们操着共同的语言就有了那种性质，而是因为他们有着其他方式的关切：以共同语言的规则为取向，基本只是作为一种交流手段，并没有社会关系的意义内容。只有在参与者意识到他们有着可能不同于第三方的语言共性，使他们有一种相同的处境，这才能产生一种共同感情和共同体，这时的共同语言才有了自觉的存在基础。“市场”（概念见第二章*）参与又是另一种方式。它鼓励个体的交换参与者形成联合体，鼓励有兴趣参与交换的各方形成一种社会关系（尤其是“竞争”关系），但各方的行为必须互为取向。然而，只有在某些参与者的目的是为了卓有成效的价格战，或者所有参与者的目的都是为了调整和保障交易，这时才能达成协定。（市场和建立在市场基础上的商品经济，是通过纯粹的**利益状况**而相互影响的最重要行动类型，也是现代经济的独特之处。）

十、开放的与封闭的关系

一种社会关系（无论是共同体还是联合体），如果并且只要参与者是以它的意义内容为取向而彼此采取社会行动，由此构成的有效秩序并不阻止任何实际处在能够参与的地位、也有兴趣参与的人们参与其中，就应当称为对外“开放”的社会关系。相反，如果按照它的意义内容或者它的有效秩序，只要在某种程度上使某些人的参与遭到了排斥、限制或者需要接受附加条件，那就是对外“封闭”的社会关系。开放性和封闭性，都可能决定于传统或情绪，或者决定于价值理性或

* 见本书第 315 页页下注。——中文编者注

目的理性。以下事态尤其可能是**理性的**排他：一种社会关系可以为当事各方提供能够满足内在或外在利益的机会，不管那是目的还是结果，也不管是通过团结一致的行动还是通过利益均沾。如果参与者预期的满足程度、方式、安全感或价值得到改善的机会都能扩大，他们就会关心**对外**的开放性，相反，如果要通过垄断方式做到这一点，他们就会关心**对外**排他。

一种封闭性社会关系可以使参与者得到垄断性机会：(a) 免费；(b) 按照总量和种类进行**调整**或配给；(c) 保障个人或群体的永久**占用**以及相对甚至完全的不可让渡（对内部的排他）。可被占有的机会应该称为"权利"。占有可能要适应秩序：(1) 某种共同体或联合体——比如家族群体——的成员；或者 (2) 个人；在这种情况下又分为：(a) 纯个人，或者 (b) 通过继承：一旦他死亡，由于社会关系或出身（亲属关系）而迄今仍享有这种机会或者自称可以占有这种机会的一个或多个他人（继承性占有）。最后可以是 (3) 接踵而至享有这种机会的是根据多少自愿的协定而转让给 (a) 某个他人，或者最后 (b) 任何人（这都是可让渡的占有）。封闭关系的一个参与者应该是**成员**，但在这种情况下，参与是受到调整的，即保障他占有那种机会，使他成为一个**法定成员**（*Rechtsgenosse*）。个人、共同体或联合体通过继承所占有的机会，应该叫作（这些个人、共同体或联合体的）**财产权**，如果那是可以转让的占有，就是**自由**财产权。

这些"繁琐的"定义表面上非常乏味，但这个事实却是一个范例：人们最少"思考"的，恰恰是那些"不言而喻"（因为直观上很熟悉）的事情。

1. (a) 维护传统上的封闭，例如成员资格以家庭关系为基础的共同体。

（b）维护个人情感关系的情绪性封闭（例如性爱关系以及常见的个人忠诚关系）。

（c）维护价值理性的（相对）封闭，例如严格的信仰共同体。

（d）目的理性的典型封闭，例如垄断或财阀性质的经济集群（Verband）*。

这里可以信手略举几例：

一个现实的语言联合体，其开放性或封闭性，端赖（不同于亲密沟通或商业沟通的对话的）意义内容。——通常，市场关系基本上至少是维护开放的。许多共同体和联合体的关系都会出现一种从扩展向排他的**转变**，比如古代和中世纪的行会与民主城邦，为了确保自身的机会，有时就关心凭借权力尽可能扩充成员，但有时又会关心为成员资格设置界限以保护自身垄断地位的价值。同样的现象在各种隐修会和宗教教派中也并不少见，它们都曾有过宗教传道时关心从扩张到排他的转变，以维护某种伦理标准或者物质基础。为了增加销售而扩大市场和为了垄断销售而限制市场，也有类似的并存情形。促进语言的传播如今已是出版商和作家利益的常规结果，而在过去却是相反，等级制的封闭和隐语并非罕见。

---

* 这里的“Verband”，包括了若干规范性词典义，有绷带、联合会、协会、社团、兵团、集团军、整体、群体、集群等等，总体来看，就是指称一切结合为相对紧密型的实体，无论那是家庭还是国家，但是从韦伯给出的定义和他一以贯之使用该词的语义来看，在中文里却没有能够准确对应的词语。对此，京特·罗特（Günther Roth）英译本的解决办法是一律译作“Organization”（组织），但是，德文根本没有这个词典义，且在其他许多谈到“组织”的场合，韦伯也有专门的单词可用，即“Orgnisation”，因此，笔者斟酌再三，最终决定凡是在这样的语境中，一律将该词译为词典义之一的“集群”，请读者诸君明察。

2. 对外的调整和排他，其程度与手段可能非常不同，从开放性转向调整和封闭性是动态的：资格考试和见习期，或者要求持有根据某些条件才能购买的股份，通过投票表决遴选新成员，或者根据出身（继承性），或者根据某些成就使所有人都能独立参与，以获得成员资格或者准入资格，或者——在内部排他和占有的情况下——根据已获得的占有权，这时就可以看到参与条件的不同层次。因此，对外的"调整"和"封闭"也都是相对的概念。一个高级俱乐部，一批购票入场的剧院观众，一次动员了最大可能数量的人们来捧场的政党集会，一次可以自由参加的教派礼拜仪式，直到神秘活动的帮会组织，其间有着一切可以想象的参与方式。

3. 同样，由当事人以及他们彼此的行为所体现的**对内**排他，也会采取各种形式。例如，对外封闭的一个种姓、一个行会或者一批证券交易所经纪人，可能会允许其成员自由竞争他们共同垄断的机会，或者严格指定给每一个成员享有某种机会，比如终生享有甚或（特别是在印度）世袭和转让被占有的机会。同样，一个对外封闭的村社（Markgenossenschaft）可能会允许成员自由使用共同的土地，也可能给每个家庭严格分配一定的份额，一个对外封闭的殖民集群可能会允许成员自由利用土地，或者批准并保障他们永久占用各自的占用物，这里有着一切可以想象的过渡形式和中间状态。从历史上看，采邑、封地和官职持有人的对内封闭和占用，都曾出现过极为不同的形式，同样，"企业职工委员会"的发展**可能**（但未**必**）就是第一步，从候补并拥有封闭性商号的工作岗位，直到强化对单独一个岗位的权利（未经工人代表同意不得解雇工人）。详细情况均须留待实事求是的个案分析。最极端的永久占用，就是保障某个人（或单独某个集群——比如全体居民、氏族、家庭）占用那种机会，即（a）在发生死亡的情况下，通过秩序的调整和保障，把机会让渡给某个他人之手，或者（b）机会拥有人可以把机会自由地转让给其他任何人，而受让者就会**由此**成为这种社会关系中的一方：当这种**对内**的占用达到极致时，也就来到了一种**对外**（相对）**开放**的关系（如果获得成员资格时**无须**其他法定成员的认可）。

4. 排他的**动机**可能在于：（a）珍视素质以及（也许会）随之而来的声望，珍视有保证的荣誉以及（也许会）赢利的机会。范例：苦行僧，修道士（尤其是印度的托钵僧），教派（清教徒！），武士团，内阁及其他官员的政治性市民集群（例如在古希腊罗马时期），手工业行会。（b）与（消费）需求（“食物余量”）相比的机会短缺，例如对消费的垄断（原型：自给自足的乡村共同体）。（c）获利机会（“获利空间”）的稀缺：获利垄断（原型：行会或者古代的捕鱼权垄断等等）。多数情况下，动机 a 总是兼有 b 或者 c。

十一、代表权

一种无论传统还是法定秩序下的社会关系，都可能对当事各方产生以下后果：某种行动方式可以：（a）使**每个**参与者与**所有**参与者有关（“休戚与共的成员”），或者（b）使某些参与者（“代表”）把行动归咎于其他参与者（“被代表人”），不仅共同享受机会带来的好处，还要共同承担结果造成的损害。根据有效的秩序，代表权（全权）可能是——（1）以所有的方式和程度被完全占用（即固有的全权，Eigenvollmacht），但是还有——（2）按照标准（Merkmalen）被永久或限期任命——或者按照参与者或第三方的某些文件限期或永久转让（即法定全权）。有许多不同的条件决定着社会关系（共同体或联合体）将会成为休戚与共的关系还是代表制的关系，一般而言，大概只能说，最具决定性的条件是，它们的行动是以暴力斗争还是和平交换来达到目的，不过在进行大量个案分析时，需要识别出哪些特定环境因素曾经并且仍然是标准因素。当然，使用和平手段追求纯粹的**观念**利益，出现这些后果的可能性最小。虽然对外封闭的程度往往与休戚与共或者代表权的表现并驾齐驱，但情况也并非总是如此。

1.“归咎”实际上可能意味着：（a）被动与主动的休戚与共。所有参与者都被认为要对任何一个人的行动负责，就像他本人对该行动负有责任一样，同时也可以正当利用该行动产生的有保证的机会。这种责任可能是对神灵或众神的承诺，亦即包含一种宗教取向。或者，也可能是对他人负责，在这种情况下，就是遵循传统并针对法定成员（依靠或借助氏族成员实行血亲复仇，对来犯者一方的城乡居民进行报复）或者遵循法律（对族人、家人、共同体成员实施惩罚，让家人或者商业伙伴为彼此间的债务承担个人责任）。与众神有关的休戚与共也曾产生过具有重大历史意义的结果（例如古以色列人与耶和华订的约，例如古代基督教以及早期的清教徒团体）。（b）但另一方面可能仅仅意味着：根据传统或者法定秩序，一种封闭关系的参与者认为自身可以**合法**有效地使用代表所取得的无论什么方式的机会（特别是：经济机会）。（比如一个“公司”的“董事会”、一个政治或经济集群的代表使用“实物资产”，按照秩序要求，其“效力”就在于为“集群的目的”服务。）

2.“休戚与共”这个事实典型地表现为：（a）传统的出生地或共同生活（类型：家族和氏族）；——（b）依靠暴力维护垄断机会的封

闭关系（类型：政治集群，特别是在过去，但在当代，特别是在战争中，也仍然是最为突出的现象）；（c）参与者个人亲自经营的获利公司（类型：开放的商业公司）；（d）某些经营性公司（类型：俄国的合作社，Artjel）。——在目的一致以及法定的集群中，尤其是，如果为了集体筹措并管理“特别基金”，“代表制”这个事实就是典型的（法律社会学将作进一步论述）。

3. 任命的“特征”就是代表权，例如按照资历或者类似的事实情况行使职权。

4. 这一事态的所有个案都不可能泛泛而谈，只能留待社会学的个案分析进行说明。这方面最古老也最普遍的事实情况就是**报复**现象，不仅是为了复仇，而且为了抵押（Pfanzugriff）。

十二、集群（Verband）*

一种对外调整而限制准入或者封闭的社会关系，如果是由一些特定的人：一个**领导人**以及可能还有一个**行政班子**，通常情况下他们同时也会拥有代表权，通过实施自身的行为以确保秩序得到遵守，它就应当称为一个**集群**。担任领导人或者参与行政班子的行动，此即“**政权**”（*Regierungsgewalten*），它可以被占用，或者通过某种有效的集群秩序或按照某种特征或以某种形式永久或暂时选拔某个人，或者根据某种情况任命某个人。“集群行动”应当是行政班子根据政权或代表权采取的正当行动，与实施秩序有关，或者是由集群成员根据命令而

* 见本书第323页译者注。

领导的行动。

1. 这里论及的是共同体还是联合体，从概念上说都无不同。如果已经存在着“领导人”：家长、协会理事长、总经理、君主、总统、教会首脑，这应当就足够了，他们的行动就是要实施已经就绪的集群秩序，因为这是一种特殊方式的**行动**：它不是纯粹以秩序为取向，而是采取行动以**强加**秩序，从社会学角度来说，这给封闭性“社会关系”的事实增加了一个实际上是重大的新特征。因为，并非任何封闭的共同体或者联合体都是一种“集群”：例如，性爱关系或者一个没有领导人的氏族群体就不是。

2. 一个集群的“存在”（Existenz），完全取决于一个领导人——也许还有——一个行政班子的“存在”（Vorhandensein）。更准确地说：如果存在这样的**机会**，即可以指定某些人采取**行动**，致力于贯彻该集群的秩序，就是说，存在一些人，他们“**出现**”（*eingestellt*）在这里，就是为了一旦必要时即采取行动。至于这种态度是基于传统、情绪、价值理性的献身精神（诸如对封地、官员或机构的义务），还是目的理性的**关切**（薪水等），对于**概念**来说都无关紧要。因此，从社会学角度来看，如果没有以这种方式为取向而“存在”（besteht）行动过程的机会，就没有我们的术语所说的集群。如果可以指定的人员班子（或者一个可以指定的个人）没有这种行动的机会，用我们的术语来说，那么所存在的就仅仅是一种“社会关系”，而不是“集群”。但是，从社会学角度来看，只要存在着这种行动的机会，这个集群就会“存在”，尽管以相关秩序为取向而行动的**人员会被大换班**。（以这个方式进行定义的目的，正是为了立刻把这个现象包括在内。）

3.（a）除了行政班子本身的或者在它领导下发生的行动之外，可能还会发生一种以集群秩序为取向的行动，其意义就在于保证贯彻这个秩序（例如纳贡或“公益性派捐”*，以及各种方式的个人义务：担任陪审员或服兵役等等）。——（b）有效的秩序可能会包括一些规范，使得集群参与者的行动还应以**其他**事务为取向（例如，国家范围内的“私营经济”，并不是要强行体现集群秩序的效力，而是要采取行动服务于私人利益：“民”法的作用就是如此）。对于a项情况，可以称为“与集群有关的行动”（“verbandsbezogenes Handeln”），b项情况则是集群**调整的**行动（verbands*geregeltes* Handeln）。只有行政班子本身的以及在它有计划**领导**下并与集群有关的行动，才应当称为“集群行动”（Verbandshandeln）。例如，全体参与者投入国家“主导”的战争，或者协会理事会通过一件“呈文”，或者领导人缔结一项“条约”，其效力将被强制性加诸集群成员（参阅本章第十一小节），此外还有全部“司法裁判”和“行政”过程（参阅本章第十四小节）。

一个集群可能是：（a）自治的或他治的，（b）自主的或他主的。自治（Autonomie）意味着该集群的秩序并不像他治（Heteronomie）那样产生于外来者的制定法，而是产生于集群成员的自身素质（无论那是怎么实现的）。自主（Autokephalie）意味着领导人及集群班子根据该集群的特有秩序被任命的，而不是像他主那样由外来者任命（无论这种任命是怎么实现的）。

由自治领中央政府任命加拿大各省总督，这就是他主。一个他主

---

* 德文为“leiturgische”，希腊文为“leitourgia”，公元前5—前4世纪雅典实行的一种制度，强制要求富裕公民和享有部分公民权的外侨为公益事业分摊巨额费用。韦伯在本书中频繁使用这个术语作为支配类型的行动取向概念之一，因中文没有对应概念，故酌译为“公益性派捐”。

的集群可能是自治的，一个自主的集群则可能是他治的。也有可能，在这两个方面，一个集群会**部分**存在一种情况，**部分**存在另一种情况。自主的德意志联邦国家，其成员邦国都是自主的，但在帝国权力范围内却都是他治的；而在它们自己的权力范围之内（例如宗教和教育等等事务上）又是自治的。德国管辖下的阿尔萨斯—洛林曾经享有有限的自治，但同时却是他主的（因为其总督要由德皇指定）。所有这些事态可能会在某种程度上同时存在。一个**不仅**完全他治、**而且**完全他主的集群（比如陆军中的一个“团”），一般来说最好被看作一个更大集群的一个“部分”。但情况是否如此，端赖具体情况下的行动取向实际上有多大**程度**的独立性，这在术语上纯粹是个便利与否的问题。

十三、集群

一个联合体出现法定秩序，可能是经过自由协定，或者强加于人并得到顺从。一个集群的政权可以要求拥有强加新秩序的正当权力。一个集群的**宪法**（*Verfassung*）应当称为**实际上的**机会，就是根据不同程度、方式和前提条件对现存政权的**强制**权表示顺从的机会。它的一个前提条件特别在于，听取集群参与者的某个群体或一部分人的意见，或者得到他们的赞同，当然，此外还有各种其他的条件。

一个集群的秩序不仅可以强加给它的成员，而且在特定的**事实情况**下可以强加给非成员。特别可能成为这种事实情况的，就是处于领土关系中（在领土范围内居住、出生或从事某些活动）：此即“领土效力”（Gebietsgeltung）。一个集群如果原则上给它的秩序强加一种领土效力，就应当称为领土集群（Gebietsverband），不管其秩序对于集群成员在多大程度上**仅仅**具有它所要求的领土效力（这是可能的，而且至少在限定范围内也是存在的）。

1. 按照这个术语的意义来说，只要不是因所有参与者的个人自由协定而实现，任何秩序就都是被强加的。由此可见，“多数决定”也就是少数服从。因此，长期以来（在中世纪的庄园、直至现代的俄国Obschtschina[村社]），多数决定的正当性常常是要么不被承认，要么就是成了疑难问题。（法律社会学与支配社会学将会深入讨论这一问题。）

2. 众所周知，形式上的“自由”协定，往往在实际上也是被强加的（Obschtschina 就是这样）。因为，对于社会学来说，只有**实际的**事态才是决定性的。

3. 这里使用的“宪法”（Verfassung）概念也是拉萨尔用过的概念。它与“成文”宪法（“geschriebene” Verfassung），总的来说与任何法律意义上的宪法所指的并不是同一回事。社会学的问题仅仅是：在什么时候，为了什么对象，**在什么界限内**，以及——可能——在什么特定的前提条件下（比如众神或教士的认可，或者选帝侯的同意等等），集群参与者会**服从**领导人，以及当领导人“发布命令”，尤其是强加秩序时，行政班子和集群行动会不会听其支配。

4. 把“领土效力”强加于人的主要类型，就是刑法以及其他各种法律规则，它们的适用性取决于出生地点、犯罪地点、履行义务地点等等是否处于政治集群能够运用秩序的集群领土范围内。（请比较祁克与普罗伊斯使用的“领土集群”[Gebietskörperschaft]概念。）

十四、行政型秩序和调整型秩序

能调整集群行动的秩序，应当称为**行政型秩序**（*Verwaltungsordnung*）。能调整其他社会行动并通过这种调整而**保障**行动者享有开放的机会，就应当称为**调整型秩序**（*Regulierungsordnung*）。如果一个集群仅以第一个种类的秩序为取向，就应称为行政型集群；如果仅以第二个种类为取向，就应称为调整型集群。

1. 不言而喻，大多数集群不仅是第一种，而且还是另一种。一个单纯的调整型集群，也许在理论上才是可以想象的，就是绝对自由放任的纯粹的“法治国家”（Rechtsstaat，这里说的自由，是以委托私人经济调整货币体系为基础的）。

2. 关于集群行动的概念，请见本章十二小节第3点。“行政型秩序”的概念包括了所有这样的规则，即它们不仅对行政班子的行为有效，而且对“与集群直接有关的”成员行为也有效，就像人们常说的那样，即为了这个目的而积极规定并有计划地协调行政班子与成员的行动，以确保致力于集群的秩序。在一种绝对的共产主义经济集群下，几乎所有的社会行动都会如此；另一方面，在一个绝对的法治国家（Rechtsstaat），却只有法官、警方、陪审团和军人的职能以及立法机构和选民的活动才是如此。一般来说，行政型秩序和调整型秩序的界线，与人们在政治集群中划分“公法”和“私法”的界线是一致的，尽管并非始终如一。（法律社会学将对此进行深入讨论。）

十五、经营*

一种具有明确方式并且有目的的持续行动，应当被称为**经营**；一个联合体的行政班子采取有目的的持续行动，该联合体就应当被称为**经营性集群**。

达成协定后产生的，其法定秩序仅对亲自选择加入的参与者有效的集群，就应当称为**团体**（*Verein*）。

一个集群在特定的运转范围内把它的法定秩序（相对）成功地强加给了一切特定的行动，使之具有明确的特征，该集群就应当称为**机构**（*Anstalt*）。

1. 只要具有持续有目的的特征，“经营”概念当然也包含处理政治与宗教事务以及会社事务等。

2. “团体”与“机构”两者都是**理性**（有计划）确立了法定秩序的集群。更准确地说，**只要**一个集群确立了理性的法定秩序，就应当称为团体或机构。一个“机构”，尤其是国家，则包括了一切他主的集群，也包括教会，只要它的秩序是理性法定的。一个机构的秩序，会要求对**适用**特定标准（出生、居住或者得享某些便利）的所有人具有约束力，它是一视同仁的，无论有关个人是否自愿加入，尤其是：不管他是否共同参与制定了成文法规。因此，这是一种在最特殊意义上

---

* 这里“经营”的德文为“Betrieb”，在韦伯的著述中出现的频率极高，常用的中文译法是“企业”，但韦伯的大多数用意显然不是这个意思，因为他刚刚给出的定义无疑指的是一种过程，而且他在全书中自始至终都是在这个意义上使用该词的，例如商业经营，尤其是资本主义经营。因该词另有“办企业”“干事业”之意，故译文中一律处理为“经营”，间或为照应语境的需要，也有“经营活动”的译法。

强加的秩序。这种机构特别**可能**是**领土**集群。

3. 对团体和机构的比较是**相对的**。团体秩序可能会涉及第三方的利益，而强迫他们承认秩序的效力，要么是通过团体的篡夺与专横权力，要么是通过在法律上确定的秩序（例如公司法）。

4. 几乎无须强调，这样划分“团体”和“机构”，也许没有一览无遗地囊括所有可以想象到的集群。此外，它们还是“极端的”（polare）对比（宗教领域的“教派”与“教会”就是如此）。

十六、权力与支配

权力（*Macht*）就是在一种社会关系范围内不顾他人的反对去贯彻自身意志的机会，不管这种机会的基础是什么。

支配（*Herrschaft*）应当称为具有明确内容的命令得到某些特定人员服从的机会。**纪律**（*Disziplin*）则是某个特定的大量人员迅速、自动、机械地服从命令而形成习惯性态度的机会。

1. 从社会学角度看，“权力”概念是没有定形的。所有可以想象的个人素质以及所有可以想象的格局，都可以使某个人处于一种能把他的意志贯彻到特定环境中的地位上。因此，社会学的“支配”概念必须更加精确，它只能意味着某项**命令**得到服从的机会。

2. “纪律”的概念包括“习以为常”不加思索、不作反抗的**群众**服从（*Massen*gehorsam）。

只有实际出现了**某个**能够成功地对**他人**发布命令的人物时，才会存在支配的事实，这未必意味着要存在一个行政班子或者一个集群；当然，与至少两者之一都不相关的支配也实属罕见。只要一个集群成员根据秩序的效力服从支配关系，就应称其为**支配集群**（*Herrschaftsverband*）。

1. 家长的支配并不需要一个行政班子。贝都因人*的首领向途经他地盘的商队、人员及货物勒索捐税，对一群变动不居的个人施加控制，这些人虽然互无联系，但却发现自己置身于相同的处境；但他这样做就需要一批随从，必要时就会成为他的行政班子以实施强制。（一个没有行政班子的个人实施这种支配，理论上也是可以想象的。）

2. 一个集群如果存在着一个行政班子，无论如何就始终是个支配集群。只不过，这一概念是相对的。一般来说，一个支配集群也是一个行政型集群。这要取决于集群的某些特质，即人员圈子的种类和品行，它所管理的对象，以及支配效力的范围。但是，前两个事实情况需要为支配建立最大程度的**正当性**基础（尤见第三章**）。

十七、政治集群与僧侣政治集群

此外，只要其行政班子在一个特定法地理**区域**范围内持续使用或威胁使用**物理**强制以保障秩序的存在与效力，它就应当称为**政治**集群。如果并且只要其行政班子成功**垄断**了正当物理强制以要求实施秩序，它就应当称为**国家**。——此外，只要一种社会行动，特别是集群行动，

* “Beduine”，阿拉伯文原意为“沙漠居民”，即阿拉伯半岛和非洲北部的游牧和半游牧阿拉伯人。

** 此处指本章所依据底本第三章“Die Typen der Herrschaft”——中文编者注

试图对领导一个政治集群发挥影响，尤其是对统治权力的占用、剥夺、分配或再分配发挥影响时，就应当称为“政治取向”的行动。

此外，只要是通过施与或拒绝施予宗教利益（僧侣政治强制），从而以物理强制保障其秩序，就应当称为**僧侣政治**集群。如果并且只要其行政班子要求正当**垄断**僧侣政治的强制，这样的僧侣政治**经营机构**，就应当称为**教会**。

1. 不言而喻，对于政治集群来说，使用暴力既不是唯一的，也不是常规的行政手段。更准确地说，它们的领导人会宁愿使用一切可能的手段去达到目的。然而同时，一旦其他手段归于无效，那么威胁使用和实际使用暴力就是它们的**专用**手段，而且在任何地方都是最后的手段。但是，即使暴力作为**正当**手段，也不是**仅限于**政治集群使用，在中世纪，在某些人人都有资格佩带武器的情况下，氏族、世家、教会也都可以使用暴力。除了使用暴力（至少是为了）保障“秩序”**之外**，能够成为政治集群标志的还有一个特征：行政班子和秩序会要求对某个**区域**进行支配，**并**以暴力来保障这种支配。凡是使用暴力的集群——比如一个村镇、本身是单一的全体居民、行会联盟或者工人联合会——都必定有这个特征，**只要**它们被称为政治集群。

2. 根据集群行动所规定的**目的**，是不可能定义一个政治集群的，其中也包括“国家”。从供应生活物资到赞助艺术事业，没有什么既定的目的**不是**政治集群在某些时候所追求的，从保障个人的安全感到司法裁决，则无不是**一切**政治集群的追求。因此，**仅仅**根据集群所特有的**手段**，才有可能定义它的“政治”性质，这种手段并非它所仅有，但却是它所特有，即暴力，就其性质而言它**不可或缺**，在某些情况下甚至会上升为目的本身。这并不十分符合语言的惯用法；但没有精确性也就不敷应用了。我们会谈论帝国银行的"外汇政策"，一个联合会领导层的"财政政策"，一个乡镇当局的"教育政策"，以此指称对某些客观事务的有计划处置和领导。实际上，人们会以更具特色的方式把一个事情的"政治"方面或影响分离出来，因此就有了"政治"官员、"政治"报纸、"政治"革命、"政治"团体、"政治"党派，以及相关人物、事态或者过程的经济、文化、宗教等各个方面与种类的"政治"后果，——所有这一切（根据我们的语言惯用法）都是指的"政治"集群——国家——范围内的支配行为，而且不同于无关的人物、事态或者过程，它们可能会导致维护、改变、推翻或者阻碍或促进这些支配行为。因此，这个语言惯用法所要表明的就是一种共同的手段："支配"，也就是宛如在使用国家暴力，与支配所打算服务的目的无涉。由此可以断言，这里所使用的定义，只是精确表达了那个语言惯用法所包含的意思，就是说，明确强调了这种**手段**在事实上的特殊性：（实际的或者可能的）暴力。诚然，实际上，语言惯用法所说的"政治集群"，并非仅指正当有效的暴力本身的载体，而且还包括试图对政治集群的活动施加（特殊是**非**暴力）影响的群体，例如各个政党和各种俱乐部。我们希望以这种方式把"政治取向的"社会行动与真正的"政治"行动（意思是政治集群本身的**集群**行动，见本章十二小节第 3 点）加以区别。

3. 由于**国家**概念只是到了现代才臻于完善的，因而，最好还是相互适应，按照与之匹配的现代类型进行定义——但同时，也要从我们现在所见所闻的、就其内容而言都是可变的各种目的中进行抽象。今天的国家有一个形式上的特征：一种可以通过立法进行变革的行政与法律秩序，行政班子（同样受成文法规调整）的集群行动则以该秩序为取向进行经营，这个秩序所要求的效力，不仅是针对集群成员，即由于出生于此而进入集群的成员，而且也针对广大被支配领土内所有人发生的行动（也就是说：国家是领土机构）。但是此外，在今天，只有国家秩序允许或者根据它的命令，才能赋予“正当”暴力（例如家长的惩处权仍被保留，这是以往一家之长独立权威的残余，那时他有权使用暴力，有时甚至可以对儿女和奴隶行使生杀予夺之权）。国家对暴力支配的垄断性质，和它的理性“机构”——与持续“经营”——性质一样，也是国家现状的本质特征。

4. 建构僧侣政治集群的概念，就不可能把它承诺宗教利益——不管它们是今世的还是来世的、是物质的还是精神的利益——的那种**方式**作为决定性标志，而是它的施与构成了对人类进行宗教**支配**的基础这一事实情况。相比之下，“教会”概念，用日常的（与便利的）语言惯用法来说，指的是它的秩序和行政班子的种类在外观上有一种（相对）理性的机构与经营性质，并要求垄断一种独特的支配。教会机构的**追求**通常都很独特，就是建立僧侣政治的**区域性**支配和区域性（教区）结构，至于坚持这种垄断要求时将会使用什么样的手段，就因时因地而异了。不过从历史上看，对于教会来说，事实上的垄断**区域性**支配，完全不像对政治集群那样重要，过去和现在都是如此。教会的情况尤其具有“机构”的性质，即“生来”就是教会成员，这与“教派”大相径庭，而教派的特征在于，它是一种“团体”，只允许具有特定宗教资格者加入。（宗教社会学将对此进行深入讨论。）

注 释

1 此外也请参阅此处引用的我的批评，很遗憾，由于厌恶由此造成的混乱，我在形式上有些苛刻。（译者按：见本书第 272 页）

文
景

Horizon

社 科 新 知　文 艺 新 潮

社会科学方法论文集

［德］马克斯·韦伯 著

阎克文 姚燕 译

阎克文 校

出 品 人：姚映然

责任编辑：单　琪

营销编辑：胡珍珍

封扉设计：陆智昌

美术编辑：安克晨

出　　品：北京世纪文景文化传播有限责任公司

（北京朝阳区东土城路8号林达大厦A座4A 100013）

出版发行：上海人民出版社

印　　刷：山东临沂新华印刷物流集团有限责任公司

制　　版：北京百朗文化传播有限公司

开 本：820mm×1280mm 1/32

印 张：10.75　　字 数：220,000　　插页：2

2022年11月第1版　　2022年11月第1次印刷

定 价：75.00元

ISBN：978-7-208-17903-5/C·662

图书在版编目（CIP）数据

社会科学方法论文集 / (德) 马克斯·韦伯 (Max Weber) 著；阎克文，姚燕译. —上海：上海人民出版社，2022

ISBN 978-7-208-17903-5

Ⅰ. ①社… Ⅱ. ①马… ②阎… ③姚… Ⅲ. ①社会科学－方法论－文集 Ⅳ. ①C03-53

中国版本图书馆CIP数据核字(2022)第161242号

本书如有印装错误，请致电本社更换 010-52187586

中文版译自

Gesammelte Aufsätze zur Wissenschaftslehre, in

by Max Weber

Published by J.C.B. Mohr (Paul Siebeck) Verlag, Tübingen, 1922; *7. Aufl.* 1988